Fundamentos de Gramática do Português

CB130675

José Carlos de Azeredo

Fundamentos de Gramática do Português

5ª reimpressão

ZAHAR

Copyright © 2000, José Carlos de Azeredo

Copyright desta edição © 2010:
Jorge Zahar Editor Ltda.
rua Marquês de S. Vicente 99 – 1º
22451-041 Rio de Janeiro, RJ
tel (21) 2529-4750 / fax (21) 2529-4787
editora@zahar.com.br
www.zahar.com.br

Todos os direitos reservados.
A reprodução não autorizada desta publicação, no todo
ou em parte, constitui violação de direitos autorais. (Lei 9.610/98)

1ª edição: 2000
2ª edição revista: 2010
5ª reimpressão: 2014

Grafia atualizada respeitando o novo
Acordo Ortográfico da Língua Portuguesa

Capa: Carol Sá e Sérgio Campante
Composição: Textos & Formas

CIP-Brasil. Catalogação na fonte
Sindicato Nacional dos Editores de Livros, RJ

Azeredo, José Carlos de
A985f Fundamentos de gramática do português/José Carlos
2.ed. de Azeredo. — 2.ed. rev. — Rio de Janeiro: Zahar, 2010.

Apêndice
Inclui bibliografia
ISBN 978-85-7110-557-7

1. Língua portuguesa — Gramática. I. Título.

10-1343 CDD: 469.5
CDU: 811.134.3'36

Sumário

MORFOLOGIA

Apresentação

A comunicação bem-sucedida entre duas pessoas — sejam elas íntimas ou desconhecidas entre si, quer numa relação face a face, quer numa relação a distância — é uma permuta de sentidos negociados graças a uma atitude cooperativa de ambas as partes. O que se entende por *sentido*, na variedade de usos desse termo, encerra como denominador comum a ideia de **orientação**. O sentido de qualquer coisa — gesto, sinal de trânsito, logotipo, palavra — é o "proveito" que ele nos propicia em sua condição de guia em algum "território" — geográfico, social, cultural, textual. Chamamos sentidos ao conjunto das faculdades naturais que nos situam no mundo das sensações: paladar, olfato, visão, audição e tato. Uma seta na via pública indica o sentido que devemos seguir. Daquilo que nos parece caótico ou absurdo dizemos que "não tem" ou "não faz sentido". Também "sem sentido" é como qualificamos a vida a que faltam sonhos, esperança... perspectiva, enfim. O sentido é, portanto, o que nos **orienta** em nossa relação com o mundo e com os seres e objetos que o povoam.

Os sinais sonoros ou gráficos com que se materializam nossos discursos veiculam sentidos que elaboramos durante o processo de falar-escrever e ouvir-ler. Como tudo mais que constitui nossa herança cultural e plasma nossa identidade histórica e social, esses sinais — manifestação da língua que falamos/escrevemos — são uma propriedade coletiva extraordinariamente maleável e adaptável às circunstâncias comunicativas, aos interesses dos indivíduos e aos caprichos do tempo e da história. Conhecê-los para fins interativos é um requisito da vida em sociedade, mas descobrir e explicitar como são e a que leis estão sujeitos em seu funcionamento é tarefa adicional, nem sempre de efeitos práticos evidentes, mas pertinente à aventura histórica do homem em busca do autoconhecimento.

Entre os objetivos do estudo da linguagem está, portanto, a descoberta dos mecanismos e procedimentos que utilizamos tanto para produzir os sinais sonoros e gráficos que constituem nossos discursos quanto para atribuir-lhes sentido. Uma parte desses mecanismos e procedimentos recebe o nome de **gramática**, tanto na acepção de conhecimento intuitivo e prático da língua que qualquer usuário possui, quanto na acepção de descrição formal desse conhecimento.

Ao estudarmos uma língua com o objetivo de explicitar sua **gramática** na segunda acepção acima, baseamo-nos necessariamente em um modelo teórico, o qual constitui, na verdade, uma **hipótese** sobre como essa língua se organiza estruturalmente para tornar possíveis a expressão e a compreensão de sentidos. O modelo teórico que se adota para descrever o português compreende, por exemplo, a ideia de "classes de palavras", como **adjetivo, verbo** e **preposição**; as noções funcionais de **sujeito** e **objeto**; a oposição entre **pretérito perfeito** e **pretérito imper-**

feito; os conceitos de **sílaba tônica** e **sílaba átona**; a distinção entre **frase declarativa** e **frase imperativa**, entre diversos outros conceitos.

Nenhum modelo pode ser rígido, mas sempre precisa ser concebido como uma forma homogênea e coerente. Diferentemente, entretanto, do modelo coerente e homogêneo em que o estudioso se baseia para descrevê-la, a língua se apresenta, na realidade de seu uso concreto, como algo dinâmico e flutuante, só parcialmente redutível ao modelo de que estamos falando. Enquanto as categorias e regras que constituem o modelo de descrição nos parecem reconhecíveis como dados discretos e bem distintos entre si, os fatos reais do uso efetivo da língua parecem muitas vezes resistir a uma rotulação certeira e bem-sucedida.

Por que isso acontece? Acontece porque, sendo a língua, ao mesmo tempo, um meio de expressão de todos os conteúdos que a mente humana pode conceber e um meio de comunicação desses conteúdos nas mais diversas situações e para os mais variados fins, ela tem a natureza de um sistema extraordinariamente versátil e adaptável.

Pode-se daí concluir que qualquer modelo descritivo tem suas limitações, e que, por isso, toda análise está sujeita a reformulação. Sendo assim, nosso propósito é oferecer uma análise do mecanismo gramatical do uso culto corrente do português do Brasil que, além de bem fundamentada em *corpus* escrito representativo, seja não dogmática e acessível ao leitor médio, estimulando-o a tirar suas próprias conclusões mediante a observação dos fatos da língua.

Lista de abreviações

ap. at. – aposto atributivo
ap. en. – aposto enumerativo
ap. esp. – aposto especificativo
ap. expl. – aposto explicativo
art. – artigo
DMT – desinência modo-temporal
DNP – desinência número-pessoal
fem. – feminino
fut. – futuro
ger. – gerúndio
imp. afirm. – imperativo afirmativo
ind. – indicativo
inf. – infinitivo
IT – intervalo de tempo
masc. – masculino
ME – momento da enunciação
num. – numeral
part. – particípio
pl. – plural
PR – ponto de referência
prep. – preposição
pres. – presente
pret. imperf. – pretérito imperfeito
pret. m. q. perf. – pretérito mais-que-perfeito do indicativo
pret. perf. – pretérito perfeito do indicativo
pro. – pronome
rad. – radical
sadj. – sintagma adjetival
sadv. – sintagma adverbial
sing. – singular
SN – sintagma nominal
sprep. – sintagma preposicionado
subj. – subjuntivo
subst. – substantivo
SV – sintagma verbal

PARTE I
Natureza, Estrutura e Funcionamento da Linguagem

O Homem, a Linguagem e o Conhecimento

Linguagem • traço definidor da natureza humana

1. Em uma conhecida passagem do romance *Vidas secas*, Graciliano Ramos retrata as dificuldades de seu personagem principal, Fabiano, para lidar com a linguagem dos homens:

> *Vivia longe dos homens, só se dava bem com animais. Os seus pés duros quebravam espinhos e não sentiam a quentura da terra. Montado, confundia-se com o cavalo, grudava-se a ele. E falava uma linguagem cantada, monossilábica e gutural, que o companheiro entendia. A pé, não se aguentava bem. Pendia para um lado, para o outro, cambaio, torto e feio. Às vezes utilizava nas relações com as pessoas a mesma língua com que se dirigia aos brutos — exclamações, onomatopeias. Na verdade falava pouco. Admirava as palavras compridas e difíceis da gente da cidade, tentava reproduzir alguma, em vão, mas sabia que elas eram inúteis e talvez perigosas.* (G. Ramos, 1947)

Ao traçar o perfil de seu personagem, Graciliano Ramos assume um ponto de vista sobre o papel da linguagem na existência humana: o de que na posse da linguagem está a principal linha divisória entre o mundo dos homens e o mundo dos animais. A quase falta da linguagem nivela Fabiano com a natureza bruta: ele se confunde com o cavalo, tem pés duros que não sentem os espinhos e às vezes dirige-se às pessoas como se comunica com os animais. Tem com a linguagem dos homens da cidade uma relação de admiração e, sobretudo, de desconfiança e medo. Fabiano é um "bicho do mato", quase não precisa da linguagem, e quando tem de servir-se dela para o trato com as pessoas, invariavelmente sai no prejuízo: não consegue dizer o que sente, não entende o que lhe dizem e acaba ludibriado.

2. Se pudéssemos imaginar como seria a vida de um ser humano isolado na natureza, tratando-a como parte inseparável dele, poderíamos admitir que a palavra não lhe faria falta. Esse indivíduo travaria com o meio em que vive relações imediatas, como colher frutas e caçar pequenos animais para seu sustento e procurar ou construir um abrigo para defender-se das agressões da natureza e dos ataques de feras mais poderosas que ele. Muitos animais não fazem mais que isso. O caso desse homem solitário não passa, porém, de uma hipótese concebida pela imaginação romântica dos criadores de personagens como Tarzan ou Robinson Crusoé. O caso de Fabiano, embora também um exemplo da ficção literária, nada tem, porém, do mito romântico dessas figuras que vivem em harmonia com a natureza. Fabiano é explorado pelo proprietário da terra em que procura sobreviver, é humilhado pelos representantes do poder policial, e é vítima das trapaças dos que conhecem as regras da vida em sociedade. Vítima também da natureza, que o ameaça ciclicamente com seca e fome, confunde-se com seus elementos, como as cabras e os mandacarus; mas guiado tão só pelo instinto de sobrevivência, sabe a seu modo como conviver com ela. Diante, porém, do universo social dos homens, impregnado de símbolos — como a linguagem —, que ele não entende e muito menos é capaz de usar, sente-se impotente e indefeso.

A linguagem como simbolização

3. A linguagem não é apenas mediadora das relações do homem com o mundo que o cerca e com seus semelhantes. Mais do que isso, a linguagem constitui e torna possíveis essas relações. Pode-se mesmo dizer que as relações que por meio dela se elaboram e se estabelecem são tão variadas e distintas quantas são as possibilidades de expressão verbal do homem. A linguagem coloca-se entre o homem e o mundo que o cerca como uma espécie de mapa que o orienta para a percepção das coisas e das relações entre as coisas. Assim como o mapa estrutura o território para quem o percorre, a língua organiza o mundo como uma estrutura dotada de significado. Ela não é uma fotografia da realidade, mas, antes, uma forma socialmente adquirida de interpretá-la e torná-la assunto de nossos atos de comunicação. Pela posse da linguagem, o homem *liberta-se* das circunstâncias imediatas: pode, com o auxílio da memória ou da imaginação, nomear seres não presentes na situação de fala; pode reportar-se a experiências passadas, revivê-las e levar seu ouvinte ou leitor a experimentar sensações análogas às que experimentou; pode projetar experiências futuras, pode criar seres que compõem cenários imaginários e participam de acontecimentos imaginários. Isso é possível graças à capacidade humana de criar símbolos e servir-se deles na comunicação.

4. Por exemplo, o desenho da mão com o dedo indicador posto verticalmente sobre os lábios unidos significa um pedido de silêncio. Essa figura tem um valor simbólico, transmite uma informação constante, de validade geral. É essa "constância do significado" que caracteriza o símbolo e garante a autonomia da linguagem em relação às coisas reais ou imaginárias a que o símbolo se refere. As palavras são, de um modo geral, símbolos. A linguagem verbal representa, ou simboliza, como um todo, o universo real em que o homem vive e o universo imaginário que ele cria. A linguagem não é, portanto, uma simples nomenclatura ou coleção de nomes para os seres e coisas que povoam o mundo. Os conteúdos que o homem concebe e expressa por meio da linguagem não estão no mundo, mas na consciência humana formada na vida em sociedade, como resultado do poder simbólico da palavra. Só isso pode explicar a capacidade humana de construir, com a linguagem, blocos de sentido textualizados, como descrições, narrativas, julgamentos, instruções, preces, impressões, argumentos etc.

A linguagem como conhecimento e como comunicação

5. Qualquer pessoa minimamente informada sabe que a linguagem é um instrumento de comunicação e que ela está presente no dia a dia de cada um de nós, em cada instante de nossas vidas, servindo para a interação de dois ou mais indivíduos ou, muitas vezes, para o indivíduo "falar consigo mesmo". "Falamos mentalmente", falamos sozinhos, "falamos" nos sonhos etc. A **função social da comunicação** entre pessoas é, seguramente, a mais evidente tarefa desempenhada pela linguagem. No entanto, esta mesma função está relacionada a outra, da qual depende: a **função simbólica**.

A função simbólica da linguagem é a responsável pela relação entre o indivíduo e o conjunto de suas experiências da realidade. É a função graças à qual podemos transformar todos os elementos do mundo em dados da nossa consciência e em assunto de nossos discursos. Se a linguagem fosse uma mera lista de nomes para as coisas do mundo — por exemplo: *árvore*, *homem*, *criança*, *gato*, *mosquito*, *dia*, *noite*, *sol*, *nuvem* —, não passaria de uma nomenclatura. Acontece que a linguagem é muito mais do que isso. Mesmo o conjunto das palavras que nos permitem dar nomes aos seres não é uma simples lista das "coisas que existem". As palavras *árvore* e *coqueiro* podem servir para dar nome à mesma coisa, mas constituem dois modos de representá-la; *árvore* generaliza, *coqueiro* especifica. O mesmo acontece com a diferença entre *peixe* e *anchova*, *móvel* e *mesa*, *médico* e *pediatra*. Por que dizemos *O pássaro está na gaiola* e não *A gaiola está em volta do pássaro*? Ou *A toalha está na mesa* e não *A mesa está sob a toalha*? Por que nos parecem "esquisitas" expressões como *o sono da abóbora* ou *o espanto do céu*?

6. A língua, é claro, não é apenas um meio de comunicação; ela é, antes de tudo, um sistema de categorias que permite ao homem organizar o mundo em uma estrutura dotada de sentido. As línguas ditas "naturais" (o português, o inglês, o russo, o japonês, o tupi-guarani) são formas de conhecimento coletivamente constituídas no seio das sociedades ao longo de sua experiência histórica. Noutras palavras, o mundo experimentado pelo homem não entra em sua consciência de forma bruta e caótica, mas estruturado por meio das categorias da linguagem, isto é, sob a forma de conhecimento. Assim estruturadas, as experiências do mundo se tornam conteúdos da consciência comunicáveis no discurso.

A linguagem cumpre, portanto, duas funções básicas:

- estrutura a experiência humana da realidade em conteúdos significativos de consciência (função simbólica ou representativa);
- torna esses conteúdos comunicáveis através do discurso (função comunicativa ou interpessoal).

O Processo da Comunicação Humana

Fatores básicos da comunicação humana

7. Os sentidos do homem — audição, olfato, visão, tato e paladar — põem-no a par de tudo que se passa em torno dele: a trovoada é um aviso de que pode chover; o cheiro que vem da cozinha pode indicar que a carne, esquecida no fogo, está queimando; o sol, entrevisto por uma brecha da janela, pode estar anunciando o começo da manhã. Nessas situações, o homem interpreta aspectos da natureza, mas não recebe mensagens; aí não há **linguagem**, nem informação.

Se compararmos agora estes exemplos ao *Pare!*, que lemos nos cruzamentos de trânsito ou ao aperto de mão de quem nos cumprimenta, verificamos que tanto no apelo verbal — *Pare!* — como no gesto alguém **entra em contato** com alguém. Nestes casos, há informação e há mensagem, já que os sinais utilizados constituem meios de contato intencional entre duas partes: a que manda a mensagem e a que a recebe.

8. Basicamente, o processo da comunicação humana envolve seis fatores:

- a **informação**, que é a ideia que se comunica;
- o **código**, o sistema de sinais utilizado na comunicação;
- a **mensagem**, que é a manifestação da informação através de um código determinado;
- o **emissor** da mensagem, quem a produz ou emite;
- o **destinatário**, aquele a quem a mensagem se destina;
- a **situação**, as circunstâncias em que a comunicação se realiza.

O *Pare!*, dito por uma pessoa ou escrito em uma tabuleta, é uma ordem expressa em **código verbal**; o aperto de mão é um cumprimento expresso em **código gestual**. Se essa pessoa fosse um guarda de trânsito, com certeza não usaria o código verbal, mas o código gestual, erguendo o braço com a palma da mão voltada para o destinatário (pedestre ou motorista). Seja no gesto de erguer o braço, seja no ato de dizer *Pare!*, a informação é a mesma, mas as mensagens — ou seja, os processos pelos quais as informações são transmitidas — são diferentes.

As várias espécies de códigos

9. Já vimos que a comunicação humana pode se realizar por meio de palavras — **comunicação verbal** — ou por meio de gestos — **comunicação gestual**. Sabemos, porém, que existem outras formas de comunicação: os sinais luminosos do trânsito, as sirenes, os mapas etc. As diferenças entre essas formas de comunicação são evidentes. Haverá, entretanto, características comuns a elas? Parece que sim: todas foram criadas pelo homem, conscientemente ou não, para servir à comunicação social. Trata-se, em todos os casos, de **convenções**, variáveis segundo as necessidades e os interesses da comunidade a que servem. Conhecer e saber utilizar, seja como emissor, seja como receptor, as convenções adotadas pelo grupo para a comunicação social é condição indispensável à perfeita integração do homem na sociedade em que vive.

Todas essas convenções se acham agrupadas em conjuntos conhecidos como **códigos**. O conjunto das luzes verde, amarela e vermelha; o conjunto dos gestos para afirmar, negar, dar adeus, cumprimentar; as letras do alfabeto e a língua que falamos são *códigos*, isto é, *conjuntos de convenções adotadas pelo grupo social para o exercício da comunicação entre seus membros*. Os códigos variam segundo os meios materiais que os reproduzem (**gestos, escrita, cores, ícones**), o meio de recepção de suas mensagens (**visual** — luzes, cores, ícones —, **auditivo** — sons da fala, apitos do trânsito, carrilhão —, **táctil** — escrita Braille), e o grau de sua complexidade. A linguagem verbal é o mais complexo dos códigos até hoje conhecidos, e não podia ser de outro modo: só ela produz todas as mensagens possíveis, inclusive as produzidas por outros códigos. Isto é fácil de verificar: ao receber uma mensagem, num código qualquer, sempre é possível, se houve comunicação, interpretá-la através da linguagem verbal. Não estamos, com isso, declarando a superioridade de qualquer código em relação a outro. Se os vários códigos existem, é porque eles são úteis, necessários e satisfatórios nas situações para as quais foram criados e nas quais a utilização de outro código qualquer poderia ser inadequada, ineficiente ou até mesmo impossível.

O contrato de comunicação

10. Em situações usuais de comunicação — na família, entre amigos, no local de trabalho, na feira, na banca de jornais, numa sala de espera etc. — emissor e receptor acham-se face a face, em um lugar e momento determinados, tratando de um ou mais assuntos. Em várias outras situações, contudo, o indivíduo atua, na maior parte do tempo, apenas como emissor (o conferencista, durante a palestra; o apresentador nos programas de auditório na TV; o padre, durante a missa) ou como receptor (os alunos, as pessoas no auditório, os fiéis).

11. A vida em comunidade, portanto, envolve os indivíduos em um contínuo processo de troca variada de mensagens, cuja eficiência depende de uma complexa rede de fatores. Toda situação de interação sociocomunicativa caracteriza-se por um conjunto de comportamentos, atitudes e atos de seus protagonistas: as trocas verbais são regidas por *contratos de comunicação*, isto é, por *convenções interativas que regulam o comportamento verbal apropriado a cada situação de comunicação*. É o contrato de comunicação que indica que, em certas situações, cabe a uma pessoa falar enquanto as demais escutam. Uma cerimônia religiosa ou uma conferência se desenrolam segundo normas de comportamento que fazem parte dos respectivos contratos de comunicação. Não é normal, por exemplo, que um convidado interrompa a cerimônia de um casamento para pedir ao padre que fale mais alto. Assim também, é improvável que, atendendo ao chamado de um cliente que necessita da troca de um disjuntor, o eletricista lhe diga: "Vou pedir ao senhor que desencape os fios, porque tenho pavor de levar choque."

Saber comunicar-se numa língua requer, portanto, muito mais do que o domínio das palavras e da gramática que as organiza em construções maiores. Ninguém escolhe com absoluta liberdade suas formas de expressão linguística, nem tampouco os conteúdos da conversação; antes, escolhe-os em função de uma necessidade de sintonia com os componentes do contexto de comunicação. Enfim, a concretização e o sucesso da interação verbal requerem que os indivíduos nela envolvidos regulem seus atos pelo contrato de comunicação, cujos princípios fundamentais são a **pertinência** e a **cooperação** (v. §57).

Funções da Linguagem

As funções da linguagem • Roman Jakobson e M.A.K. Halliday

12. A expressão "funções da linguagem" tornou-se muito difundida nos meios escolares brasileiros em virtude da adoção do modelo de análise proposto pelo linguista russo Roman Jakobson, e que se baseava nos conceitos da Teoria da Comunicação discriminados no §8. As "funções" de Jakobson referem-se ao realce particular que cada um dos componentes do processo da comunicação recebe no enunciado: o assunto, o emissor, o receptor, o código, a mensagem e o contato. Daí a distinção de seis funções:

- **função informativa**, que coloca em evidência o assunto;
- **função emotiva**, que coloca em evidência o emissor;
- **função conativa**, que coloca em evidência o destinatário;
- **função fática**, que coloca em evidência o meio de contato entre emissor e destinatário;
- **função metalinguística**, que coloca em evidência o código de comunicação;
- **função poética**, que coloca em evidência a própria mensagem enunciada.

13. Usamos ordinariamente a língua para a comunicação de conteúdos de consciência. É nisso que consiste a função informativa. São exemplos típicos desse uso o ato de dar ou receber uma informação, o ato de descrever uma paisagem, o ato de contar uma história. A **função informativa** está em toda parte e em todos os atos de linguagem, pois não existe ato verbal desprovido de informação. Costuma-se, entretanto, considerar que certos usos da língua, como o dos noticiários, o da redação das leis, o dos ensaios, são particularmente representativos da função informativa, por se presumir que, sendo impessoais, neles prevalece o conteúdo a ser comunicado. A função informativa tem na frase declarativa seu meio mais típico de expressão.

14. A **função emotiva** é a que predomina nas frases com que um "eu enunciador" exprime o próprio estado emocional, como nas reações de surpresa, encantamento, ódio, impaciência, decepção etc. A função emotiva da linguagem tem nas frases exclamativas seu meio mais típico de expressão.

15. A **função conativa** é própria dos enunciados com que o emissor elege o destinatário como principal fator do processo de comunicação, agindo discursivamente sobre ele, como nas perguntas, nos conselhos, nas ordens. A função conativa perpassa o nosso quotidiano, já que boa parte de nossos atos de linguagem se destina a produzir comportamentos em nossos interlocutores. Um dos domínios técnicos mais propícios ao exercício da função conativa da linguagem é a publicidade, cujo alvo é o cliente ou o consumidor.

16. A **função fática** está presente nos atos comunicativos cuja finalidade pode ser:

- testar a existência ou não de contato durante o processo de comunicação (como o *alô* dito ao telefone e as minifrases típicas da conversação, como *sabe?*, *né/não é?*);
- manter um ambiente de relacionamento afetiva ou socialmente favorável (como as saudações em geral e a comunicação verbal da mãe com o bebê).

17. Na **função metalinguística**, muito comum no discurso quotidiano, o usuário toma o próprio código de comunicação para assunto: é a função presente no ato de falar sobre a linguagem, como perguntar sobre o significado de uma palavra ou comentar as preferências linguísticas de uma pessoa. Graças à função metalinguística podemos elaborar dicionários, conceituar classes de palavras, formular regras de acentuação e de concordância verbal. E escrever todo este texto por meio do qual seu enunciador e seu leitor procuram se comunicar.

18. Finalmente, entende-se por **função poética** a utilização da língua para produzir mensagens que se impõem à atenção do leitor/ouvinte pela forma como estão construídas: é o que acontece com vários slogans publicitários e, de modo particular, com o chamado discurso poético: *As folhas enchem de ff as vogais do vento*. (M. Quintana, 1966)

19. Estas seis funções discriminadas por Jakobson correspondem, portanto, a opções do enunciador. Por isso mesmo, de acordo com Jakobson, um enunciado caracteriza-se pelo **predomínio** de uma função sobre as demais. Não se pode pensar assim, contudo, em relação às funções de Halliday. Estas são necessariamente interligadas e simultâneas em qualquer ato de discurso.

20. Para o linguista britânico M.A.K. Halliday, o que no §6 denominamos função comunicativa desdobra-se, na verdade, em duas funções: função interpessoal e função textual. Estas funções depreendidas por Halliday só muito superficialmente apresentam alguma relação com as funções de Roman Jakobson. Segundo Halliday, uma língua desempenha, por conseguinte, três funções gerais: ideacional, interpessoal e textual.

21. Graças ao elenco de categorias e significados que constituem seu léxico, morfologia e sintaxe, cada língua "filtra" e organiza os fenômenos infinitamente variados do mundo que nos cerca e do mundo que trazemos dentro de nós, assim como toda a atividade de nossa consciência, como comparar, contrapor, situar, supor, concluir etc. Esta é a **função ideacional**, e praticamente corresponde à função representativa, ou simbólica, de nossa distinção básica.

22. Por outro lado, como a mais óbvia utilidade da língua é a comunicação entre as pessoas, ela oferece aos usuários os meios para que eles a utilizem com o objetivo de influenciar ou mesmo "dirigir" as reações comunicativas do interlocutor nas múltiplas situações de discurso. É nessa função que se definem os papéis sociocomunicativos que o enunciador atribui a si e espera de seu interlocutor, como os atos de perguntar e responder, pedir e atender, ordenar e obedecer, persuadir e aceitar, convencer e concordar. A esta função Halliday dá o nome de **função interpessoal**.

23. Por fim, ainda segundo Halliday, "a língua tem de realizar todas estas tarefas ao mesmo tempo, de uma forma que mostre a relação entre o que se está dizendo, o que já foi dito e a situação da enunciação; noutras palavras, a língua tem de ser capaz de se apresentar sob a forma de um 'discurso pertinente', e não como meros conjuntos de palavras do dicionário e de orações da gramática." (1978, p.21-2) A esta função Halliday dá o nome de **função textual**.

Os Planos Estruturadores da Linguagem

Plano da expressão e plano do conteúdo

24. Falar uma língua é, basicamente, produzir sequências de sons dotadas de significado. Na escrita de uma língua como o português, esses sons são representados por sinais chamados **letras**. No presente texto introdutório, não vamos entrar em detalhes sobre sons e significados. Uns e outros são os assuntos centrais da segunda parte deste livro. Aliás, vamos considerar que para qualquer pessoa escolarizada sons e significados constituem duas faces — uma sensível e outra psíquica ou mental — de uma língua, interligadas mas inconfundíveis. Os sons (percebidos pelo ouvido) e as letras (percebidas pelo olho) formam a face sensível da linguagem — chamada **plano da expressão** —, enquanto os significados constituem a face psíquica ou mental — chamada **plano do conteúdo**.

Unidades significativas e unidades não significativas

25. Cada um desses planos se organiza estruturalmente como uma forma ou sistema, constituído de unidades e de regras que as combinam. Como exemplo do que acabamos de dizer, apresentamos abaixo duas maneiras de dividir o vocábulo *desonestidade*:

- de-so-nes-ti-da-de
- des-onest-idade

A divisão constante no primeiro caso baseou-se na possibilidade de pronunciar aquele vocábulo fazendo "pausas naturais" nos pontos assinalados por um traço; a divisão adotada no segundo não considera as pausas potenciais, mas o significado de cada parte: *des-* (a mesma que se encontra em *desleal*), *-onest-* (a mesma que se encontra em *honestíssimo*), e *-idade* (a mesma que se encontra em *utilidade*).

Ou seja, as unidades do primeiro caso, conhecidas como **sílabas**, são desprovidas de significado no contexto daquele vocábulo; já as unidades do segundo caso, conhecidas como **morfemas**, são unidades portadoras de significado. Na língua, portanto, não há umas sem as outras, por mais que cada plano seja estruturalmente organizado segundo regras específicas de cada um. Na realidade, esses dois planos se associam graças a uma relação necessária entre o **significante** — a face sensível — e o **significado** — a face mental. Esta relação tende a ser encarada como "fato natural" pelos membros da comunidade, que assim a aceitam numa espécie de "acordo implícito" e permanente. A verdade, porém, é que essa relação é convencional, já que só por convenção social se pode admitir que um segmento sonoro ou gráfico, como *cadeira*, possa "representar", na língua, um conteúdo como "assento provido de costas para uso de uma pessoa". *Esta relação, convencional mas necessária, entre um significante e um significado constitui o que na ciência da linguagem é conhecido como signo linguístico.*

Fonologia, morfologia, léxico e sintaxe

26. As unidades do plano da expressão — sílabas, fonemas, acentos, pausas — organizam-se em um subsistema chamado **fonologia**. Por sua vez, as unidades do plano do conteúdo se organizam em três subsistemas que têm na palavra (v. §§131-133) seu ponto de referência: a **morfologia**, que diz respeito aos processos de combinação de morfemas para formar e flexionar as palavras (v. §§157-164); o **léxico**, que é propriamente o conjunto das palavras da língua (v. §51); e a **sintaxe**, que se refere aos processos formais utilizados na combinação de palavras para a criação e compreensão de frases (v. §§307-308).

Convenção e motivação

27. Concluímos um dos itens precedentes afirmando que o signo linguístico, ou seja, a relação entre significante e significado, é convencional, o que quer dizer que seu uso na comunicação depende apenas de um acordo tácito entre os indivíduos que falam a mesma língua.

Às vezes, porém, temos a impressão de que certas palavras "imitam", através de seus sons, as ideias ou fenômenos que representam. Noutras palavras, há entre som e sentido uma "relação motivada". Compare-se *borbulhar* e *ferver*, *tagarelar* e *falar*. *Borbulhar* parece reproduzir "imitativamente" a sequência das bolhas e o ruído que elas fazem, ao passo que *ferver* nada sugere. *Tagarelar* sugere, no tamanho e na sonoridade da palavra, uma fala excessiva, noção ausente da forma neutra *falar*.

O costume de "pôr apelido" nas pessoas ou de dar nome a animais, plantas e doces também se inspira numa busca de "adequação do nome à coisa": *espanador-da-lua*, para pessoa muito alta e magra; *quatro-olhos*, para o portador de óculos; *bem-te-vi,* um pássaro; *costela-de-adão,* uma planta; *olho de sogra,* um doce. Por sua vez, a duplicação de partes do significante é frequentemente associada a um componente afetivo do significado: *papai*, *mamãe*, *vovó*, *dindinha*, *Vavá*, *Lili*.

Esses signos não deixam de ser convencionais, mas revelam, na relação entre conteúdo e expressão, um resíduo de motivação que não se observa no caso de *cadeira*.

Admitamos, portanto, que, no seu conjunto, a linguagem reúne, ao lado dos dados puramente convencionais e arbitrários — como *cadeira* —, fatos em que a estrutura da expressão de certo modo espelha — ou é motivada por — a estrutura do conteúdo. Trata-se dos fenômenos de "iconicidade" (semelhança entre forma e sentido), tão comuns nos códigos gestuais (cf. os gestos das mãos com que se significa tamanho) e nos códigos visuais (cf. os sinais de tráfego para significar uma curva ou um estreitamento da pista).

Chamaremos atenção para os fenômenos de iconicidade na linguagem à medida que tratarmos de seus aspectos expressivos e das estruturações do conteúdo.

Relações Paradigmáticas e Relações Sintagmáticas

A língua como sistema articulado

28. Vimos enfatizando desde o início destes fundamentos que a compreensão e produção de frases numa língua requer, entre outras competências, que o falante seja capaz de associar corretamente sequências sonoras e significados. Nos §§24 e 25 referimo-nos ao plano sonoro — e correspondente forma gráfica — como **plano da expressão**, e ao plano significativo como **plano do conteúdo**.

Uma pessoa que tenha facilidade para memorizar frases de uma língua estrangeira com a respectiva pronúncia e o respectivo sentido não pode, só por isso, porém, ser considerada capaz de falar essa língua. Ela "conhece" dados isolados, produtos "já prontos", que ela apenas repete. Quem conhece a língua conhece as unidades constitutivas de cada plano e é capaz de combiná-las e recombiná-las, segundo suas necessidades comunicativas. Ou seja, a pessoa domina a língua não como uma "lista de frases pré-fabricadas", mas como um **sistema articulado de unidades**.

29. Dizer que existem em cada plano unidades combináveis e recombináveis significa afirmar que cada plano é articulado, isto é, dotado de unidades reconhecíveis pelo seu valor ou função dentro desse plano. A articulação constitui a principal característica de um sistema, e é graças a essa característica que podemos dizer que a língua que falamos **é um sistema**.

Retomamos nos parágrafos acima algumas observações feitas desde o início para afinal introduzir uma distinção teórica decisiva no entendimento de um aspecto fundamental da estruturação da língua. Referimo-nos aos conceitos de **relação sintagmática** e **relação paradigmática**.

Relações sintagmáticas

30. Todos sabemos que uma língua é, antes de qualquer coisa, uma forma oral de comunicação. Quando falamos, produzimos sons que se combinam em sequência linear, um após o outro; morfemas que se sucedem na construção das palavras, e palavras que se sucedem na construção de frases. Essa linearidade da fala — e ordinariamente da escrita — é o fundamento do que se chama o eixo sintagmático da linguagem. Por isso, dizemos que as unidades assim dispostas se acham em relação sintagmática, como as duas sílabas de *mato* (ma + to) ou os fonemas que entram em cada sílaba (/m/a/t/u/), os morfemas que entram na formação do verbo *desmatar* (des + mat + a + r) ou as palavras que formam a frase *O lenhador desmatou o terreno* (o + lenhador + desmatou + o + terreno). Há, portanto, relações sintagmáticas entre fonemas, entre sílabas, entre morfemas, entre palavras. Estes exemplos nos revelam também que há em cada plano diferentes níveis estruturais, o das unidades constituintes — de nível mais baixo — e o das unidades constituídas — de nível mais alto: fonemas são constituintes de sílabas; morfemas são constituintes de palavras; palavras são constituintes de frases.

Relações paradigmáticas

31. A identificação das unidades em qualquer desses planos e nos diferentes níveis depende de dois fatores:

- **que elas possam ocorrer em outras construções em que sejam reconhecíveis como "a mesma unidade"** (o fonema /t/ é o mesmo em /matu/, /tudu/, /bater/; o sufixo *-eiro* é o mesmo em *leiteiro*, *açougueiro*, *sapateiro*);
- **que elas sejam permutáveis por outras unidades com consequente mudança de significado**. Por exemplo: o /m/ por /p/ em *mato/pato*, o /a/ por /i/ em *mato/mito*, o /t/ por /s/ em *mato/maço*, o /u/ por /a/ em mato/mata; o *-eiro* por *-eria* em *leiteiro/leiteria*, o *leit-* por *sapat-* em *leiteiro/sapateiro*; ou ainda as especificações singular (ausência de -s)/plural (presença de -s) em *casa/casas* e a oposição entre adjetivos (*homem alto / homem baixo*), entre verbos (*O avião caiu / O avião pousou*), entre preposições (*Ele trabalhou por mim / Ele trabalhou para mim*), entre substantivos (*O avião caiu / O foguete caiu*), entre advérbios (*Voltarei cedo / Voltarei amanhã*).

Os fatores acima explicitados constituem as relações paradigmáticas entre as unidades da língua.

32. As unidades assim identificadas agrupam-se em classes chamadas **paradigmas**. O que as caracteriza é o fato de ocuparem ordinariamente a mesma posição — isto é, terem a **mesma distribuição** — e estarem em **oposição no sistema da língua**; *-eiro* e *-eria* têm a mesma **distribuição**, pertencem a um mesmo paradigma e opõem-se no sistema morfológico do português; /t/ e /s/ têm a mesma distribuição, pertencem a um mesmo paradigma e opõem-se no sistema fonológico do português.

Interdependência dos eixos paradigmático e sintagmático

33. O que acabamos de dizer permite concluir que as unidades só existem porque são capazes de distinguir conteúdos comunicados pela língua. Toda unidade implica a existência de pelo menos uma outra à qual aquela se opõe dentro de um paradigma e pela qual pode ser substituída para que se expresse outro sentido. A construção formal dos enunciados baseia-se, portanto, nesses dois procedimentos: a **escolha** das unidades em diferentes paradigmas e a **combinação** delas na cadeia do discurso.

Seria, porém, um erro supor que esses dois eixos são independentes entre si. Ao contrário: nenhuma escolha ocorre por acaso. Quando afirmamos que os indivíduos "escolhem" as unidades dentro de um paradigma, não queremos dizer que o fazem totalmente livres de condicionamentos. Condicionamentos sempre existem; o que varia é a força com que atuam sobre os indivíduos e tornam as "escolhas" mais ou menos previsíveis. Ao atender um telefone, uma pessoa se encontra numa situação comunicativa que torna altamente previsível o que ela pode dizer. Seja "Alô!", "Tinturaria Paris, às suas ordens", ou "Consultório médico, boa tarde", seu ato verbal tem sempre o mesmo significado: um sinal para a pessoa do outro lado anunciar o que deseja. Este é um condicionamento que a situação comunicativa exerce sobre o indivíduo (**condicionamento pragmático**).

34. Se, agora, o leitor observar como se dá o condicionamento de uma palavra sobre outra, perceberá que ele tanto pode se referir ao significado — por isso dizemos *Meu gato bebeu o leite calmamente*, mas não *Meu relógio bebeu a abóbora calmamente* (**condicionamento semântico**) — quanto à classe e forma das palavras — por isso dizemos *meu gato*, mas não *minha gato*, *bebeu o leite*, mas não *bebeu o calmamente* (**condicionamento gramatical**).

35. Vamos raciocinar agora com os fonemas. Se quisermos formar palavras possíveis em português partindo da sequência /ta/, teremos um leque imenso de opções (*talher, tarol, tábua, tabaréu, tapar, tatu, tarraxa, tapera, talismã, tainha, taipa, talco, taverna, tascar, taurino* e muitas outras formas reais ou inventadas). Se, entretanto, dissermos que /ta/ deve ocorrer na última sílaba de palavras oxítonas, o leque de possíveis combinações reduz-se significativamente a um conjunto de apenas seis sequências: /ta/, como em *tafetá*, /taR/, como em *militar*, /taS/, como em *cartaz*, /taL/ (v. §109), como em *capital*, /tau/, como em *urutau* / *urutaus*, e /tai/ (v. §119), como em *meditai* / *meditais*. Não há possibilidade de ocorrerem sequências como /tap/, /tat/, /tab/, /tak/, /taf/, /tav/, /tad/, /tag/. O contexto "final de sílaba" ou "final de palavra" reduziu drasticamente as escolhas. Tal **condicionamento** é do tipo **fonológico**.

Alomorfes e alofones

36. Pode acontecer que uma mesma unidade do plano do conteúdo não se apresente cem por cento idêntica em todas as suas ocorrências dos atos concretos de comunicação. É o que ocorre com o sufixo de *bondade* e *realidade*; nestes casos, as formas *-dade* e *-idade* se dizem **variantes** — ou **alomorfes** — do mesmo morfema. Outros exemplos de alomorfia: as realizações *faç-*, *faz-* e *fa-* do radical do verbo fazer em *faço*, *fazes* e *farei*; as realizações fonológicas do prefixo de negação em *ilegal, irreal, inútil, infeliz, imparcial* e *incapaz*: /in/, com o /n/ pronunciado, diante de vogal; /i/ diante de /l/ ou /R/, e /ĩ/, com a nasalidade no corpo da vogal, diante de outras consoantes. Também um fonema pode ser foneticamente realizado por meio de variantes, chamadas **alofones**. Isto acontece com o /R/ de uma palavra como *terra* nas diversas pronúncias que lhe dão os falantes de acordo com as regiões, as classes sociais e, até mesmo, as situações de fala: pode ser uma aspiração no fundo da boca, uma vibração da parte mole do céu da boca (véu palatino) com o dorso posterior da língua, ou uma vibração da ponta da língua na faixa — chamada alvéolo — que divide os dentes dianteiros superiores e o céu da boca, só para lembrar três realizações habitualmente citadas nas obras especializadas.

Sincronia e Diacronia

37. Toda língua em uso numa comunidade sofre alterações através do tempo. Uma língua não muda "de vez em quando"; qualquer língua "viva" se transforma continuamente. Algumas mudanças podem ser notadas em curtos períodos, como o surgimento de certas palavras e o desuso de outras; mas mudanças coletivas de pronúncia e de construções gramaticais são bem mais lentas e praticamente imperceptíveis ao longo da vida de uma pessoa. As mudanças linguísticas só nos parecem evidentes quando comparamos formas de épocas distintas: no século XIII, escrevia-se — e seguramente também se falava — *migo* (port. atual *comigo*), *fremosa* (port. atual *formosa*), *perderán* (port. atual *perderão*), *giolho* (port. atual *joelho*), *a mar* (port. atual *o mar*). Verbos como *ter*, *ver* e *pôr*, que atualmente não possuem vogal temática no infinitivo, tinham-na explícita na Idade Média: te**e**r, ve**e**r, po**e**r.

38. Mudanças significativas, capazes de transformar sensivelmente a fisionomia de uma língua, atingem a fala de toda a comunidade, que, por isso, experimenta em cada etapa da história a sensação de que todos os seus membros partilham os mesmos hábitos linguísticos. Noutras palavras, os membros da comunidade linguística entendem-se e comunicam-se porque participam de um mesmo "estado de língua" estruturado numa dada **sincronia**.

39. A história de uma língua — ou melhor, sua **diacronia** — pode, assim, ser explicada como uma sucessão de "estados da língua", uma passagem ininterrupta de uma sincronia a outra. A mudança, embora imperceptível, é incessante, o que é o mesmo que dizer que, na realidade, o "estado de língua" — isto é, a captação de sua estrutura numa sincronia — é tão somente um ponto de vista em que nos colocamos para analisar ou descrever a língua.

Unidade e Variedade da Língua

O que é um uso padrão

40. Para melhor caracterizar o conceito que vamos apresentar nesta seção, faremos uma comparação entre a língua e a música. Imaginemos uma canção qualquer que já tenha sido interpretada por três diferentes cantores ou conjuntos musicais. Por maiores que sejam as diferenças entre as três interpretações, sempre seremos capazes de reconhecer nelas a **mesma** canção. Vamos chamar de A ao conjunto de características estruturais que permitem reconhecer nas três interpretações a mesma canção, e de A_n (isto é, A_1, A_2, A_3) cada uma das interpretações. Agora vamos imaginar que a interpretação A_2 se torne uma espécie de modelo de interpretação copiado por vários outros cantores ou conjuntos musicais, de maneira que ao ouvi-los possamos facilmente dizer que esses novos intérpretes estão repetindo uma interpretação anterior, que por alguma razão, não necessariamente musical, tornou-se a preferida deles. A_2 é agora algo mais do que A_1 e A_3; A_2 tornou-se uma interpretação **padrão**. De tal sorte que muitas pessoas passam a considerar A_2 a forma ideal de A. Vamos batizar esta nova concepção de A_2 como A_p (p = padrão). Isto não impede, é claro, que outros intérpretes inovem na maneira de executar ou cantar a canção, realizando com as novas interpretações novas variantes de A_n (A_4, A_5, A_6...), dentre as quais algumas poderão ser obras de boa qualidade estética.

Sistema, uso e norma

41. Se tivermos a precaução de não tomar ao pé da letra a presente comparação entre a música e a língua — pois esta tem uma natureza extraordinariamente mais complexa que aquela —, podemos dizer que as observações feitas acima se aplicam, no geral, à linguagem.

Uma língua é um sistema abstrato reconhecível nos muitos usos, orais ou escritos, que seus falantes fazem dela. Os indivíduos concretizam esse sistema, seja como enunciadores seja como destinatários, nas múltiplas situações de uso. Por isso, o uso da língua é, em princípio, um **ato individual**. Mesmo individuais, porém, esses atos são normalmente acontecimentos interindividuais, visto que se realizam na e para a comunicação entre indivíduos, que precisam, para se compreenderem, de estar "de acordo" sobre o que significam os sinais que estão usando.

Esse "estar de acordo" refere-se à dimensão social e histórica da língua: **social** porque pertence a todos, e **histórica** porque é transmitida de geração a geração, através do tempo. O fato de pertencer a todos exerce sobre o uso uma pressão padronizadora, cujo efeito é a semelhança ou mesmo a identidade de uso entre os membros da mesma comunidade. Esse modo coletivo de usar a língua constitui uma *norma*, isto é, um *conjunto de realizações fonéticas, morfológicas, lexicais e sintáticas produzido e adotado mediante um acordo tácito pelos membros da comunidade.*

Temos aí, portanto, três conceitos:

- língua como estrutura abstrata, uma espécie de denominador comum de todos os seus usos: o **sistema**;
- o ato concreto de falar/ouvir ou escrever/ler a língua: o **uso**;
- a soma dos usos histórica e socialmente consagrados numa comunidade e adotados como um padrão que se repete: a **norma**.

Voltando à nossa comparação inicial, podemos, resguardadas as devidas diferenças, dizer que o sistema corresponde a A, o discurso a An e a norma a Ap.

As várias normas e a variedade padrão

42. Essas normas podem ser características do uso de toda uma região — **normas regionais** —, do uso de diferentes classes socioeconômicas — **normas sociais** —, dos usos em família — **normas familiares** —, dos usos típicos de certas profissões — **normas profissionais** —, dos usos das gerações — **normas etárias** — etc. O importante na conceituação de norma são o seu caráter coletivo e sua condição de "modelo de uso", que os membros da comunidade seguem, por escolha ou por força da herança sócio-histórica. Isto não significa que a norma é rígida e invariável; o sistema oferece aos usuários da língua meios de renová-la. É verdade, no entanto, que essa renovação é lenta, pois as forças sociais de conservação são mais poderosas do que as iniciativas individuais de estilização.

43. O objeto de descrição desta obra é uma norma social no terceiro sentido definido acima. Como tal definição ainda é muito vaga, vamos tornar mais preciso o alcance da norma que será descrita. Trata-se da norma que se deduz fundamentalmente dos usos da língua em textos escritos de recepção coletiva, preferencialmente não literários, e que podemos considerar a **variedade padrão escrita do português do Brasil**. Dizemos "fundamentalmente" porque poderemos, ainda que ocasionalmente, recorrer à nossa própria intuição de usuário desse padrão para ilustrá-lo. Dizemos "textos escritos de recepção coletiva preferencialmente não literários" porque a base de nosso *corpus* é a língua escrita de obras ensaísticas e técnicas, jornais e revistas, escritas para a leitura do público, sem prejuízo, porém, de abonações de obras literárias que nos pareçam esclarecedoras. Noutras palavras, não pretendemos, em nome de algum excesso de rigor metodológico, desprezar dados relevantes que encontremos, por exemplo, na obra poética de Castro Alves ou de Carlos Drummond de Andrade, nos textos ficcionais de Machado de Assis ou de Rachel de Queiroz. É uma norma cujo prestígio social e ampla utilidade justificam ser ela o padrão ensinado nas escolas.

Conceituação de Gramática

44. Qualquer que seja a acepção em que se empregue o termo gramática, duas noções interligadas sempre estarão presentes: a de sistema e a de sincronia. A *gramática* de uma língua é necessariamente *um sistema de unidades e de regras que as combinam em construções de extensão variável*. E para que essas unidades se associem na gramática da língua é indispensável que elas coexistam no tempo, isto é, que pertençam à mesma sincronia.

Nesta seção vamos apresentar e comentar quatro conceitos de gramática, que vão distribuídos em dois grupos. Os conceitos do primeiro grupo correspondem ao que tradicionalmente se chama **gramática normativa**; os do segundo grupo se referem ao que se chama **gramática descritiva**.

Gramática normativa

45. **Conceito 1**: *A gramática refere-se às regras que uma pessoa deve conhecer para falar e escrever corretamente uma língua.*

Este conceito é tradicionalmente difundido nas escolas e tornou-se bastante popular. Nele se baseia o que ordinariamente se chama de **gramática normativa**. Não é um conceito científico, mas pedagógico, pois define gramática como um conjunto de conhecimentos ou habilidades **aprendidos na escola** e que capacitam os indivíduos para participarem de situações sociocomunicativas em que é necessário o domínio da **língua padrão** (v. §§40-43). O conceito de gramática como "uso correto da língua" abrange aspectos múltiplos e heterogêneos da língua, relativos tanto à escrita como à fala, entre os quais se incluem a pronúncia — e a grafia — de vocábulos (*rubrica*, em lugar de *rúbrica*; *problema*, em lugar de *pobrema*; *trabalhar*, em lugar de *trabaiá*), a flexão das palavras (*alemães*, em vez de *alemões*; *seja*, em vez de *seje*; *intervieram*, em vez de *interviram*), o emprego dos pronomes pessoais (*Eu não a conheço*, em vez de *Eu não conheço ela*), o número dos substantivos (*meus óculos*, em vez de *meu óculos*), a concordância verbal (*faz meses*, em vez de *fazem meses*; *nós vamos*, em vez de *a gente vamos*) etc.

Não há problema com esse conceito de gramática, desde que se tenha bastante clareza sobre a finalidade da prática escolar baseada nele. O equívoco da tradição que exagerou a importância desse conceito foi fazer crer que a variedade padrão é um uso **universalmente** indispensável à comunidade. O problema, que existe, está na insuficiência de descrições sobre o uso padrão contemporâneo do português do Brasil e na consequente falta de uma política clara de ensino da língua, apesar dos esforços de vários estudiosos brasileiros.

46. **Conceito 2:** *Gramática é um conjunto de informações geralmente aprendidas na escola, contidas em um livro específico também chamado "gramática", que nos ensina, entre outras coisas, a classificar os sons que pronunciamos, as palavras e suas partes, as orações e seus termos, e a enunciar os processos usuais na combinação dessas unidades.*

Este conceito, também muito difundido, é correlato do anterior e geralmente associado a ele com base na crença em que a capacidade para "falar sobre a língua" é condição para "saber usá-la bem". Há muito tempo se sabe que não há relação entre esses dois conhecimentos. No início do século, já Olavo Bilac (1865-1918) era de opinião que "o aluno pode perfeitamente estar senhor de todas as regras da gramática, e não saber dizer o que pensa e o que sente. A gramática seca, abstrata e árida, com que se cansa o cérebro das crianças, não ensina a escrever." (O. Bilac e P. Bonfim, 1930)

47. Em apêndice a esta descrição estrutural do português padrão republica-se um artigo em que se desenvolvem algumas ideias em defesa do ensino da análise gramatical. Provisoriamente, queremos apenas alertar para o fato de que o conceito 1 é, nas etapas iniciais da escolarização, de longe mais útil que o conceito 2. Corresponde, de fato, a uma tarefa importante da escola, e o conceito 2 só tem lugar como caminho para levar ao objetivo do conceito 1.

Gramática descritiva

48. **CONCEITO 3:** *A gramática é o que, numa língua, constitui o sistema de unidades ou conteúdos entre os quais se estabelecem distinções obrigatórias e em número limitado. Ela difere do léxico, que é o conjunto das palavras da língua, listadas em ordem alfabética nos dicionários.*

49. **CONCEITO 4:** *O sistema gramatical compreende as unidades portadoras de significado e os recursos formais que regem a combinação dessas unidades nos diferentes níveis da língua. Neste sentido, a gramática difere da fonologia — cujas unidades são desprovidas de significado — e do léxico, que é o conjunto das palavras listadas no dicionário.*

Os conceitos 3 e 4 diferem apenas por sua abrangência; a ideia de gramática que se depreende dos dois é a mesma. Em ambos os casos, entende-se por gramática tanto o conhecimento que um indivíduo tem de sua língua e que o habilita a construir/compreender palavras e frases — **gramática internalizada** —, como a explicitação e exposição desse conhecimento através de uma descrição — **gramática descritiva.** O conceito 4 restringe a gramática aos aspectos sistemáticos do plano do conteúdo, deixando de fora a fonologia; de acordo com o conceito 3, no entanto, a fonologia também faz parte da gramática.

50. Os dois conceitos de gramática reunidos no segundo grupo já não são conceitos pedagógicos, porque eles tanto se aplicam à variedade padrão da língua quanto aos múltiplos usos que as pessoas fazem da língua nas mais diversas situações. Neles enfatiza-se a condição de **sistema**, sem nenhuma referência a juízos de valor sobre o prestígio social de qualquer das variedades da língua. Neste sentido, todas as formas da língua usadas pela comunidade são analisáveis como fatos gramaticais produzidos mediante regras. Assim, em uma variedade do português, diz-se *Eu não a conheço* para o mesmo conteúdo que, em outra variedade, é expresso por *Eu não conheço ela*. Numa variedade do português diz-se *os meninos*, *minhas roupas*, *dois reais*; em outra variedade, diz-se *os menino*, *minhas roupa*, *dois real*. Trata-se de uma diferença de gramáticas (veja que os fatos são sistemáticos e regulares), e não da existência *versus* inexistência de gramática.

Gramática e léxico

51. Um aspecto comum aos quatro conceitos, mas explícito apenas em 3 e 4, é a distinção entre gramática e léxico. Essa distinção baseia-se na existência de duas espécies de unidades portadoras de sentido e nos tipos de relações que entre elas se estabelecem no plano do conteúdo (v. §§24-27): unidades pouco numerosas — e respectivas relações de sentido — organizadas em paradigmas fechados (**gramática**); e unidades geralmente numerosas — e respectivas relações de sentido — integrantes de paradigmas abertos (**léxico**).

Por esse critério, facilmente situamos no léxico os substantivos, os verbos, os adjetivos e os advérbios em -mente, por serem numerosos e poderem ser continuamente criados na língua; pela razão contrária, ficam na gramática os artigos, os pronomes, as preposições, as conjunções e os advérbios que não sejam em -mente. Não só podemos enumerar os artigos da língua, como podemos garantir que a distinção entre suas formas limita-se às diferenças **definido x indefinido, masculino x feminino, singular x plural**. Este é um exemplo típico, mas pode-se dizer o mesmo das preposições, dos pronomes, das conjunções e dos advérbios em geral. O que dizer, porém, do conjunto das palavras que denotam os corpos celestes: *sol, lua, estrela, cometa, constelação, planeta, via-láctea, Mercúrio, Saturno, Cruzeiro do Sul, Antares, Aldebarã*, pertencentes a uma lista que não caberia nesta página, sem contar os corpos que os astrônomos ainda não conhecem e que um dia, descobertos, receberão nomes?

52. Desdobrando este critério, por assim dizer, estatístico, anote-se o fato de que a gramática submete as unidades lexicais a alterações formais com que se expressam distinções sistemáticas e obrigatórias. Por essa razão, a diferença entre *olho, olhei* e *olhava* — que não é exclusiva dessas três formas, mas extensiva à quase totalidade dos verbos da língua (cf. *quero/quis/queria*, *perco/perdi/perdia*, *sei/soube/sabia*) — faz parte da gramática do português, ao passo que a diferença de significado existente entre *olho, observo* e *admiro* — que com certeza não reaparece em nenhuma outra série de verbos — faz parte do seu léxico.

53. É necessário fazer aqui uma observação. Quando dizemos que substantivos, adjetivos e verbos "pertencem" ao léxico, referimo-nos aos membros de cada uma dessas classes (*céu*, *sapo*, *anzol*, *amor*, *talismã*, *brincadeira*, *astúcia* são "membros" — unidades lexicais ou **lexemas** — da classe "substantivo"), e não às classes mesmas. As classes são fatos da gramática.

Na segunda parte deste trabalho apresentamos uma descrição da gramática da variedade padrão do português do Brasil (v. §§40-43) com base nos conceitos 3 e 4.

A Atividade Discursiva

54. A prática da comunicação linguística oral ou escrita constitui o que chamamos de **discurso** (substantivo derivado do verbo discorrer, que significa "desenvolver um assunto por meio de palavras"). O discurso é necessariamente um acontecimento protagonizado por um enunciador e um ou mais destinatários numa dada **situação**, que inclui o momento histórico e o espaço social. Através do discurso as pessoas produzem **textos**, que podem tomar a forma tanto de frases unitárias (*"Ai!", "Alô!", "Epa!", "Pare!", "Sensacional!"*), quanto de uma sequência de palavras integradas em um todo dotado de sentido (uma fábula, um poema, uma reportagem etc.).

Usaremos os termos **texto** e **contexto** para designar as duas faces complementares do acontecimento sociocomunicativo que chamamos **atividade discursiva** ou, simplesmente, **discurso**. Distinguiremos os fatores relacionados com o **contexto discursivo** e os fatores relacionados com a **produção do texto**.

Contexto discursivo

55. Distinguiremos sob este tópico as condições discursivas, a situação discursiva e o campo discursivo.

Por *condições discursivas* entendemos *o aspecto do contrato de comunicação* (v. §11) *que regula o "direito à palavra"*. Esse direito pode ser exercido de dois modos:

- o enunciador "tem a palavra" e dispõe dela como lhe convém, controlando o desenvolvimento de seu texto segundo sua vontade (**discurso planejado**);
- o discurso é assumido por pelo menos dois enunciadores, que se alternam e assumem nessa condição o controle do desenvolvimento do texto (**discurso espontâneo**).

56. O "direito à palavra" regula a oportunidade e a relevância da participação e intervenção verbais dos interlocutores durante o processo da comunicação. Este é o aspecto levado em consideração na diferença entre um diálogo, um debate, uma entrevista, uma conferência, um noticiário, uma cerimônia de casamento ou de formatura etc. Muitas vezes esse "direito" é instituído por uma relação de poder. Numa cerimônia de casamento, por exemplo, cabe ao celebrante — e não aos seus auxiliares ou a qualquer convidado — dizer em certo momento "Antônio de Sousa, é de sua espontânea vontade receber Ana de Jesus como sua legítima esposa?". Em casos como este, o valor do enunciado provém, antes de mais nada, da legitimidade conferida por quem o profere.

57. A reação indignada de alguém que contesta uma ordem, um conselho ou mesmo uma represália demonstra que as pessoas estão conscientes de que a vida social é regida por certos contratos implícitos de comunicação que, ao definirem nossos papéis, conferem ou negam legitimidade aos nossos discursos. Nas conversas entre amigos e nos debates, cujos participantes têm as mesmas condições de fala, não é raro que duas ou mais pessoas falem ao mesmo tempo. Já nas entrevistas o "direito à fala" é regulado com certa rigidez, de modo que o entrevistador e o entrevistado se alternam no papel de enunciador. Seja como for, o sucesso de qualquer evento comunicativo requer que a interação de seus participantes seja regulada pelo propósito de mútuo entendimento (**cooperação**) e pelo sentido de oportunidade social e relevância informativa dos conteúdos e formas de seus discursos (**pertinência**).

58. São exemplos típicos de textos produzidos nas condições do discurso planejado: conferências e aulas em que somente o expositor tem a palavra, os discursos dos oradores, os artigos de jornais e revistas, as obras literárias; são exemplos típicos de textos produzidos nas condições do discurso espontâneo: a conversa, os debates, as entrevistas. Estas duas ordens representam extremos, como dissemos, já que elas se interpenetram na atividade linguística concreta. De certo modo, quem escreve prevê as reações de seu leitor potencial e, às vezes, simula um diálogo com esse leitor; por outro lado, mesmo em situações face a face não é raro que uma pessoa discorra por longo tempo sobre um assunto qualquer sem a intervenção de seu ouvinte.

Esta distinção entre discurso planejado e discurso espontâneo nos parece preferível à tradicional distinção entre discurso escrito e discurso falado, já que, enquanto o discurso escrito ordinariamente é produzido mediante planejamento e emendas/retificações que "desaparecem" do texto final, o discurso falado tanto pode obedecer a um plano — como a conferência, mesmo quando não é lida — quanto transcorrer livremente, ao sabor do capricho dos interlocutores — como na conversação usual.

59. A *situação discursiva* refere-se ao *conjunto de fatores socioculturais representados nos papéis sociocomunicativos assumidos pelos participantes de um evento comunicativo qualquer.*

Quem fala ou escreve situa-se no seu discurso atribuindo a si e ao(s) interlocutor(es) certos papéis sociais ou sociocomunicativos. É da perspectiva desses papéis que o enunciador gerencia sua relação com o(s) interlocutor(es): deles dependem o tom ameno e amigável com que se dá um conselho, ou o tom ríspido e hostil com que se faz uma exigência ou uma ameaça; a descontração de um bate-papo entre amigos, ou a formalidade de um discurso de paraninfo.

O índice mais óbvio desses papéis são as formas de tratamento com que nos dirigimos ao nosso interlocutor: *você, o senhor, o amigo, o cavalheiro, tu, vós, vossa senhoria* etc. Da sintonia com a situação discursiva decorre o perfil das formas de expressão relativamente ao grau de intimidade entre os interlocutores e ao ritual geralmente imposto pela situação social (contrato de comunicação), responsável pela oposição **informalidade x cerimônia**, conforme o exemplo seguinte:

Peço licença aos senhores para me ausentar por dez minutos. (estilo formal)
Olh'aí pessoal, vou dar uma saidinha mas volto já. (estilo informal)

60. Utilizamos diferentes variedades da língua segundo os eventos socioculturais de que participamos; há palavras, expressões e construções gramaticais que são próprias de certos domínios do conhecimento e que o profissional da área utiliza quando discorre sobre um assunto qualquer do ponto de vista desse domínio. O *campo discursivo* refere-se a *cada um dos domínios (técnico, científico, sociocultural) em que a atividade discursiva acontece* (cf. M.A.K. Halliday, 1978). É graças aos diversos campos discursivos que reconhecemos as abordagens técnica, jornalística, filosófica, pedagógica, científica, religiosa etc. dos variados conteúdos de nossos discursos. É em função do campo discursivo que se distinguem o discurso polêmico de um ensaio sobre os benefícios e os riscos do forno de micro-ondas e o discurso linear e prático do manual de instruções de sua utilização. A "condição do tempo" é um assunto habitual de nossas conversações mais despretensiosas, mas não nos referimos a ele com a impessoalidade e as expressões que se encontram nos boletins meteorológicos, como *umidade relativa do ar, massa de ar frio e seco de origem polar.* O assunto é o mesmo, mas a representação verbal em cada caso é peculiar ao próprio campo discursivo: leigo ou popular na conversação, técnico-científico no boletim meteorológico.

A produção do discurso

61. No que diz respeito à produção do discurso — isto é, às tarefas do enunciador — a atividade discursiva compreende múltiplos procedimentos, dentre os quais vamos destacar quatro: a **referência**, a **modalização**, a **integração** e a **organização**.

62. A *referência* constitui o *conjunto dos meios pelos quais o locutor designa no discurso as variáveis do contexto: o emissor, o interlocutor, o tempo, o espaço, o assunto*. São recursos referenciadores *eu/você/ele, aqui/aí/ali, agora/antes/depois/então, isto/isso/aquilo*. Também ao contexto são referidas as épocas em que se situa o conteúdo da frase, flexionalmente expressas através do verbo: presente, passado e futuro. Os procedimentos referenciadores são detalhados especialmente nos capítulos em que são estudadas as classes dos pronomes e dos advérbios, bem como as categorias de pessoa e tempo dos verbos.

63. A *modalização* diz respeito à *expressão do ponto de vista do enunciador.* É por intermédio da modalização que o enunciador inscreve no enunciado suas intenções comunicativas, fornecendo ao interlocutor/leitor "pistas" sobre o efeito de sentido que pretende produzir. As três frases de cada grupo de exemplos abaixo diferem quanto à modalização, conforme se depreende das formas ou procedimentos em destaque, que são marcas de modalização:

> *É possível que chova no Carnaval.*
> *É necessário que chova no Carnaval.*
> *Vai chover no Carnaval.*
>
> *Garanto que eles foram ao cinema.*
> *Acho que eles foram ao cinema.*
> *Está na cara que eles foram ao cinema.*
>
> *Seria conveniente que essa porta ficasse fechada.*
> *Essa porta precisa ficar fechada.*
> *Deixem (entonação imperativa) essa porta fechada.*
>
> *Ela conhece (tom neutro) o segredo do cofre.*
> *Dizem que ela conhece o segredo do cofre.*
> *Por acaso ela conhece o segredo do cofre?*

Diversos aspectos da modalização são desenvolvidos nos capítulos em que se estudam os adjuntos adverbiais de oração, as orações adverbiais e as orações substantivas, os verbos auxiliares modais e a categoria de modo do verbo.

64. Adotamos o termo *integração* para nomear o *conjunto de procedimentos necessários à articulação significativa das unidades do texto em função de seu significado global.* A integração recebe o nome especial de **coerência** quando a articulação significativa depende de algum conhecimento externo ao texto, e recebe o nome de **coesão** quando essa articulação se baseia tão só no conhecimento das unidades presentes no texto (v. §78, **competência pragmático-textual**).

65. A *organização diz respeito à construção dos textos*. Por três modos se constroem os textos: como **narração**, como **descrição** e como **argumentação**. Estes conceitos estão explicitados em **modos de organização do discurso** (v. §§81-84).

Palavra, Frase e Texto

Frase • unidade de comunicação

66. O título desta seção contém três termos muito familiares aos professores e estudantes. Desde muito cedo aprendemos a escrever **frases** e a contar quantas **palavras** existem nelas. Costumamos entender por *frase a menor enunciação verbal suficiente para a expressão de um ato comunicativo*, seja ela uma interjeição (*alô, ui*), seja um período (*O título desta seção contém três termos muito familiares aos professores e estudantes*). Já as palavras são unidades formais componentes das frases, geralmente separáveis por pausas na fala ou por espaço em branco na escrita, e que vêm listadas nos dicionários. Como nosso objetivo nesta seção não é discutir estes conceitos, vamos aceitá-los tais como foram definidos aqui.

Uma coisa, porém, é certa e está clara nessa distinção: comunicamo-nos de fato por meio de frases, e não de palavras. Mesmo uma palavra aparentemente isolada, como o substantivo *silêncio* escrito em uma tabuleta na parede de um hospital, constitui uma frase.

Por sua vez, uma frase "sozinha", como a do exemplo dado acima — *Silêncio* —, resume uma mensagem comunicada por um enunciador qualquer a um destinatário, que não precisam de outras palavras para se entenderem. Esta frase constitui, portanto, um texto.

Conceito de texto

67. Conforme vimos no §54, o texto é um produto da atividade discursiva. Em um texto circulam, interagem e se integram informações várias, explícitas ou implícitas, evidentes por si mesmas ou dependentes de interpretação. Por isso, um texto é necessariamente fruto de uma construção de sentido em que cooperam quem o enuncia e quem o recebe. Esta cooperação pode se dar de várias maneiras, que vão do diálogo face a face (discurso espontâneo) — em que os participantes se alternam, e às vezes se entrechocam, nos papéis de emissor e receptor — ao texto dado como "concluído" por seu criador inaugural (discurso planejado).

68. Todos temos a intuição do que seja um texto, visto que toda interação social mediada pela linguagem verbal se faz por meio de textos. Uma ordem, um pedido, uma exclamação, um anúncio, um aviso, um comentário, uma descrição, uma narração são textos. Uns interpretáveis em função apenas do instante e lugar de sua ocorrência (de que são exemplos as interjeições, as placas indicadoras de entrada e saída etc.); outros, mais consistentes e permanentes por reunirem em si os elementos indispensáveis à sua interpretação. Seja como for, nenhum texto é integralmente autônomo como unidade de sentido; o que há são graus de comprometimento e aderência do texto relativamente aos múltiplos fatores que envolvem a produção deles. As interjeições ocupam o ponto mais alto dessa escala — aderência máxima à situação de comunicação —; já o grau mais reduzido de aderência caracteriza os textos consagrados como monumentos literários.

69. Ao telefone, uma pessoa provavelmente dirá "Alô!" e nunca "Estou anunciando que me acho à escuta da pessoa que fez o presente contato telefônico." O *alô* é a opção adequada de expressão naquele contexto, bastante para o propósito comunicativo do enunciador. A segunda frase soa não só esdrúxula e redundante, mas sobretudo anticomunicativa. Não é bastante, portanto, que um texto esteja bem estruturado em termos lexicais e lógico-gramaticais; ele tem de ser, antes de tudo, pertinente ao **contexto discursivo** (v. §55-58), isto é, adequado quanto aos critérios do que constitui nossa **competência pragmático-textual** (v. §78). Além de precisar ser pertinente ao contexto discursivo — isto é, ser processado no **registro** conveniente —, o texto deve, também, ser "informativo", já que se destina a comunicar sentidos inteligíveis pelo destinatário conforme o que lhe quer dizer o enunciador. Para tanto, o texto costuma se organizar através de uma sequencialização informativa de suas partes, com unidade e coerência. De acordo com este princípio, que chamamos de **coesão**, devemos unir as frases abaixo

Fui à feira comprar frutas.
Não encontrei pêssegos nem morangos.

por meio de um *mas* (*Fui à feira comprar frutas, mas não encontrei pêssegos nem morangos*), e nunca por meio de um *portanto* (não faz sentido dizer *Fui à feira comprar frutas, portanto não encontrei pêssegos nem morangos*).

70. Interjeições e mensagens monovocabulares em geral, do tipo *saída, damas, perigo*, só precisam atender à exigência do registro para funcionarem como textos. Períodos formados de sujeito e predicado, parágrafos formados de vários períodos, ensaios, relatórios, capítulos, contos, romances etc. estruturam-se internamente por meio de recursos de coesão e apresentam, como vimos, graus variáveis de independência relativamente ao contexto de sua produção.

Conhecimento e Uso da Língua

O que é "conhecer uma língua"

71. Apresentados alguns conceitos que consideramos fundamentais à compreensão da estrutura e funcionamento de uma língua como o português, proporemos, a título de síntese, um conjunto de aspectos que fazem parte do conhecimento que cada indivíduo tem — ou pode ter — de sua língua.

Este conhecimento consiste num complexo conjunto de saberes linguísticos e sociocomunicativos constitutivos da capacidade humana para produzir e compreender enunciados numa língua. Tais saberes são de natureza variada:

- **saber cognitivo**, relativo à aptidão humana para a linguagem;
- **saber antropológico**, atinente às peculiaridades da língua que falamos como expressão de um certo modo de simbolizar a realidade;

- **saber histórico**, referente à nossa condição de "depositários" de textos integrantes de uma memória coletiva;
- **saber léxico-gramatical**, referente ao domínio das palavras, dos recursos sonoros, mórficos e sintáticos que formam as frases;
- **saber sociolinguístico**, relativo às funções da língua como forma de convívio e interação sociais;
- **saber textual**, relativo ao domínio dos procedimentos de construção dos textos.

72. Esses saberes, naturais uns, simbólico-culturais outros, desenvolvem-se biopsiquicamente como aptidões afetivas e intelectuais, ou são adquiridos histórico-culturalmente, ao longo da vida de cada indivíduo, por força das circunstâncias interativas do convívio social. Cada indivíduo torna-se, desse modo, em cada etapa de sua existência, detentor de uma competência comunicativa que reflete a complexidade e a variedade de situações sociocomunicativas das quais ele participa em virtude de ser membro de uma sociedade: vida familiar, vida profissional, atividades culturais, religiosas e de lazer etc. Estes saberes estão, portanto, intimamente relacionados com o "ser social" de cada um de nós. Eles não são exclusivos de um indivíduo, visto que toda a comunidade em que esse indivíduo vive partilha-os com ele, mas constituem, como conjunto, uma parte considerável de sua personalidade.

73. Duas pessoas não dominam exatamente o mesmo repertório de recursos linguísticos, ainda que sejam falantes nativos e se igualem quanto à formação sociocultural. Há entre elas inevitáveis diferenças quanto à pronúncia, ao ritmo da frase, ao vocabulário, à construção das frases, a fórmulas fixas de expressão. Essas diferenças ficam ainda mais evidentes quando se comparam a linguagem de um jovem urbano aos 15 anos de idade e a de seus pais, a fala de um trabalhador urbano e a de um pescador, as expressões profissionais de um médico e as de um economista. Com certeza é ainda mais óbvia a diferença entre o falar de um nordestino e o de um gaúcho, entre o falar de um brasileiro e o de um português.

Quando se diz que uma comunidade "fala uma língua", deixa-se normalmente a impressão de que todos os seus membros conhecem "a mesma coisa". Isso não é verdade. Ninguém de fato conhece uma língua na totalidade de seus usos, que são múltiplos. O que conhecemos — e empregamos nas situações concretas de comunicação — são **variedades** dessa língua (v. §§40-43).

A língua como criação histórica e como instituição social

74. Uma língua não existe por si, mas para seus falantes e em virtude do uso que eles fazem dela. A língua é uma instituição social, uma criação histórica e coletiva. Ninguém a criou para si, ela existe para a comunicação e preexiste ao nascimento dos membros da sociedade. Ordinariamente os indivíduos a adquirem e a aceitam como "uma coisa natural", e limitam-se a servir-se dela pelo resto da vida. Alguns deles, artistas da palavra, vão um pouco além; os poetas, populares ou eruditos, os escritores, os publicitários e os oradores costumam ter com a linguagem uma relação mais tensa, que resulta na recriação e ampliação dos recursos da linguagem materializadas em textos diversos, orais ou escritos.

75. Por outro lado, uma mesma pessoa é capaz de utilizar diferentes "estilos" ou registros de língua conforme o contexto ou as finalidades da comunicação: quando se dirige a um adulto ou quando fala a uma criança, quando fala a pessoas reunidas em um auditório ou quando conversa descontraidamente com um amigo íntimo, quando escreve uma carta de candidato a um emprego ou quando comparece para uma entrevista com esse mesmo objetivo, quando relata um acontecimento ou quando dá um conselho a alguém.

Uma língua não pode, portanto, ser uniforme, homogênea. Ao contrário, ela se revela extraordinariamente versátil e adaptável, a fim de que possa cumprir, ao mesmo tempo, como é de sua natureza, as funções de meio de expressão de todos os conteúdos que a mente humana é capaz de conceber, e de meio de comunicação desses conteúdos nas mais diversas situações e para os mais variados fins.

Estas e outras muitas espécies de variação mais ou menos evidentes podem ser agrupadas em duas principais ordens: (a) os **dialetos**, que são as variedades de uma língua devidas à identidade do indivíduo ou "usuário" — onde nasceu e aprendeu a falar, que idade tem, a que grupo socioeconômico pertence —; e (b) os **registros**, que são as variedades relacionadas com o uso que cada um faz da língua de acordo com o contexto social da comunicação: onde utiliza a linguagem, a quem se dirige e para quê se comunica.

As Duas Ordens de Competência

76. Propomos classificar os saberes a que nos referimos acima em duas ordens principais: **competência léxico-gramatical** e **competência pragmático-textual**.

77. A *competência léxico-gramatical* refere-se ao *conhecimento das unidades dos dois planos da língua — expressão e conteúdo — e respectivas regras combinatórias*. Fazem parte, portanto, de nossa competência léxico-gramatical os saberes denominados **fonologia**, **morfologia**, **léxico** e **sintaxe**.

Nosso conhecimento da fonologia do português permite, por exemplo, que combinemos consoantes e vogais em sequências como *garzeixa* e *flami-*

gar, mas nunca como **mradlir* e **pfiiibn*; que pluralizemos *pardal* como *pardais*, mas nunca como **pardals*; e que acentuemos uma palavra na última sílaba (*picolé*), na penúltima (*martelo*) ou na antepenúltima (*pétala*), mas nunca antes da antepenúltima (**périmetro*).

Nosso conhecimento da morfologia nos permite dizer *peixão* para o aumentativo de peixe, e não **peixíssimo*; para o nome derivado de *explodir*, *explosão*, e não **explodimento*; para o passado dos verbos *perder* e *cantar*, *perdia* e *cantava*, e não **perdeva* ou **cantia*.

Nosso conhecimento da sintaxe é o responsável pelo uso de *com* e não *de* em *Sonhei com você* (**Sonhei de você* é agramatical) e pelo uso de *me* em *Ela me convidou* e de *mim* em *Ela convidou a mim* (**Ela mim convidou* ou **Ela convidou a me* são agramaticais). Também sintático é o tipo de conhecimento que permite a construção *O remédio que tomei me fez mal* e impede a construção **O remédio me fez mal que tomei*.

O *léxico* é o *conjunto das palavras da língua acompanhadas da classe a que pertencem* (substantivo, verbo etc.) *e do(s) significado(s) que expressam*. O conhecimento lexical, porém, compreende muito mais do que uma lista de palavras para dar nomes às nossas experiências sensoriais e conceituais. Graças ao conhecimento lexical, sabemos, por exemplo, não só o significado de *comer*, mas que a ação que designamos por *comer* é às vezes designada por *devorar*, e que a relação de sentido que associa estes verbos — relação de intensidade — é análoga à que distingue os significados de *molhar* e *encharcar*, *falar* e *gritar*, *feio* e *horrível*. Além disso, nosso conhecimento lexical do português nos torna capazes de atribuir diferentes significados a uma palavra, como ocorre com o verbo *jogar* nas frases *O barco está jogando muito* (= balançar no mar agitado), *A seleção jogou mal hoje* (= atuar na partida) e *Não jogue lixo na rua* (= atirar, arremessar).

78. Chamamos de *competência pragmático-textual a que habilita os usuários da língua a comunicar-se em situações concretas por meio de textos*. Esta competência compreende um amplo e variado conjunto de fatores relacionados com a adequação do discurso às circunstâncias e aos objetivos da comunicação: (a) o registro, (b) os tipos de texto, (c) os modos de organização do discurso, (d) significados implícitos e valores não literais dos enunciados, (e) articulação coerente e conexão das frases e (f) expressividade.

Registro

79. Entende-se por *registro* a variação da língua segundo o uso, ou seja, *a propriedade que a língua tem de variar formalmente de acordo com as características do contexto discursivo*, que, como vimos nos §§55-60, compreende:

- as **condições discursivas** (que fornecem os princípios reguladores do direito à palavra, fundamentando a distinção entre discurso planejado e discurso espontâneo);
- **a situação discursiva** (que define os papéis sociais dos participantes);
- **o campo discursivo** (relativo ao domínio de conhecimento em que o discurso se processa: científico, leigo, religioso, político etc.).

ex. 1: Diante de um mesmo fato — por exemplo, o erro de um jogador de futebol ao cobrar uma falta —, enquanto um torcedor irritado poderá dizer "Bota esse pé na forma, ô perna de pau!", o locutor esportivo, em tom neutro e profissional, provavelmente se exprimirá com uma frase como "O chute saiu torto e a bola passou muito longe da meta." Neste exemplo, o registro varia de acordo com o **campo discursivo**.

ex. 2: O dono da casa diz a um grupo de colegas de sua filha que chega para uma festinha: "Vai entrando, pessoal, e fica à vontade; a casa é de vocês." Já na sala de espera de uma clínica, a recepcionista diz à paciente, que aguarda sua vez: "A senhora, por favor, pode se dirigir ao consultório B." Neste exemplo, o registro varia de acordo com a **situação discursiva**, graças à qual a relação pode ser impessoal, cerimoniosa, descontraída etc.

80. Os três fatores do registro discriminados acima acham-se necessariamente combinados no produto da atividade discursiva, que chamamos de texto. Os textos enquadram-se, portanto, em diferentes tipos segundo a combinação desses três fatores, a saber: o fato de ser o discurso de um enunciador só — monolocução — ou de vários — interlocução; a imagem social que o enunciador faz de si e do destinatário de seu enunciado, e ainda o domínio do conhecimento dentro do qual se define o significado do texto. Os tipos de texto constituem instrumentos historicamente consagrados pela comunidade para o desempenho dos papéis sociais assumidos pelos indivíduos no quadro sociocomunicativo formado por esses três fatores. Um anúncio publicitário, uma receita culinária, uma fábula ou uma carta familiar são quatro tipos de texto:

Anúncio publicitário

Arquitetos, decoradores e particulares.
Executamos seus projetos de portas e janelas
em formatos ou desenhos exclusivos.
Crie e venha falar com a gente.
Garantia total de prazo de entrega e qualidade.
Consulte-nos para receber
sua esquadria com vidros e ferragens.

(*JB*, 26.3.2000)

Receita culinária

Sopa de tomates 30 minutos

Para quatro pessoas
2 dentes de alho espremidos;
1 cebola média bem picada;
2 colheres (sopa) de azeite;
5 xícaras de tomates maduros
sem pele e sem sementes, picados;
1,5l de caldo de galinha ou de legumes;
sal e pimenta-do-reino a gosto;
20 folhas de manjericão;
1 colher (sopa) de salsa picada.

Em uma frigideira, refogue o alho e a cebola no azeite.
Acrescente o tomate e cozinhe em fogo alto por 5 minutos.
Junte o caldo de galinha e cozinhe até levantar fervura.
Tempere com o sal e a pimenta-do-reino a gosto.
Bata no liquidificador e sirva com as folhas de manjericão e a salsa por cima.

(*Elle*, nº3, março 98)

Fábula

A raposa e as uvas

Certa raposa esfaimada encontrou uma parreira carregadinha de lindos cachos maduros, coisa de fazer vir água à boca. Mas tão altos que nem pulando.
O matreiro bicho torceu o focinho.
— Estão verdes — murmurou. Uvas verdes, só para cachorros.
E foi-se.
Nisto deu o vento e uma folha caiu.
A raposa, ouvindo o barulhinho, voltou depressa e pôs-se a farejar...
Quem desdenha quer comprar.

(M. Lobato, 1982)

Carta familiar

Maceió, 11 de outubro de 1930

Ló: na última carta que me escreveste mostraste algum receio por estarmos aqui. Procurei tranquilizar-te. E agora venho dizer-te que o perigo passou, se é que houve perigo. Não te assus-

> *tes. Lê esta carta em reserva, não a mostres a ninguém. São duas horas da manhã. Por volta da meia-noite fui ao palácio e encontrei tudo deserto. A guarda tinha desaparecido, as pessoas que lá em cima haviam passado uma semana sem poder dormir tinham desaparecido também. Sem luta, sem um tiro. É possível que assim esteja certo. Não sei. O que sei é que preciso dormir um pouco para continuar os meus Caetés. Essa coisa de política é bobagem, e eu não entendo disso. (...). Um abraço, minha filha. Parece que já estou bom. Beijos no Tatá e em Maria, lembranças ao pessoal. Graciliano.*
>
> (G. Ramos, 1981a)

Modos de organizar o discurso

81. É bem conhecida a divisão tradicional dos textos em descritivos, narrativos e dissertativos. A seguir vamos dar informações preliminares sobre essas características estruturais dos textos, que, entretanto, não devem ser confundidas com os tipos de texto a que nos referimos no item precedente.

82 **Descrever** é relacionar os traços característicos do objeto de nossa atenção, dizer como as partes se integram no todo, qual é a forma, de que matéria é feito, que dimensão e utilidade tem etc. Os dicionários e os manuais didáticos servem-se muito da descrição, pois fazem amplo uso de definições. A descrição é, basicamente, um modo de responder a perguntas do tipo "O que é?", "Como é?", "Para que serve?". A descrição trata seu objeto como coisa estática, a qual reúne num mesmo momento todos os traços relevantes para sua caracterização.

83. **Narrar** é uma das experiências mais primárias que o ser humano tem com a linguagem: a de ouvir e contar histórias. Narrar é enunciar ações e/ou fatos necessariamente inter-relacionados numa cadeia que progride na linha do tempo (cf. P. Charaudeaux, 1991). Uma partida oficial de futebol, por exemplo, dura 90 minutos, distribuídos em dois períodos de 45 minutos. Durante esse tempo, os jogadores principalmente e, secundariamente, o juiz e os bandeirinhas interagem por meio de ações que se sucedem numa cadeia de causa e efeito. O jogo é o objeto, e o discurso do locutor que o relata enquanto ele acontece é a **narração**. A narração trata seu objeto, portanto, como coisa dinâmica, que existe à medida que se estende no tempo, e muda durante a passagem do tempo.

84. **Argumentar** é apresentar uma ou várias informações que o enunciador considera relevantes, seja para fundamentar uma tese explícita, seja para influenciar o interlocutor. O objeto da argumentação jamais é uma coisa concreta, pertencente à realidade física, como podem ser os objetos da descrição e da narração. Quem argumenta lida sobretudo com as leis do pensamento racional, fazendo generalizações, comparando e contrapondo ideias e opiniões, explicitando causas e efeitos, formulando hipóteses, tirando conclusões. A argumentação trata seu objeto, portanto, como coisa abstrata, que existe exclusivamente como expressão verbal do raciocínio.

É sempre oportuno lembrar que narração, descrição e argumentação não são tipos de texto, mas maneiras de enunciá-los. Uma fábula é um tipo de texto organizado basicamente mediante o modo narrativo. Uma carta familiar é um tipo de texto, que pode ser organizado como narração, como descrição ou como argumentação.

Significados implícitos e valores não-literais dos enunciados

85. Muitos enunciados são portadores de significados que não podem ser deduzidos da mera associação entre seus elementos lexicais, forma sintática e entoação. Às vezes esses enunciados fazem alusão a algum fato histórico ou experiências culturais coletivas, de modo que seus significados são não literais — *Agora Inês é morta* (= expressão de desalento diante de uma situação irreversível), alusão a um episódio da História de Portugal; *O goleiro engoliu um frango* (= deixar passar uma bola fácil de defender), metáfora criada sobre a cômica inabilidade de alguém que tenta em vão pegar um frango fujão. Outras vezes os enunciados estão no lugar de outros que devem ser subentendidos: *Ainda falta muito pra acabar essa novela?* (= indagação que pode implicar uma declaração do tipo "não suporto mais essa chatice", uma consulta sobre a oportunidade de mudar de canal para assistir a outro programa, ou uma ordem do tipo "desliga essa televisão e vem dormir").

Incluem-se neste subgrupo todos os provérbios e frases feitas.

Articulação coerente e conexão das frases: a integração

86. Uma sequência de frases só pode formar um texto se elas estiverem articuladas de forma coerente e coesa. Coerência e coesão são aspectos de um mesmo princípio organizador — a integração — graças ao qual a sequência de frases integrantes do texto se distribui e se estrutura como uma combinação aceitável/possível/plausível de conteúdos. Se esse princípio é infringido, cria-se uma combinação incoerente de conteúdos, como ocorre em *Os cavalos voam porque são minerais* — já que cavalos não voam, nem são minerais, e ser mineral não explica a capacidade de voar.

Pelo mesmo princípio da coerência-coesão, uma frase como *A carne vermelha subiu de preço este mês* tem grande chance de ser completada por *por isso o consumo de frango aumentou* — que é uma conclusão plausível —, mas pouca chance de ser seguida por *apesar disso, o consumo de frango aumentou* e nenhuma chance de ser seguida por *por isso, Castro Alves nasceu na Bahia.* Basta avaliar o resultado:

> *A carne vermelha subiu de preço este mês; por isso, o consumo de frango aumentou.*
> *(?) A carne vermelha subiu de preço este mês; apesar disso, o consumo de frango aumentou.*
> **A carne vermelha subiu de preço este mês; por isso, Castro Alves nasceu na Bahia.*

Expressividade

87. *Consiste na característica que faz com que um enunciado chame a atenção do leitor/ouvinte mais por sua materialidade linguística (expressão) do que pelo que significa (conteúdo).* Em uma de suas manifestações — a função poética da linguagem (v. §18) — a expressividade consiste na simulação de uma isomorfia ou semelhança entre a estruturação do significante e a estrutura do conteúdo de um enunciado:

> *Olhe a bolha de sabão/ na ponta da palha: brilha, espelha e se espalha./ Olha a bolha!* (C. Meireles, 1977).

Neste exemplo exploram-se os efeitos imitativos da repetição do fonema representado por *lh* e a gradação /i/, /e/, /a/ em *brilha, espelha, espalha*;

> *Houve um corre-corre na praça*; *O telefone chamou, chamou e ninguém atendeu.*

Nestes exemplos procura-se criar uma relação não arbitrária entre o dado da realidade (repetição de ações) e a forma da linguagem (repetição de palavras).

> *Uma noite destas, vindo da cidade para o Engenho Novo, encontrei no trem da Central um rapaz aqui do bairro, que eu conheço de vista e de chapéu.* (Machado de Assis, 1962)
> *Marcela amou-me durante quinze meses e onze contos de réis; nada menos.* (Machado de Assis, 1962)

Nestas duas passagens o narrador coordena conteúdos heterogêneos e cria expressões ironicamente desconcertantes, e por isso expressivas: *conheço de chapéu* e *amou-me durante onze contos de réis*. Na primeira passagem, a ironia incide sobre a superficialidade da relação entre os dois personagens; na segunda, fica o registro de que o amor não sobreviveu ao fim do dinheiro. Também fazem parte deste fator discursivo os recursos com que o enunciador revela no texto seu estado de espírito/humor: ternura ou irritação, entusiasmo ou decepção, desprezo ou reverência etc.

Sete saberes

88. Abaixo detalhamos em sete saberes as duas espécies de competências: **léxico-gramatical** (1, 2 e 3) e **pragmático-textual** (4, 5, 6 e 7):

1) Ser capaz de articular e reconhecer as sequências de sons da língua.

2) Ser capaz de realizar as associações adequadas entre os segmentos sonoros e os respectivos significados, bem como de estabelecer relações de sentido entre esses significados.

3) Ser capaz de combinar as unidades da língua segundo as regras de seu sistema, assim como de identificar construções malformadas em relação a essas regras.

4) Ser capaz de manejar os recursos do componente expressivo da linguagem, seja como produtor seja como intérprete dos enunciados.

5) Ser capaz de discriminar convenientemente sentidos literais, sentidos figurados e sentidos contextuais atribuíveis aos enunciados.

6) Ser capaz de escolher, usar e interpretar palavras, expressões e construções da língua de acordo com as convenções de cada situação de comunicação.

7) Ser capaz de estruturar e interpretar textos coesos e formalmente adequados aos respectivos propósitos comunicativos e às diferentes situações discursivas.

PARTE II
A Estrutura da Forma Gramatical

FONÉTICA E FONOLOGIA: CONSTRUÇÃO SONORA DAS PALAVRAS

O Plano da Expressão • Fonética e Fonologia

89. A fala é uma atividade que envolve procedimentos de diversas naturezas, responsáveis tanto pela produção dos sons e sua combinação na construção das palavras e frases, quanto pela atribuição de sentido a essas unidades. A análise do plano da expressão consiste, portanto, não só na identificação e classificação dos sons vocais, mas, ainda, no reconhecimento da função comunicativa desses mesmos sons. Por isso, é comum modernamente distinguir-se a **fonética** — que se ocupa da produção e classificação dos sons vocais — da **fonologia** — que se ocupa da estruturação desses sons em um sistema linguístico.

90. A *fonética estuda a substância, a materialidade dos sons vocais.* Ela é uma parte da fisiologia ou da física acústica, não se ocupando, portanto, da função linguística ou comunicativa dos sons. O *estudo* da função linguística, isto é, *da estruturação dos sons da fala em um sistema de relações opositivas e combinatórias para a constituição dos signos de uma língua* compete à *fonologia*.

Digamos, por exemplo, que a única diferença fonética entre as palavras *tanta* e *tonta* está no som nasal que ocorre no contexto [t...ta].* Como se trata de dois signos, podemos dizer com segurança que a diferença entre [ã] e [õ] tem uma função linguística. Estamos diante de uma diferença ao mesmo tempo de sons vocais (fonética) e de fonemas (fonológica).

Se agora substituirmos o [õ] por [ĩ], obteremos *tinta*, outro signo. Ainda aqui há uma oposição fonológica: [õ] e [ĩ] representam dois fonemas. Para muitos falantes de português (por exemplo, cariocas e fluminenses), no entanto, ocorre em *tinta* uma diferença fonética adicional: o som que precede o [ĩ] não é o mesmo que precede o [ã] e o [õ]. Temos agora algo como um *tch* (compare *teme/time*, *tapo/tipo*), que será representado aqui com o sinal č:

---

* Sobre o uso dos sinais [ ] e / /, v. §98.

[č]ime, [č]inta, [č]ipo. Em português, [č] e [t] são dois sons vocais diferentes, mas não dois fonemas.

Produção Articulatória dos Sons Vocais

91. Os sons vocais são produzidos graças a uma coordenação de movimentos de órgãos e peças dos sistemas respiratório e digestivo para a função da **fonação**. Compõem esse conjunto — que nessa função se chama **aparelho fonador** — os pulmões, os brônquios, a traqueia, a laringe, a glote, a epiglote, a faringe, a úvula (campainha), o véu palatino (ou palato mole), as cavidades nasal e bucal, a língua, as arcadas dentárias superior e inferior, os lábios. O estudo da produção desses sons e a classificação de seus diferentes tipos constituem o objeto de uma disciplina auxiliar da linguística chamada **fonética articulatória**.

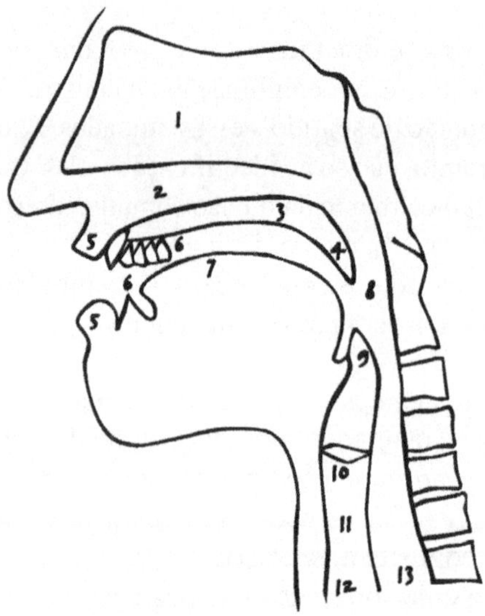

1. fossas nasais
2. palato duro
3. palato mole
4. úvula
5. lábios
6. dentes
7. língua
8. faringe
9. epiglote
10. glote
11. laringe
12. traqueia
13. esôfago

Figura 1

O conjunto dos órgãos que participam da fonação divide-se em três partes (fig.1):

1 – cavidades infraglotais (pulmões, brônquios e traqueia)
2 – cavidade laríngea (laringe) ou órgão fonador
3 – cavidades supraglotais (faringe, boca e fossas nasais)

92. O ar contido nos pulmões passa, através dos brônquios, à traqueia, tubo formado por anéis que vai até à cavidade laríngea. Na laringe, órgão fundamental na fonação, há uma passagem — a glote — formada por membranas conhecidas como **cordas vocais.** Quando as cordas vocais se aproximam, a corrente de ar pode fazê-las vibrar, produzindo o ruído que, ao ressoar nas cavidades supraglotais, constitui o som vocal.

Ao deixar a laringe e atingir o início da faringe, a corrente de ar, sonorizada ou não, pode:

a) penetrar apenas na cavidade bucal — quando o véu palatino está colado à parede faríngea;

b) penetrar nas cavidades bucal e nasal — quando o véu palatino apenas se descola da parede faríngea;

c) penetrar apenas na cavidade nasal — quando a parte posterior da língua se une ao véu palatino e impede a penetração do ar na boca.

Os sons utilizados na língua portuguesa são efeitos de modificações ou obstruções sofridas pela corrente de ar na cavidade bucal, com ressonância nasal (situação b) ou com ressonância apenas oral (situação a). Essas modificações e obstruções serão descritas nos §§100-104.

O Fonema: Conceituação e Tipos

93. Vimos nos §§24-27, na parte I, que o plano da expressão — o significante — é analisável em unidades desprovidas de significado, mas capazes de distinguir os signos da língua. Por exemplo, podemos demonstrar que o vocábulo *par* é constituído, no plano da expressão, de três unidades: /p/, substituível por /b/ (cf. *bar*), /a/, substituível por /o/ (cf. *pôr*) e /R/, substituível por /S/ (cf. *paz*). *As menores unidades sonoras que podemos isolar na cadeia da fala e que servem para distinguir signos são chamadas de fonemas.*

94. Os fonemas integram um sistema: o **sistema fonológico**. Formam, portanto, um elenco finito de unidades que se relacionam numa bem trançada rede de oposições e entram na construção da parte sonora — significante — de todas as palavras da língua, reais ou possíveis.

95. Há em português, basicamente, duas espécies de fonemas: **vogais** e **consoantes**. Essa distinção baseia-se em dois critérios: o modo de produzir o som (critério articulatório) e a situação deles na sílaba (critério combinatório). De acordo com o critério articulatório, chamam-se *vogais* os *fonemas em cuja produção a onda sonora é modificada na cavidade oral sem que haja obstrução à passagem da corrente de ar proveniente dos pulmões*; e chamam-se *consoantes* os *fonemas* que, ao contrário das vogais, são *produzidos mediante alguma obstrução à passagem da corrente de ar.* Do ponto de vista combinatório, as vogais do português são indispensáveis à existência da sílaba, podendo constituí-la sem a companhia de consoantes; já as consoantes "soam com" as vogais, só ocorrem na sílaba acompanhando-as. Há ainda em português as semivogais, que possuem as características articulatórias das vogais (passagem livre do ar) e as características combinatórias das consoantes (acompanham a vogal na sílaba).

Fonema e Alofone

96. No §90, ao comentar as diferenças fonéticas entre *tonta* e *tinta*, observamos que somente a relação entre [õ] e [ĩ] é distintiva. A diferença entre o [t] de *tonta* e o [č] de *tinta* não tem o mesmo valor da diferença entre [õ] e [ĩ]. [č] e [t] são unidades diferentes para a fonética, pois são sons produzidos diferentemente, mas não correspondem a elementos distintos no sistema fonológico do português, porque não estabelecem oposição entre signos: em português, [č] é apenas "outra pronúncia", isto é, um alofone do fonema /t/, usual em certas áreas do Brasil como o Rio de Janeiro quando /t/ precede /i/. Diremos, então, que o fonema /t/ é realizado, na variedade padrão do português falado no Rio de Janeiro, por dois alofones: [č], sempre antes de /i/, e [t] em qualquer outra posição.

O Fonema e a Escrita

97. Tenhamos sempre o cuidado, porém, de não confundir o plano sonoro da língua — seus sons, fonemas e sílabas —, percebido pelo ouvido, com sua representação escrita, que inclui sinais gráficos diversos, como letras e traços ((') em *café*, (^) em *pântano*), percebidos pelo olho.

A representação gráfica das palavras é realizada pelo sistema ortográfico, que apresenta peculiaridades responsáveis por frequentes discordâncias entre a forma oral e a forma escrita da língua. Por exemplo, usam-se combinações de letras — chamadas **dígrafos** — para representar um só fonema (cf. *achar* em face de *mexer*, *quilo* em face de *calo*, *carro* em face de *rato*, *santo* em face de *irmã*); usam-se letras diferentes para representar o mesmo fonema (cf. o fonema /z/ em *exato*, *rezar* e *pesar*) ou a mesma letra para representar fonemas distintos (cf. a letra *x* em *próximo*, *exato*, *roxo* e *sexo*); usa-se o mesmo sinal (') para indicar tanto a maior intensidade de uma sílaba (cf. *fábrica* em face de *fabrica*) quanto a vogal aberta de um ditongo (cf. *anzóis* e *papéis*).

Convenções de Transcrição: O Alfabeto Fonético

98. Para representar os sons da fala graficamente de maneira precisa, evitando as armadilhas da ortografia convencional, recorre-se a um conjunto de sinais que recebe o nome de **alfabeto fonético**. Alguns dos sinais são iguais às letras do alfabeto convencional. Por isso, para diferençar bem os dois tipos, os sinais do alfabeto fonético vêm entre colchetes ([ ]). Por outro lado, a diferença entre sons da fala e fonemas, base da distinção entre fonética e fonologia, representa-se graficamente por meio de colchetes para a transcrição fonética e de barras (/ /) para a transcrição fonológica. O sinal (') colocado antes de uma sílaba indica que ela é tônica.

- As consoantes que fecham sílaba (v. §109) são fonologicamente transcritas como /L/, /R/ e /S/.
- Os símbolos novos que utilizo são:
  [č] para o som do t de *tio*, e [ǰ] para o som do d de *dia*, ambos na pronúncia carioca
  [š] para o som do x de *mexe*
  [ž] para o som do j de *caju*
  [ľ] para o som do lh de *galho*
  [ñ] para o som do nh de *ganhar*
  [x] para o som constritivo e [R] para o som vibrante múltiplo do r de *rato* e *carta*
  [ɛ] para o e de *pedra*
  [ɔ] para o o de *porta*
  [y] para o i de *boi*
  [w] para o u ou o l de *céu* e *mel*
  [ɐ] para o som final de *capa*
- Um til (~) sobre a letra vogal indica nasalidade, e um ponto serve para indicar o limite de sílaba.

As Consoantes do Português

99. Há em português dezenove consoantes, exemplificadas por meio dos seguintes pares mínimos, isto é, pares de palavras que se distinguem pela troca de apenas um fonema:

/‘tapa/ x /‘taba/, tapa x taba
/‘sapu/ x /‘tapu/, sapo x tapo
/‘fila/ x /‘vila/, fila x vila
/mar‘t ɛlu/ x /mar‘sɛlu/, martelo x Marcelo
/‘fasu/ x ‘fašu/, faço x facho
/‘partu/ x /‘pardu/, parto x pardo
/‘bɛla/ x /‘vɛla/, bela x vela
/‘muda/ x /‘muza/, muda x musa
/‘selu/ x /‘zelu/, selo x zelo
/a‘dɔra/ x /a‘gɔra/, adora x agora
/ka‘zar/ x /ka‘var/, casar x cavar
/pe‘gar/ x /pe‘kar/, pegar x pecar
/fa‘kada/ x /fa‘šada/, facada x fachada
/‘graša/ x /‘grasa/, graxa x graça
/‘kalu/ x /‘karu/, calo x caro
/‘karu/ x /‘kaRu/, caro x carro
/‘lɛvi/ x /‘nɛvi/, leve x neve
/‘kana/ x /‘kama/, cana x cama
/‘pena/ x /‘peña/, pena x Penha
/‘aša/ x /‘aža/, acha x haja
/‘galu/ x /‘gaľu/, galo x galho

Traços Distintivos das Consoantes

100. Há fonemas mais parecidos entre si do que outros: /p/ é obviamente mais parecido com /b/ do que com /s/; as semelhanças entre /l/ e /r/ são provavelmente uma razão para as trocas frequentes entre os dois (*pranta*, por *planta*); e a fronteira às vezes frágil entre /š/ e /s/ permite imitações caricaturais da linguagem infantil (cf. *xapatinho*, em vez de *sapatinho*). A obstrução total dos lábios é a marca comum de /p/ e /b/; /l/ e /r/ se pronunciam ambos no mesmo lugar, com a ponta da língua, obstruindo e liberando a passagem do ar.

101. Os fonemas não são blocos unitários. Há relações comuns a vários pares de fonemas. A que opõe /b/ a /d/, por exemplo, é a mesma que distingue /m/ de /n/, e a que opõe /l/ e /ľ/ é a mesma que distingue /s/ e /š/.

As semelhanças e diferenças fonéticas entre os fonemas destacadas acima se explicam por serem eles, na verdade, unidades complexas, conjuntos de traços que os aproximam ou os distanciam. Os fonemas distinguem-se uns dos outros, portanto, por meio dos traços que os constituem. Em relação às consoantes, esses traços se classificam de acordo com três fatores: o **modo de articulação**, que se refere à natureza do obstáculo; a **zona de articulação**, que se refere ao local em que ocorre a obstrução; e a **função das cordas vocais**, cuja vibração dá origem ao som da voz.

102. São cinco os modos de articulação:

- **oclusivo** — caracteriza as consoantes produzidas com **obstrução total** (oclusão) dos órgãos articuladores: /p/, /b/, /t/, /d/, /k/, /g/;
- **constritivo** — caracteriza as consoantes articuladas com um **estreitamento** (constrição) dos órgãos da articulação, que pressionam a corrente de ar sem, no entanto, impedi-la de passar: /f/, /v/, /z/, /s/, /ž/, /š/.
- **lateral** — caracteriza as consoantes articuladas com escapamento livre da corrente de ar pelos **lados** da língua, enquanto outra parte desta obstrui o ar em algum ponto do céu da boca: /l/, /ľ/;
- **nasal** — caracteriza as consoantes articuladas graças ao abaixamento do véu palatino, que assim permite a ressonância na **cavidade nasal**: /m/, /ñ/, /n/;
- **vibrante** — caracteriza as consoantes articuladas, quer com um **movimento rápido** da ponta da língua em direção aos dentes incisivos — /r/ —, quer com **vibração** do véu palatino pressionado pelo dorso da língua — /R/.

103. As zonas de articulação são três:

- **labial** (dividida em bilabial e labiodental) — caracteriza os sons produzidos mediante a união dos lábios — [p], [m] (bilabiais) — ou o contato do lábio inferior com a arcada dentária superior — [v], [f] (labiodentais);
- **ânterolingual** ou **anterior** (dividida em linguodental e alveolar) — caracteriza os sons produzidos com a articulação da ponta da língua contra os dentes incisivos — [t], [d] (linguodentais) — ou da frente de língua com a faixa (alvéolo) situada logo acima dos incisivos — [l], [n], [r] (alveolares);
- **posterolingual** ou **posterior** (dividida em palatal e velar) — caracteriza os sons produzidos com a articulação do dorso da língua com o céu da boca ou o véu palatino: [š], [ž], [ñ], [ľ] (palatais), [k], [R], [g] (velares).

104. A função das cordas vocais (FCV) é responsável pela distinção entre fonemas sonoros e surdos. Chamam-se **sonoros** os fonemas produzidos mediante a vibração das cordas vocais: /v/, /d/, /b/, /z/, /ž/, /g/; e **surdos** os fonemas produzidos sem essa vibração: /f/, /t/, /p/, /s/, /š/, /k/.

Quadro das consoantes e respectivos traços distintivos

105. Veja no quadro abaixo as dezenove consoantes do português e os traços distintivos de cada uma:

			FONEMAS																		
			/p/	/b/	/m/	/f/	/v/	/t/	/d/	/s/	/z/	/n/	/l/	/r/	/š/	/ž/	/ñ/	/ĺ/	/R/	/k/	/g/
MODOS DE ARTICULAÇÃO		oclusivo	+	+				+	+											+	+
		constritivo				+	+			+	+				+	+					
		lateral											+					+			
		nasal			+							+					+				
		vibrante												+					+		
ZONAS DE ARTICULAÇÃO	labial	bilabial	+	+	+																
		labiodental				+	+														
	anterior	linguodental						+	+	+	+										
		alveolar										+	+	+							
	posterior	palatal													+	+	+	+			
		velar																	+	+	+
FUNÇÃO DAS CORDAS VOCAIS		surdo	+			+		+		+					+					+	
		sonoro		+			+		+		+					+					+

106. O sistema fonológico não se caracteriza, porém, apenas pelo conjunto particular de fonemas e suas relações opositivas. Ao lado disso, temos (a) um conjunto de regras que determinam as posições e as combinações possíveis dos fonemas em unidades de nível mais alto — como as sílabas — ou expressam influências de uns sobre outros; (b) o fenômeno prosódico da intensidade, responsável pelo contraste entre sílabas fortes (tônicas) e fracas (átonas); e (c) os fatos fonológicos causados por este contraste. As regras referidas em (a) compreendem tudo que acontece na representação fonética dos fonemas em virtude de suas combinações na cadeia da fala, como a variação [t] / [č], já comentada aqui, e as formações permitidas pelo sistema (cf. o caso do fonema /r/, por exemplo, que pode ocorrer no contexto [t...a], *trave*, mas nunca no contexto [s...a] ou no contexto [õ...a]). Quanto a (b), serve como exemplo a distinção entre *pegaram* — [pe'garãw] — e *pegarão* — [pega'rãw] ou entre *cáqui* — ['kaki], uma cor — e *caqui* — [ka'ki], uma fruta. Entre os fatos referidos em (c) podemos citar as pronúncias coloquiais *manhê* e *paiê* na função vocativa, em que a (semi)vogal átona /i/, desdobrada numa sílaba tônica, se transforma num ditongo crescente [ye].

Neutralização e Arquifonema

107. A distinção de signos se faz ordinariamente no plano sonoro da língua por meio da oposição entre os fonemas. Pode acontecer, no entanto, que dois ou mais fonemas deixem de se opor em determinadas posições, geralmente sem que isso cause confusão. Sabemos, por exemplo, que *era* e *erra* se distinguem pela oposição entre a vibrante simples /r/ e a vibrante múltipla /R/. Já em *rua, rádio*, só empregamos a vibrante múltipla, e em *obra* ou *fraco*, apenas a vibrante simples. Os exemplos mostram que somente entre vogais pode haver oposição entre a vibrante simples — *era* — e a vibrante mútipla — *erra*. Nas demais posições, a oposição fica **neutralizada**, ou porque só ocorre uma delas (vibrante simples em *obra, prato, lavra*; vibrante múltipla em *rua, rádio*), ou porque a possível ocorrência de uma ou outra não tem valor distintivo (*porta* [ʻpɔrta]/[ʻpɔRta], *cor azul* [ko.ra.ʻzuw]/[ʻkoR.a.ʻzuw]). Chama-se *arquifonema* a *unidade fonológica que resulta de uma oposição neutralizada* (v. nos §§113-117 os casos de neutralização vocálica).

A Sílaba

108. As consoantes não são pronunciadas sozinhas; elas se apoiam nas vogais, ao lado das quais formam unidades maiores chamadas *sílabas*: o vocábulo *trapaceiros*, por exemplo, divide-se em quatro sílabas (tra-pa-cei-ros), ou seja, em quatro *segmentos mínimos isoláveis por meio de pausas*. As sílabas são unidades do plano da expressão — desprovidas, portanto, de significado.

109. A sílaba tem um núcleo — ocupado sempre por uma vogal (V) ou um ditongo — e duas margens, que podem estar vazias — -V- (cf. *é-po-ca, sa-ú-de*) — ou preenchidas por consoante (C) — CV, VC ou CVC (cf. *ra-to, lu-ar, par-do*). A posição pré-vocálica pode ser ocupada por qualquer consoante, mas a posição pós-vocálica só admite três consoantes: uma lateral, como em *sal*, *volta*, *papel*, transcrita fonologicamente como /L/; uma vibrante, como em *par, porto, rezar*, transcrita fonologicamente como /R/, e uma constritiva, que resulta da neutralização da distinção entre [s], [š], [z] e [ž], como em *fez*, *pasta*, *mesmo*, transcrita fonologicamente como /S/. Três consoantes — as palatais /ñ/ e /ľ/ e a vibrante simples /r/ —, porém, não ocorrem em posição inicial de vocábulo, ressalvadas, naturalmente, três ou quatro unidades marginais, como *lhama*, empréstimo do espanhol, o pronome *lhe*, a forma de tratamento *nhonhô* e a onomatopeia *nhenhenhém*.

Por ser uma unidade delimitável por pausa no corpo do vocábulo, a sílaba tem uma importância fundamental no eixo sintagmático da língua. É na sequência das sílabas, por exemplo, que podemos perceber o fenômeno da intensidade, responsável pelo contraste entre sílabas fortes — **tônicas** — e fracas — **átonas**.

110. De acordo com o número de sílabas que contêm, os vocábulos se classificam em:

- **monossílabos** — de uma só sílaba: *pé, quem, sou;*
- **dissílabos** — de duas sílabas: *casa, portal, deixou;*
- **trissílabos** — de três sílabas: *sapato, farmácia, cortamos;*
- **polissílabos** — de quatro ou mais sílabas: *sapatinho, belíssimo, despertávamos.*

De acordo com a posição do acento tônico, os vocábulos classificam-se em:

- **oxítonos ou agudos**, quando a intensidade recai na última sílaba: *caju, trabalhar, jacaré;*
- **paroxítonos ou graves**, quando a intensidade recai na penúltima sílaba: *gaveta, trabalhamos, inútil;*
- **proparoxítonos ou esdrúxulos**, quando a intensidade recai na antepenúltima sílaba: *pântano, trabalhávamos, esdrúxulo.*

111. Os vocábulos de uma só sílaba — monossílabos — podem ser tônicos, se pronunciados com acento próprio, ou átonos, quando são inacentuados e vêm, por isso, apoiados em uma palavra vizinha portadora de acento próprio e junto à qual formam um vocábulo fonológico. Na frase *Por favor, passe por lá sem pôr o pé no tapete* há oito monossílabos, dos quais cinco — por, por, sem, o, no — são átonos e três — lá, pôr, pé — são tônicos. Sem acento próprio, os monossílabos átonos apoiam-se nos vocábulos vizinhos portadores de acento próprio, formando com eles segmentos que se pronunciam como grupos coesos de sílabas: os vocábulos fonológicos. Na reescrita seguinte, os vocábulos fonológicos vêm separados entre si por duas barras inclinadas (//).

Por favor, // passe // por lá // sem pôr // o pé // no tapete.

Note-se que, ao enunciar essa frase de forma natural, pronunciamos os monossílabos como se fossem sílabas inacentuadas das palavras em que se apoiam. Este fato induz algumas pessoas a erros ortográficos como *derrepente*, em lugar de *de repente*.

112. No português brasileiro, normalmente o vocábulo átono encontra apoio no outro que vem após ele, como acontece com os monossílabos do exemplo acima. Chama-se **próclise** esta colocação das formas átonas. Menos comum é a **ênclise**, situação da forma átona que se apoia no vocábulo precedente. A ênclise praticamente se restringe à colocação de pronomes pessoais átonos, como o *se* empregado na terceira linha deste parágrafo (v. *chama-se*).

A próclise é responsável pela redução da extensão fonética de alguns vocábulos dissílabos (como *são* por *santo*, em *São Pedro*; *pra* por *para*, em *vou pra casa*; *seu* por *senhor*, em *seu Jorge*) e por variações fonéticas das vogais, como veremos a seguir.

A Intensidade Silábica e o Sistema de Vogais do Português

113. O conceito de intensidade é também decisivo para compreendermos o funcionamento do sistema vocálico do português, pois somente na sílaba tônica se encontram suas sete vogais orais: /a/, /ɛ/, /e/, /i/, /ɔ/, /o/ e /u/, conforme se pode deduzir dos pares *mala/mela, mecha/mexa, vesgo/visgo, pode/pôde, pôde/pude.* Na posição tônica, qualquer vogal pode estar em oposição com as seis restantes.

Traços Distintivos das Vogais

114. Os traços articulatórios que distinguem as vogais são devidos aos movimentos da língua e dos lábios. A língua pode estar em posição, por assim dizer, neutra, como em [a] (fig.2), avançar na direção da parte anterior do céu da boca, como em [ɛ], [e], [i] (fig.2), ou recuar na direção da região posterior do céu da boca, como em [ɔ], [o], [u] (fig.3). Esses dois movimentos, como se percebe, se dão em três níveis: quanto mais avança ou recua, mais a língua se eleva. Quando a língua está em repouso ou avança, os lábios, apenas separados e relativamente distensos, não têm qualquer participação ativa na pronúncia das vogais; quando ela recua, porém, os lábios se arredondam e se tensionam cada vez mais, num processo de estreitamento que atinge o ponto máximo na pronúncia do [u].

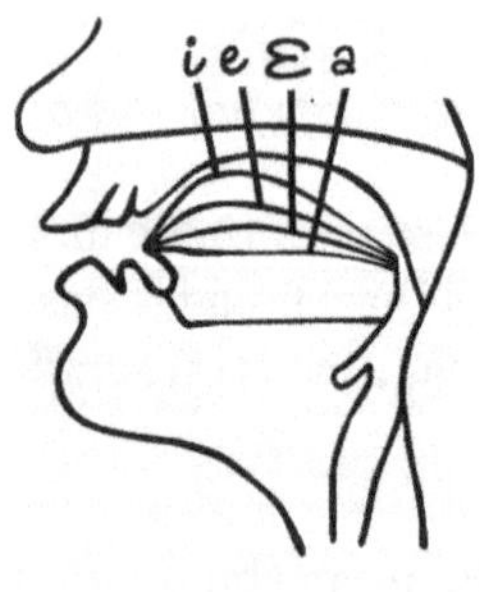

Figura 2

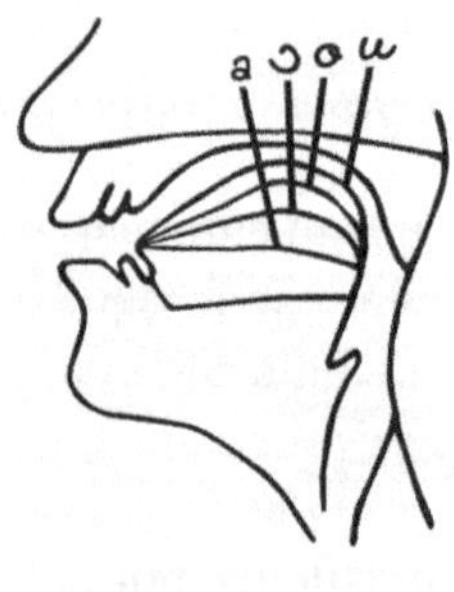

Figura 3

Vamos situar [a] na base — posição central baixa —, [i] na região anterior alta e [u] na região posterior alta. O caminho que vai de [a] para [i] será ocupado, primeiro, por [ɛ] e depois por [e], e o caminho que vai de [a] para [u] será ocupado, primeiro, por [ɔ], e depois por [o]. Por isso, essas vogais intermediárias se chamam **médias**, e se distinguem por dois graus de abrimento bucal responsáveis pelo fenômeno auditivo chamado **timbre**: **aberto** x **fechado**. O gráfico a seguir permite visualizar esses movimentos:

avanço da língua		recuo da língua
i		u
e		o
ε		ɔ
	a	

O Sistema Vocálico

115. Quadro das Vogais em Posição Tônica

		anteriores	central	posteriores
altas		i		u
médias	fechadas	e		o
	abertas	ε		ɔ
baixa			a	

116. Quadro das Vogais em Posição Pretônica

Na posição pretônica desaparece a oposição fonológica entre vogais fechadas e abertas, e o sistema passa a ter cinco vogais, conforme os pares *gerar/girar, calar/colar, morar/murar*:

	anteriores	central	posteriores
altas	i		u
médias	e		o
baixa		a	

Em várias regiões do Brasil, como o Rio de Janeiro, a ocorrência de [ε] e [ɔ] em posição pretônica somente é possível em formas derivadas que conservam o timbre aberto das respectivas formas primitivas: *pezinho*, diminutivo de *pé*, por oposição a *pesinho*, diminutivo de *peso*; *porquinho*, com [o], fechado, mas *porquinhos*, com [ɔ], aberto; *molinho,* com [ɔ] aberto — diminutivo de *mole* —, e *molhinho,* com [o] fechado — diminutivo de *molho* (= tempero).

117. Quadro das Vogais Átonas Finais

Na posição átona final, o sistema fica reduzido a três vogais — /a/, /i/ e /u/ — conforme os exemplos /'tapu/ *tapo*, /'tapa/ *tapa*, /'tapi/ *tape*:

	anterior	central	posterior
altas	i		u
baixa		a	

Vogais Nasais

118. Há em português cinco vogais em cuja produção o véu palatino (v. fig.1) abaixa, permitindo a ressonância na cavidade nasal; são as vogais nasais /ã/, /ẽ/, /ĩ/, /õ/ e /ũ/, que deduzimos dos seguintes pares mínimos: *pranto/prato, senda/seda, minto/mito, mundo/mudo, trompa/tropa*. Além da ressonância nasal, estas vogais distinguem-se das orais em outros dois aspectos: não se diferenciam quanto ao timbre, que é quase sempre fechado; e são altas — /ĩ/ e /ũ/ — ou médias — /ẽ/, /õ/ e /ã/. Essas três últimas distinguem-se, respectivamente, como anterior, posterior e central. A vogal nasal /ẽ/ recebe a forma fonética de um ditongo — [ẽỹ] — quando ocorre em posição final de vocábulo (cf. as formas *nenê*, com vogal oral, e *neném*, com vogal nasal). Esta ditongação da vogal nasal /ẽ/ em posição tônica é característica da pronúncia paulista (cf. as pronúncias ['tẽỹpu] e ['vẽỹtu] para *tempo* e *vento*).

Em palavras como *cama*, *pano*, *senha*, não há vogais nasais do ponto de vista fonológico. Nesses casos, a nasalidade ocorre por influência da consoante nasal seguinte. Nesse contexto, neutraliza-se, no português corrente do Brasil, a oposição entre vogal oral e vogal nasal, bem como entre vogal aberta e vogal fechada.

	anteriores	central	posteriores
altas	ĩ		ũ
médias	ẽ	ã	õ

Hiatos, Ditongos e Tritongos

119. Hiato é o encontro de vogais em sílabas diferentes no interior da palavra (*s<u>a</u>-<u>í</u>-da, h<u>i</u>-<u>a</u>-to*); ditongo é a união de uma vogal e uma semivogal na mesma sílaba (*l<u>ei</u>-te, á-g<u>ua</u>*); e tritongo é a sequência de semivogal, vogal e semivogal na mesma sílaba (*U-ru-g<u>uai</u>*).

As definições que apresentamos acima fazem referência ao conceito de sílaba. Por isso, para compreendermos bem como esses encontros funcionam no sistema fonológico do português, especialmente quando uma dessas vogais é átona e se pronuncia [i] ou [u], precisamos mais uma vez recorrer ao conceito de intensidade.

A intensidade da sílaba — e portanto, da vogal que ocupa o seu núcleo — e a velocidade que imprimimos à frase são responsáveis por alguns fatos relacionados com a formação de ditongos, tritongos e hiatos.

1º Caso:

Constitui necessariamente hiato o encontro das vogais [a], [e] e [o] átonas com qualquer outra vogal tônica: *caótico, saída, caolho, saúde, Saara, jaez, maestro, folia, cotia, perua, cheíssimo, egoísmo, conteúdo.*

Obs.: Nas pronúncias [i'gwižmu], para *egoísmo*, e [kõ'čyudu], para *conteúdo*, temos, é claro, ditongos; mas isto só foi possível porque o [o] e o [e] deram lugar ao [w] e ao [y].

2º Caso:

Há possibilidade de flutuação entre hiato e ditongo crescente se a vogal átona é /u/ ou /i/ e vem posicionada antes da vogal tônica: *piada, coentro, puído, joelho, toada, viúva, cueca, miolo, criança, suéter, moela, miúdo.*

3º Caso:

Há variação livre entre ditongo e vogal simples: entre [kwo] e [ko] para a primeira sílaba de vocábulos como *quociente*; entre [ow] e [o] para todos os vocábulos que contêm o ditongo *ou*, com o desaparecimento de oposição como *ouço/osso, poupa/popa, couro/coro*; entre [kyɛ] e [kɛ] para a primeira sílaba de *quieto*; entre [ey] e [e] para vocábulos em que ao ditongo se segue [r], [š] ou [ž] (*beira, sapateiro, peixe, deixar, beijo, feijão*).

4º Caso:

O ditongo é uma unidade que não oscila e se opõe à vogal simples: *lei/lê, pai/pá, mau/má, mói/mó, céu/Sé* (= igreja), *quase/case, quanto/canto* (estes dois são exceções ao 2º caso). Estão nesta situação os ditongos decrescentes do português (vogal + semivogal): /au/ de *jaula*, /ai/ de *gaita*, /ɛu/ de *chapéu*, /ɛi/ de *papéis*, /eu/ de *perdeu*, /ei/ de *deita*, /iu/ de *viu*, /oi/ de *moita*, /ɔi/ de *anzóis*, /ui/ de *cuidar.*

Obs.: A vocalização do /l/ em posição pós-vocálica ([sɔw], para *sol*, [a'zuw], para *azul*) dá origem a mais dois ditongos: [ɔw] e [uw]. Essas realizações não estão consolidadas como ditongos do tipo que acabamos de mencionar. Se admitirmos que há nessas formas ditongos verdadeiros, teremos de reconhecê-los também em *pardal, anel, perfil, voltar* etc. São as seguintes as consequências dessa decisão:

- fica restabelecida a oposição entre [ow] e [o] em alguns casos (*voltar/votar*);
- formas terminadas no mesmo ditongo terão plurais diferentes (*jirau, jiraus, pardal, pardais*).

5º Caso:

Há flutuação entre hiato e ditongo no encontro de duas vogais átonas em final de palavra, se a primeira delas for /i/ ou /u/: *história, óleo, tênue, lírio, vácuo, série*.

6º Caso:

Há queda da semivogal dos ditongos crescentes átonos finais quando a vogal base pertence à mesma zona articulatória da semivogal ([ʻvakwu], pronúncia tensa, ou [ʻvaku], pronúncia distensa, para *vácuo* [ʻsɛryi], pronúncia tensa, ou [ʻsɛri], pronúncia distensa, para *série*).

Ditongos Nasais Decrescentes e Crescentes

120. Do ponto de vista fonológico, há em português quatro ditongos nasais decrescentes: /ãĩ/, em *mãe*, *cãibra, capitães*; /ãũ/, em *mão, salmão, capitão, órfão, chegam*; /õĩ/, em *salmões, põe*; e /ũĩ/ em *muito*. Geralmente, cita-se um quinto ditongo nasal, [ẽỹ], exemplificado por *também, alguém, sabem.* O ditongo [ẽỹ] é apenas a pronúncia da vogal nasal /ẽ/ em sílaba final (na maior parte do Brasil) ou em qualquer posição (na região de São Paulo). Não há entre [ẽỹ] e [ẽ] oposição como há entre /ãũ/ e /ã/ (*irmão/irmã*), entre /ãũ/ e /ãĩ/ (*mão/mãe*), entre /õĩ/ e /õ/ (veja o que acontece se pronunciarmos [põỹti] em lugar de [põti]: *põe-te/ponte*), ou entre /ĩũ/ e /ũ/ (cf. [Rũ] *rum* — uma bebida — e a pronúnica coloquial [Rũỹ] de *ruim*).

Os ditongos nasais crescentes são [w̃ã] (*quando*), [ũẽ] (*aguentar*) e [w̃ĩ] (*pinguim*).

Tritongos Orais e Nasais

121. Aqui também é preciso separar os encontros estáveis, como acontece em *Uruguai* [way], *enxaguei* [wey], *delinquiu* [wiw] e *enxaguou* [wow], e os casos em que pode haver oscilação (cf. [paʻsyow]/[pasiʻow] para *passeou*, [dižʻvyey]/[dižviʻey] para *desviei*, [aʻtwey]/[atuʻey] para *atuei*).

São tritongos nasais [w̃ãw̃], quer em posição átona, como em *enxáguam*, quer em posição tônica, como em *saguão*; [w̃õỹ], como em *saguões*; e [ũẽỹ], como em *delínquem*.

Obs.: Veja o que dizemos do [ẽỹ] no §120.

Encontros Consonantais

122. O contato entre consoantes pode ocorrer em duas situações: na fronteira de duas sílabas (*ver-de, fes-ta*) ou na mesma sílaba (*bloco, sempre, frito*). São característicos deste último tipo os encontros cuja segunda consoante é /r/ ou /l/, e que eventualmente formam pares mínimos opositivos (*clave/crave*).

Obs.: Convém alertar mais uma vez para a importância de não confundir a realidade oral da língua e sua representação escrita. Muitas palavras escrevem-se como se contivessem encontros consonantais (*rapto, digno, absoluto, pneu, psicologia, amnésia, ritmo* etc.). Na realidade oral, que é a que interessa para a fonética e a fonologia, esses vocábulos apresentam um som vocálico, ordinariamente [i], que "separa" as consoantes (epêntese); o que pronunciamos e ouvimos é *rápito, díguino, abissoluto, peneu, pissicologia, aminésia, rítimo*. Algumas pessoas se esforçam para evitar essa vogal e realizam uma pronúncia um tanto artificial, conhecida como "pronúncia alfabética".

Processos Fonológicos

123. Vimos mais de uma vez neste trabalho que a língua não é uniforme no seu uso. Há variações de diversos tipos, como a do plano sonoro, que envolve a realização fonética dos fonemas.

Observamos mais acima que os fonemas estão sujeitos a alterações fonéticas pelo simples fato de virem combinados na cadeia da fala. Tais alterações podem envolver tanto fonemas em contato — seja na mesma sílaba, seja na fronteira de duas sílabas ou de dois vocábulos — quanto fonemas distantes no mesmo vocábulo. São exemplos desse fenômeno a variação entre [t] e [č] nas palavras *tonta* e *tinta*, já aqui comentada, e a queda da vogal postônica em vocábulos como *fósforo* e *abóbora*, do que resultam as pronúncias *fosfro* e *abobra*.

Estas e outras alterações provenientes das relações sintagmáticas recebem o nome de **processos fonológicos**. São basicamente de três tipos:

a) alteração da pronúncia de um fonema por influência do contexto fonológico;

b) perda de uma unidade fonológica;

c) surgimento de uma nova unidade fonológica.

Alterações do tipo a)
Harmonização vocálica

124. Na fala espontânea, a vogal pretônica dos verbos *crescer* — /kre'ser/ — e *morder* — /moR'deR/ — passa respectivamente a [i] e [u] nas formas cuja vogal tônica é /i/: *crescíamos* — /kri'siamus/ —, *crescido* — /kri'sidu/ —, *cresci* — /kri'si/ —, *mordíamos* — /muR'diamus/ —, *mordida* — /muR'dida/ —, *mordi* — /muR'di/. Este fenômeno não é geral, mas é amplo na fonologia do português, e ocorre também quando a vogal tônica é /u/: *costura* — /kuS'tura/ —, *coruja* — /ku'ruža/ —, *veludo* — /vi'ludu/ —, *peruca* — /pi'ruka/. Fenômeno análogo percebe-se na pronúncia das mesmas vogais átonas de *peteca* /pɛ'tɛka/ e *bodoque /bɔ'dɔki/*. Aqui as vogais pretônicas tornam-se abertas por influência do timbre aberto da vogal tônica. Chama-se *harmonização vocálica* esse *processo que torna a altura e timbre das vogais médias /e/ e /o/ pretônicas iguais à altura e timbre da vogal da sílaba tônica.*

Vocalização

125. É a *passagem de uma consoante a vogal*. O exemplo típico em português é a realização do /l/ pós-vocálico como [w]: *papel*, *lençol*, *sal* (cf. §119).

Palatalização

126. Em contato com a vogal alta /i/, chamada também palatal por ser pronunciada na região mais alta do céu da boca, algumas consoantes anteriores — /t/, /d/, /l/ e /n/ — e velares — /k/ e /g/ — apresentam alofones palatalizados. É o que se passa com o /t/ de *tinta*, em face do /t/ de *tonta*, ou com o primeiro /d/ em face do segundo /d/ de *dívida*. A palatalização do /l/ diante de /i/ neutraliza a oposição entre /l/ e /ľ/, tornando foneticamente equivalentes as formas velinha — diminutivo de vela — e *velhinha* — diminutivo de velha e as formas *óleo* (lubrificante) e *olho* (verbo *olhar*).

Alterações do tipo b)

Aférese

127. É a *queda de um fonema ou sílaba no início do vocábulo*. No uso coloquial brasileiro mais informal as formas do verbo *estar* perdem a primeira sílaba: *tá, tô, tão, teve, tava* (por *está*, *estou*, *estão*, *esteve*, *estava*).

Apócope

128. É a *queda de um fonema no final do vocábulo*. Na fala espontânea, até mesmo das variedades padrão, é comum a queda do /R/ final da forma infinitiva dos verbos: *olhá, dizê, dá, perdê, dormi* (por *olhar*, *dizer*, *dar*, *perder*, *dormir*).

Síncope

129. É a *queda de um fonema no interior do vocábulo*. Na fala espontânea, e particularmente nas variedades populares da língua, desaparece a vogal postônica não final seguida de /r/: *xícara* passa a *xicra*, *fósforo* passa a *fosfro*, *abóbora* passa a *abobra*. Os diminutivos *abobrinha* e *xicrinha* são, de resto, as únicas formas possíveis na fala coloquial.

Alteração do tipo c)

Epêntese

130. É a *inserção de um fonema no interior do vocábulo*; o contrário da síncope, portanto. Por epêntese de um [i] desfazem-se encontros consonantais artificiais como [gn] (*digno*), [bs] (*absoluto*), [tm] (*ritmo*), [pt] (*rapto*), [ps] (*psicologia*), [kt] (*aspecto*). Em certa pronúncia enfática de *Absolutamente!*, com conteúdo negativo, aquele [i] chega a receber um acento de intensidade secundário (*abịssolutamente*). É também comum em certas variedades do português, como no Rio de Janeiro, o surgimento de uma semivogal [y] imediatamente após a vogal tônica final seguida de /S/: *mês* — [meyš] —, *cartaz* — [cax'tayš] —, *cruz* — [kruyš]. É ainda por epêntese que surge um [w] após a vogal posterior tônica — /o/, /u/ — e a vogal /a/ (*boa* [bowa], *lua* [luwa]). O mesmo fenômeno ocorre na sequência /ia/: *via* [viya]. O iode — [y] —, no entanto, acabou ganhando representação gráfica quando a vogal tônica é /ɛ / ou /e/ — cf. *passeia* e *passear* —, haja vista a oscilação gráfica de nomes próprios como *Léa/Leia, Andréa/Andreia*.

MORFOLOGIA: CONSTRUÇÃO GRAMATICAL DA PALAVRA

Palavra, Morfema e Vocábulo

131. As unidades do plano do conteúdo — isto é, portadoras de significado — podem se apresentar na frase como unidades autônomas (*o / céu / é / azul*) ou como unidades presas, integrantes de outra unidade, (*o / caval-eiro / des-calç-o-u / a-s / bot-a-s*).

Para ser considerada autônoma, uma unidade tem de apresentar pelo menos uma das seguintes características:

- ser separável da unidade que vem antes ou depois dela pela intercalação de uma terceira (*O <u>nosso</u> céu <u>não</u> é <u>muito</u> azul*),
- poder trocar de posição com a unidade que ocorre antes ou depois dela (*<u>Deixe-me</u> em paz / <u>Me deixe</u> em paz*).

Uma unidade autônoma pode ser indivisível — como as unidades de *O céu é azul* — ou divisível em unidades menores, autônomas ou não — como as unidades de *O cavaleiro descalçou as botas*. *O* é uma unidade autônoma indivisível, ao passo que *cavaleiro* é uma unidade autônoma formada de duas unidades presas — *caval-* e *-eiro* — e *descalçou* é uma unidade autônoma formada de quatro unidades presas: *des-*, *calç-*, *-o-* e *-u*.

As menores unidades autônomas dotadas de significado chamam-se *palavras* e *as menores unidades providas de significado nas quais se pode dividir uma palavra* chamam-se *morfemas*. *Descalçou*, por exemplo, é uma palavra constituída de quatro morfemas: *des-*, *calç-*, *-o-* e *-u*.

132. O termo **palavra**, entretanto, é impreciso, por ser de uso muito comum e ter sentido amplo. Nós não teríamos dúvida, por exemplo, em contar, na primeira frase deste parágrafo, dezesseis palavras: a oitava delas é *ser* e a quinta, *é*. Mas *ser* e *é* também podem ser reconhecidas simplesmente como duas formas da mesma palavra: o verbo *ser*. Será necessário fazer algumas outras distinções para tornar mais preciso o conceito de palavra.

Se consultarmos o dicionário, veremos que aí não aparece a forma *é*, mas a forma *ser*. O dicionário não registra todas as formas que uma palavra assume na frase, mas uma unidade padrão de referência: no caso dos verbos, o **infinitivo**; no caso dos adjetivos, o **masculino**. Essa unidade de referência representa ao mesmo tempo o conjunto das variações formais de uma palavra e seu significado essencial. Por exemplo, o significado essencial das formas *sei, soube, sabia, saberemos, souber* é um só: o significado do verbo *saber*. *Essa unidade geral a que corresponde o significado essencial* é o que chamaremos de *palavra*. No conceito de palavra apresentado no §131, ignora-se a presente distinção. Por sua vez, *cada forma concreta assumida pela palavra em consequência de suas relações na frase* — por exemplo, as formas masculina e feminina, singular e plural de um adjetivo ou de um pronome (*branco, branca, brancos, brancas*; *este, esta, estes, estas*), ou as variações temporais e número-pessoais do verbo (*era, somos, ser, é; sei, sabia, saberemos, saibam*) etc. — chama-se *vocábulo morfossintático*, ou simplesmente, *vocábulo*.

Palavras lexicais (ou lexemas) e palavras gramaticais

133. Retomamos aqui o que ficou dito nos §§44-53 sobre léxico e gramática, para tornar mais clara a distinção entre duas espécies de palavras: a das palavras nocionais ou lexicais e a das palavras instrumentais ou gramaticais.

Expliquemo-nos com um exemplo. Se combinarmos as cinco palavras abaixo na ordem

peixe comer inseto cair lagoa

notamos que dela se pode extrair algum sentido, por mais que não se trate de uma frase normalmente construída em português. Para convertê-la numa frase do português, teríamos que acrescentar unidades que lhe conferissem um arranjo aceitável — algo como *esses peixes comem os insetos que caem na lagoa*. Esta nova sequência está bem estruturada, graças, entre outras coisas, à presença de *esses*, *que*, *os*, *na* (em+a). Pelo seu papel estruturador, estas palavras se chamam palavras gramaticais, ao passo que as daquela primeira sequência — que representam "seres", "ações" e "espaço", isto é, dados do mundo extraverbal, reais ou imaginários — se chamam palavras lexicais ou lexemas. As palavras gramaticais pertencem a conjuntos limitados — como a lista das preposições e a série de pronomes demonstrativos —, enquanto as palavras lexicais pertencem a conjuntos abertos e praticamente ilimitados — como o conjunto dos verbos ou a série de substantivos com que designamos os pássaros.

Na história da língua portuguesa, algumas palavras lexicais tornaram-se gramaticais por causa de sua frequência de uso em certa posição, o que acabou enfraquecendo o significado lexical delas. São exemplos: *durante* — adjetivo derivado do verbo *durar* que se tornou preposição; *vez/vezes* e *mais*, que passaram a conectivos nas expressões matemáticas 5 x 5 = 25 e 5 + 5 = 10.

Resumindo, **palavra** é um termo geral, que adotamos para dar nome à unidade mínima autônoma dotada de significado e que vem registrada em ordem alfabética nos dicionários. Existem **palavras lexicais** (ou **lexemas**) — como os substantivos, os adjetivos e os verbos — e **palavras gramaticais** — como os artigos e as preposições. **Vocábulo** é a forma concreta com que cada palavra, seja ela lexical ou gramatical, ocorre nas frases. **Morfema** é a menor unidade dotada de significado.

Chama-se *morfologia* a *parte da gramática da língua que se ocupa dos morfemas e suas espécies, assim como das regras que as ordenam na construção das palavras.*

A Estrutura das Palavras

134. Já sabemos que uma palavra é uma unidade autônoma constituída de um ou vários morfemas. *Mar, capim, feliz, capuz* contêm um só morfema; *marinho, capinzal, infeliz, encapuzar* contêm mais de um morfema. Agora vamos acrescentar outra característica das palavras: os morfemas que integram ocorrem numa ordem fixa e não podem ser separados para a intercalação de uma nova palavra.

Os morfemas pertencem a duas ordens principais: **morfema lexical** e **morfema gramatical**.

Morfema lexical

135. O *morfema lexical*, também conhecido como **radical**, *é o que serve de base à estrutura da palavra* e que, por isso, às vezes é seu único elemento: *mar, marinho; capuz, encapuzar; feliz, felicidade.*

Morfemas gramaticais

136. Assim se chamam os *morfemas que se anexam ao morfema lexical*. Podem ser de três tipos: afixos ou morfemas derivacionais, vogais temáticas, e desinências ou morfemas flexionais.

Afixos

137. Os *afixos* ou morfemas derivacionais *juntam-se a radicais ou lexemas básicos para a criação de novos lexemas*. Dividem-se em:

- **prefixos** — morfemas derivacionais que se colocam antes do radical: *infeliz, encapuzar, transformar, subsolo*; e
- **sufixos** — morfemas derivacionais que se colocam depois do radical: *marinho, felicidade, transformação, maciez.*

Obs.: A posição na palavra é a mais evidente — mas não a única — característica que distingue entre si radicais, prefixos e sufixos. Uma listagem de todos os prefixos e de todos os sufixos do português pode chegar a uma ou duas centenas de unidades. Já uma listagem dos radicais seria extraordinariamente maior e jamais alcançaria a totalidade deles. Por outro lado, sufixos jamais funcionam como unidades autônomas, isto é, como vocábulos (a única exceção é, talvez, *zinho*), enquanto um radical pode constituir isoladamente o único elemento material de uma palavra (cf. *mar, capuz, feliz*). Quanto aos prefixos, sabe-se que alguns deles, como *pre-*, *ex-* e *extra-*, podem ocorrer como forma abreviada de uma palavra (cf. *pré*, por *pré-vestibular*; *ex*, por *ex-esposa*; *extra*, por *extraordinário*). Cf. §194.

Vogais temáticas

138. Dá-se o nome de *vogal temática* ao *morfema gramatical que se junta ao radical da palavra para enquadrá-la numa classe formal*. Chama-se *tema* ao *radical acrescido de vogal temática*. Ao contrário dos afixos, as vogais temáticas não são responsáveis pela criação de novas palavras; por isso, não contribuem para o significado registrado nos dicionários.

Existem vogais temáticas verbais, que caracterizam as classes formais dos verbos, conhecidas como **conjugações** (v. §260). São elas -a-, como em *casar*, *brincar*, *utilizar*; -e-, como em *vender*, *dizer*, *fornecer*; e -i-, como em *partir*, *sumir*, *ferir*.

E existem vogais temáticas nominais, que enquadram substantivos, adjetivos e pronomes em três classes temáticas: tema em -o (*poço*, *profundo*, *outro*, *urso*, *casamento*), tema em -a (*atleta*, *bala*, *secura*), e tema em -e (*ponte*, *alegre*, *corrente*, *aquele*, *presidente*). Nomes terminados em vogal tônica (*café*, *tatu*, *jiló*, *garçom*, *metrô*) e em consoante (*lençol*, *colher*, *freguês*) não apresentam vogal temática, por isso se chamam **atemáticos**.

Desinências

139. *Desinência é o morfema gramatical que se coloca após o tema do vocábulo para indicar suas variações morfossintáticas.* As desinências não dão origem a novas palavras (ou lexemas).

Existem desinências verbais e desinências nominais. As desinências verbais são de três tipos: desinências modo-temporais (*cantava*, *cantasse*, *cantara*), desinências aspectuais (*cantar*, *cantando*, *cantado*) e desinências número-pessoais (*canto*, *cantamos*, *cantem*). As desinências nominais são de dois tipos: desinência de número (*eles*, *casas*, *homens*) e desinência de gênero (*ela*, *outra*, *bela*).

Alomorfes

140. Um morfema pode apresentar mais de uma estrutura sonora. Cada uma delas se chama um **alomorfe** (= outra forma) do morfema. Por exemplo, as palavras *capinzal* (área abundante em capim) e *laranjal* (área plantada com pés de laranja) contêm um mesmo sufixo com dois alomorfes: *-zal* e *-al*. Também nos adjetivos *inútil*, *incapaz* e *ilegal* há três alomorfes do prefixo de negação: in-, /ĩ-/ e i- (cf. §36). Em *durmo/dorme*, *faço/fiz*, *virgem/virginal* a alomorfia ocorre no radical das palavras: /durm-/ ~ /dɔrm-/, /fas-/ ~ /fiS-/, /viržẽ-/ ~ /viržin-/. Também as vogais temáticas e as desinências estão sujeitas à alomorfia: *-a-* torna-se *-e-* e *-o-*, respectivamente, em *cheguei* e *chegou*; a segunda pessoa do plural é expressa por *-is* na maioria dos tempos verbais (*cantais*, *sabeis*, *cantásseis*, *sabereis*), mas apresenta o alomorfe *-des* no presente do indicativo de *ir*, *ter* e *pôr* (*ides*, *tendes*, *pondes*) e no futuro do subjuntivo e infinitivo flexionado (*souberdes/saberdes*, *tiverdes/terdes*).

O Léxico e suas Classes

141. A língua não é apenas parte da cultura de um povo, mas seu principal veículo de expressão. Ela é o meio que faz da cultura o assunto das interações humanas, seja na conversa face a face, seja nos muitos registros — fitas, discos, livros, jornais, revistas, impressos, cartazes — que a tornam propagável no espaço e transmissível através das gerações. O que um indivíduo vê, pressente, imagina, descobre ou inventa pode ser nomeado pela palavra. Uma vez nomeado, o conhecimento pode ser socializado e integrar-se na cultura coletiva. A língua cumpre essa tarefa graças, especialmente, ao seu léxico, que, no dizer de Edward Sapir, reflete com maior nitidez o ambiente físico e social dos falantes.

A constituição geral do léxico da língua portuguesa reflete, através de seus subconjuntos, as circunstâncias históricas vividas pelas comunidades às quais ela serviu e às quais serve como meio quotidiano de expressão. Este léxico é fundamentalmente de origem latina, já que o latim é a língua da qual se originou o português. Esta base latina foi ampliada por palavras pertencentes às línguas de povos que habitavam a Península Ibérica antes das invasões romanas, ocorridas no século II a.C. Posteriormente, contatos diversos dessa população falante de latim, primeiro com povos de origem germânica, depois com povos de origem árabe, serviram para expandir e diversificar aquela base lexical.

Quando a língua portuguesa começou a ser escrita — no início do século XIII — seu léxico reunia cerca de 80% de palavras de origem latina e outros cerca de 20% de palavras pré-romanas, germânicas e árabes. No decorrer dos séculos XIII, XIV e XV o português se tornou o meio de expressão de um vasto conjunto de obras escritas. Mas foi no curso dos séculos XV, XVI e XVII, como sintoma da revolução cultural do Renascimento, que poetas, cronistas, historiadores e naturalistas, entre outros, enriqueceram o português escrito com as formas chamadas **eruditas**, fundamentalmente latinas e gregas, tomadas aos textos clássicos.

Ainda no século XVI, por influência do Renascimento, o português recebeu um grande número de palavras de origem italiana, particularmente relativas às artes (vide *tenor, violoncelo*, *harpejo, arlequim*); nos séculos XVII e XVIII coube à língua francesa emprestar ao português um razoável contingente de verbos, substantivos e adjetivos (vide *abandonar, blusa, envelope, coqueluche*, *champanha*). O contato do colonizador europeu com as populações naturais do Brasil e com os negros trazidos da África foi decisivo para a renovação do léxico do português do Brasil com palavras como *arapuca, jabuti* e *moqueca*, de origem tupi, e *molambo, quitute* e *cochilar*, de origem africana. Desde o século XIX, e sobretudo ao longo do século XX, a língua que mais empréstimos vem legando ao português é o inglês, devido à internacionalização dos produtos da tecnologia americana — vide *franquia*, tradução de *franchising*; *deletar*, de *delete* (apagar); *laser* (sigla de *light amplification of stimulated emission of radiation*), *stress, feed-back, know-how* etc.

Muitos estrangeirismos foram aportuguesados, mediante adaptações mórficas, fonéticas e — claro — ortográficas, como *esporte* e *estresse* (do ing. *sport* e *stress*), *abajur* (do fr. *abat-jour*), *chantagem* (do fr. *chantage*), *musse* (fr. *mousse*), *xampu* (do ing. *shampoo*), *futebol* (do ing. *football*), *aiatolá* (do ar. *ayatallah*); outros, no entanto, empregam-se na ortografia original, os **xenismos** (cf. ing. *know-how*, fr. *mise-en-scène*, al. *blitz,* por *Blitzkrieg*).

O conjunto das palavras do português — isto é, seu léxico — consiste, portanto, na união de três grandes grupos de formas: a) as palavras herdadas do latim, b) as palavras provenientes de outras línguas antigas e modernas — os empréstimos, entre os quais se incluem os xenismos —, e c) as palavras formadas com os recursos morfológicos produtivos da língua em cada fase de sua existência.

As palavras estão organizadas em subconjuntos conhecidos como classes de palavras, tradicionalmente identificadas segundo o modo como significam os dados de nossa experiência do mundo e as posições estruturais que ocupam na frase. Nas seções seguintes trataremos dessas classes e dos recursos a que se refere o item c) do parágrafo precedente: as palavras formadas com os recursos morfológicos produtivos da língua.

Classes de palavras

142. Definem-se tradicionalmente as classes das palavras segundo suas propriedades semânticas, morfológicas e sintáticas. Essa variedade de critérios é inevitável, porque estamos lidando com entidades heterogêneas que, em comum, praticamente só têm o rótulo de "palavra". São dez as classes de palavras de nossas gramáticas tradicionais, segundo estes critérios: substantivo, adjetivo, verbo, pronome, numeral, artigo, conjunção, preposição, advérbio e interjeição.

Esta lista não será alterada em nosso trabalho. Trata-se do elenco de classes adotado na análise das línguas ocidentais em geral, e suficientemente operacional, desde que as reagrupemos e as descrevamos em função de cada um desses três pontos de vista.

143. Em item precedente (v. §133), referimo-nos a dois grandes subconjuntos nos quais elas podem ser distribuídas: o das palavras lexicais e o das palavras gramaticais. Em cada um desses subconjuntos distinguem-se diferentes classes de palavras segundo os três critérios citados acima, e que passam a chamar-se:

- função comunicativa
- paradigma morfológico
- distribuição sintática

A mais antiga e persistente lição nos ensina que o mundo é constituído de **seres** aos quais associamos **propriedades**, e que tanto entre os seres quanto entre as propriedades existem **relações**; os seres são nomeados pelos **subs-**

tantivos, as propriedades são expressas pelos **verbos** e **adjetivos**, e os **conectivos** se encarregam das relações.

Ainda que redutora e superficial, sujeita portanto a muitos reparos, essa proposta resiste ao tempo como um dos pilares da hipótese de que as categorias da linguagem são reflexos das categorias do pensamento. E é nisso que se fundamenta a ideia de que as espécies de palavras correspondem a modos de significar a realidade que nos circunda.

Classes de Palavras segundo a Função Comunicativa

144. Por função comunicativa entendemos a capacidade que têm as palavras de organizar nossa experiência conceitual do mundo em um conjunto finito de "modos de significar". Esses modos de significar dizem respeito aqui aos indivíduos, objetos e conceitos, às múltiplas características que os identificam no discurso e aos processos, ações e estados a eles referidos. Podemos reconhecer seis modos de significar, que não são necessariamente excludentes entre si: **designação, modificação, predicação, indicação, quantificação e condensação**.

Designação: o substantivo

145 As duas funções básicas da linguagem (cf. §§5-6) são: simbolizar o universo de nossas experiências e comunicar essas experiências por meio de signos. O procedimento simbolizador mais evidente, tão característico da fase de aquisição da língua pela criança, é o de **dar nomes** (designação). Este procedimento permite que dividamos a totalidade de nosso conhecimento do mundo em parcelas ou conceitos que objetivamos através de nomes. Para dar nomes valemo-nos de substantivos: *casa, céu, ar, borboleta, penúria, maluquice, estrela, cascata, esquimó, rapidez, noite, arrebol, sombra, curiosidade, vento, fantasma, dilúvio*. Um substantivo é apenas a expressão de um conceito ou denominador comum a um conjunto infinito de objetos que fazem parte da nossa experiência da realidade. Nesse sentido, os nomes de ações e processos — *correr, inventar, chorar, esquecer, anoitecer* — são substantivos tanto quanto *borboleta*, *sombra* e *rapidez*.

Por conveniência didática, vamos assumir por enquanto uma posição simplista: diremos que os *substantivos simbolizam a nossa experiência do mundo representado na linguagem como uma imensa "coleção de conceitos"*, ou seja "parcelas" em que dividimos a totalidade de nosso "conhecimento do mundo". Trata-se da função comunicativa de **designação**, graças à qual qualquer palavra ou sequência de palavras tomada unitariamente adquire as características distribucionais de um substantivo.

Modificação: o adjetivo

146. Com exceção dos nomes próprios, os conceitos expressos pelos substantivos são meras generalizações, não têm referência na realidade ou na nossa imaginação. A referencialidade de um substantivo depende de outras palavras que o acompanham para significar traços que o caracterizam e o particularizam. Noutras palavras, quando dizemos *árvore* ou *estrela*, referimo-nos a conceitos, e não a entidades particulares, com características definidas, como tamanho, forma, cor, posição, utilidade etc. O ato de "imaginar" uma árvore ou uma estrela já é uma forma de referenciação que inclui, obrigatoriamente, características graças às quais o conceito se materializa em nossa percepção. Para verbalizar essas particularidades ou características valemo-nos de palavras que "modificam" o conceito, ou melhor, palavras que expressam os "modos de existência" dos conceitos. Essas palavras são tradicionalmente conhecidas como adjetivos. Dá-se o nome de *adjetivo*, portanto, à *classe das palavras lexicais que modificam o conceito designado pelo substantivo*: *cadeira <u>confortável</u>, árvore <u>alta</u>, dentes <u>brancos</u>, <u>incrível</u> coincidência*.

Predicação: o verbo

147. Outro procedimento simbolizador intimamente associado aos de nomear e de modificar o conceito é o de "predicar". Pelo ato de predicar, o homem exercita e expressa seu raciocínio; não apenas isola uma parcela de sua experiência do mundo e lhe dá um nome (pela função de designação), mas também "pronuncia-se" sobre essa parcela, formulando um pensamento sobre ela: *O céu <u>é azul</u>, A borboleta <u>voa</u>, O vento <u>está frio</u>, A justiça <u>consola as pessoas</u>, A estrela <u>brilha</u>, Caminhar <u>faz bem à saúde</u>, Esquecer <u>alivia o coração</u>*.

O ato de predicar constitui ordinariamente uma declaração sobre um conceito, e só é possível graças ao **verbo**. O verbo tem outras funções na língua, mas "predicar" é sua função mais típica, além de lhe ser exclusiva.

Também por conveniência didática, diremos que os *verbos simbolizam nossa experiência do mundo como representações dos modos de existência dos seres expressos como predicação*.

Modificação e predicação são conceitos correlatos, visto que ambos expressam modos de existência dos seres. Adjetivos podem, até mesmo, desempenhar o papel da predicação. Na fala, isso acontece em frases exclamativas (*<u>Muito inteligente</u>, esse menino!, Cabra <u>safado</u>!*). Nas frases declarativas, o adjetivo toma parte na predicação ao vir introduzido pelo verbo ser. Comparem-se as construções das colunas a seguir:

céu azul	*O céu é azul*
cachorro fugitivo	*O cachorro foge*
vento frio	*O vento está frio*
estrela brilhante	*A estrela é brilhante*
justiça consoladora	*A justiça consola as pessoas*

Em ambas as colunas, *céu, cachorro, vento, estrela* e *justiça* vêm acompanhados de particularizações ou modos de existência. A diferença entre as duas representações desses modos de existência é que na coluna da direita temos **predicação**, e na da esquerda temos **modificação**, expressa sem verbo.

Adjetivo e advérbio

148. Agora consideremos os seguintes exemplos:

O paraquedista deu um salto espetacular.
O paraquedista saltou espetacularmente.

O avião passou num voo baixo.
O avião voava baixo.

Em *salto espetacular* e *voo baixo*, as formas em destaque são modificações de *salto* e *voo*. Portanto, são adjetivos. Em *saltou espetacularmente* e *voava baixo*, as formas em destaque também são modificações, não dos seres *paraquedista* e *avião*, mas de seus modos de existência — *voava* e *saltou* —, representados como predicação. *Essas palavras que expressam modificações da predicação se chamam advérbios*. Comparemos: *uma descida apressada* (adj.)/*descia apressadamente* (adv.), *uma chuva torrencial* (adj.)/*chovia torrencialmente* (adv.), *um olhar profundo* (adj.)/*olhava profundamente* (adv.), *um socorro tardio* (adj.)/*socorreu tarde ou tardiamente* (adv.).

Indicação

149. Por *indicação* entendemos *a propriedade que certos signos têm de referir-se a dados do universo conceitual cuja identidade só pode ser conhecida com a ajuda da situação ou do próprio texto em que esses signos ocorrem.* Quando o referente da indicação pertence ao mundo extraverbal, como os referentes de *aqui* e de *meu*, a indicação se chama **dêixis**; quando, entretanto, o referente pertence ao próprio texto, como o referente de *a* em *Lúcia veio à festa porque eu a convidei*, a indicação se chama **anáfora**.

Quantificação

150. Temos visto que a capacidade humana de conhecer e identificar situações, seres, objetos, ações, qualidades no mundo que nos cerca é plenamente exercida graças à língua que falamos. Não conhecemos coisas isoladas, mas pertencentes a conjuntos ou classes; não identificamos seres e objetos isolados, mas necessariamente integrados em um contexto que lhes dá sentido e garante essa identidade. Quando nomeamos um objeto que percebemos — por exemplo, estrela —, utilizamos, na verdade, uma série de "conhecimentos" que se articulam no reconhecimento desse objeto: a forma, o aspecto, a localização, o tamanho, a cor etc. A percepção envolve, portanto, o ajuste entre nossa experiência do contato real com o objeto e uma série de informações organizadas no nosso cérebro. No ato de perceber, instintivamente a pessoa compara, associa e apreende particularidades, que expressa por meio de palavras modificadoras do conceito fundamental.

Os objetos, as ações, as qualidades, as situações vividas são portadores, portanto, de "propriedades" que servem para associá-los pelo que têm em comum, ou para diferençá-los pelo que têm de particular. Entre essas propriedades está a **quantificação**, conforme mostram as formas em destaque nos seguintes exemplos:

> *Ela é bonita, mas sua irmã é linda.*
> *Eles não comeram o bolo; eles o devoraram.*
> *Acordei muito cedo. (cf. Acordei cedo)*
> *Colhi estas frutas agorinha. (cf. Colhi estas frutas agora)*
> *Eles moram em um casarão antigo. (cf. Eles moram em uma casa antiga)*
> *Aos sábados há uma feirinha na praça (cf. Aos sábados há uma feira na praça)*
> *Bebe-se mais água no verão. (cf. Bebe-se água no verão)*
> *O time jogou hoje tão bem quanto ontem.*
> *Ele comeu a metade do bolo.*
> *Ganhei cinco camisas.*

151. Como mecanismo gramatical, a quantificação pode ser expressa tanto no domínio da morfologia, por meio da desinência de plural -s (*criança / crianças*), de prefixos (*superlegal*) ou de sufixos (*felicíssimo*, *casarão*, *cedíssimo*, *rapidinho*, *bebericar*), quanto no domínio da sintaxe, por meio de advérbios / locuções adverbiais de intensidade (*muito largo*, *tão pobre*, *mais cedo*, *beber em excesso*), pronomes quantificadores (*mais paciência*, *menos dinheiro*), numerais (*um animal / dois animais*), ou por duplicações (*o telefone chamou, chamou... mas ninguém atendeu; eles trabalham, trabalham... mas nunca têm dinheiro*).

Condensação

152. Em situações em que os papéis emotivo e conativo do discurso prevalecem sobre seu uso lógico-referencial, a menor unidade de comunicação do discurso — a frase — pode ser expressa por *palavras que sintetizam conteúdos oracionais* graças ao procedimento que chamaremos de *condensação*. São elas as interjeições, os advérbios *sim* e *não* e os vocábulos *cadê* e *eis*, que chamaremos de **proverbos**. A diferença entre a classe das interjeições e os advérbios *sim* e *não* está no fator contextual que os motiva: interjeições são motivadas pela situação extralinguística e expressam uma leitura subjetiva de matiz variado (surpresa, alegria, dúvida, desalento, despeito etc.) que o enunciador faz dessa situação; já os substitutos oracionais *sim* e *não* são motivados pelo contexto verbal, resumindo-se, obviamente, à distinção de duas atitudes: confirmação ou rejeição da proposição contida no ato verbal do interlocutor. Quanto aos proverbos *cadê* e *eis*, empregam-se exclusivamente na função conativa, respectivamente como meio de indagação e de apresentação.

A Formação das Palavras

153. Em geral conhecemos o significado das palavras como se cada uma fosse independente da outra. Nossa primeira impressão é que as palavras pertencem a um estoque guardado na memória. De fato, isso acontece com boa parte delas, mas não com todas. O lexema *cabide*, por exemplo, é do tipo que precisa ser memorizado. Não há outro meio de saber o significado de *cabide*. O caso de *guarda-roupa* é diferente: mesmo uma pessoa que jamais tenha ouvido esta palavra poderá deduzir o que ela significa.

Como fatos independentes aprendemos, também, o significado de *frio* e *quente*, *raso* e *fundo*, *abrir* e *fechar*, formas que significam opostos, isto é, que são antônimas. Quando se trata, porém, de *capaz/incapaz, útil/inútil, leal/desleal, tampar/destampar*, a relação entre os antônimos não se dá apenas no sentido, mas também na forma: uma regra morfológica nos diz que o acréscimo de *in-* ou *des-* a um lexema dá origem a um segundo lexema que serve de antônimo ao primeiro.

Analogamente, podemos formar substantivos a partir de adjetivos pelo acréscimo de sufixos: de *macio*, *maciez*; de *branco*, *brancura*; de *suave*, *suavidade*; de *esperto*, *esperteza*; de *manso*, *mansidão*. *-ez*, *-ura*, *-idade*, *-eza*, *-idão* ocorrem em muitos outros substantivos formados pelo mesmo processo.

154. A possibilidade de combinar morfemas para criar novos lexemas torna bem menos penosa nossa necessidade de memorizá-los. De fato, a memória armazena apenas uma parte do estoque de lexemas — que inclui *capaz*, *tampar*, *esperto*, *macio*, *roupa*, *guardar* —, pois a outra parte — que inclui *incapaz*, *destampar*, *esperteza*, *maciez*, *guarda-roupa* — pertence a um conjunto de unidades criadas por meio de regras de **formação de palavras**.

155. A união de morfemas para a construção das palavras está, portanto, sujeita a regras. *O conjunto dos morfemas, as regras que os combinam em palavras e as próprias palavras daí resultantes* fazem parte do que se chama a *competência lexical* de uma pessoa em uma determinada língua. É preciso, contudo, ter clareza sobre a diferença entre a natureza das regras do léxico e a natureza das regras da sintaxe. As primeiras produzem palavras que se associam na perspectiva paradigmática (*branco, branca, brancura, esbranquiçar, branco-gelo*), as últimas produzem frases em cujo interior as palavras se associam na perspectiva sintagmática.

Por mais que seja analisável em partes significativas menores — os morfemas —, uma palavra tende a ser sentida como uma unidade pronta, "armazenada" na memória dos falantes, razão pela qual reagimos frequentemente às criações novas com julgamentos do tipo "essa palavra não existe, você a inventou". Jamais dizemos isso a respeito de frases. A maior evidência desse sentimento é a existência mesma dos dicionários. Dicionários de frases só têm sentido como compilação de "frases feitas" (*Água mole em pedra dura tanto bate até que fura*; *Casa de ferreiro, espeto de pau*).

Derivação e Composição

156. Fundamentalmente existem dois processos de formação de palavras: **derivação** e **composição**. Por definição, uma palavra é formada por derivação quando provém de outra, dita **primitiva** (*jardineiro* deriva de *jardim*, *incapaz* deriva de *capaz*, *desfile* deriva de *desfilar*). Também por definição, uma palavra é formada por composição quando resulta da união de outras duas ou mais palavras, ditas **simples**. Por exemplo *guarda-roupa, porco-espinho, azul-marinho, pé de moleque, fotomontagem* (formado de *foto(grafia) + montagem*), *motosserra* (formado de *moto(r) + serra*), *eletrodoméstico* (formado de *elétr(ico) + doméstico*).

Mecanismos de Produção e de Compreensão de Palavras

157. Nem todas as palavras que podemos considerar formadas pela união de dois morfemas lexicais ou de um morfema lexical e um morfema derivacional apresentam essa simplicidade em sua estrutura formal e semântica. O que dizer, por exemplo, de palavras como *inteligente* e *inteligência*, *reduzir* e *produzir*? Há entre elas diferenças que encontramos em outros pares de palavras: *gerente/gerência*, *urgente/urgência*, *resistente/resistência*; *reclamar/proclamar*, *remeter/prometer*, *referir/proferir*. Este fato pode ser suficiente para nos convencer de que a diferença de significados entre *inteligente* e *inteligência*, *reduzir* e *produzir* se explica pela oposição entre os sufixos *-(e)nte* e *-(ê)ncia* por um lado, e, por outro, entre os prefixos *re-* (movimento para trás) e *pro-* (movimento para frente). Entretanto, nem *produzir* nem *inteligente* são formados sobre outras palavras, como acontece com *maciez*, com *incapaz*, com *resistente* (formado sobre *resistir*). Mas isso não nos impede de reconhecer que *inteligente* e *produzir* são analisáveis em *intelig- + -ente e pro- + -duzir*.

158. Temos, portanto, de reconhecer que nem todas as palavras que contêm um morfema lexical e um morfema derivacional provêm obrigatoriamente de unidades autônomas menores. É comum que a relação se dê, não entre uma palavra derivada e uma forma básica (isto é, **primitiva**), mas entre duas palavras portadoras de prefixo ou sufixo, como os exemplos de *produzir/reduzir, inteligente/inteligência*.

Os exemplos que acabamos de comentar mostram que às vezes é difícil decidir se uma palavra é ou não divisível em dois ou mais morfemas. Quando temos certeza dessa divisibilidade, dizemos que a palavra em questão apresenta um alto grau de transparência (*infeliz, guarda-roupa*); quando temos certeza de que a palavra é indivisível, é porque ela é opaca (*feliz*, *cabide*); quando, entretanto, temos dúvida, é porque o grau de transparência é baixo (*proferir*).

159. Nosso conhecimento da estruturação formal do léxico comporta, portanto, vários níveis de complexidade, que detalharemos na seção seguinte. Provisoriamente, distinguiremos apenas dois mecanismos que fazem parte de nossa competência lexical, isto é, de nosso conhecimento dos processos de formação das palavras: **regras de análise estrutural** (RAE), necessárias para reconhecer os morfemas, especialmente nos casos de grau baixo de transparência, e interpretar a contribuição deles para o significado da palavra, e **regras de formação de palavras** (RFP), necessárias para explicar a produção e a compreensão de palavras novas.

Níveis de complexidade no manejo das RAE

160. Vimos acima que pares de palavras como *penitente/penitência* e *construir/destruir* são exemplos de formas que, embora sejam constituídas de elementos mórficos menores (*penit + ência, penit + ente, con + struir, de(s) + struir*), não provêm de outras palavras. Isto é, podemos analisar essas formações segundo as regras de análise estrutural (RAE), mas não podemos explicá-las como formas criadas a partir de outras mediante regras de formação de palavras (RFP). Formas como essas, numerosas, foram produzidas em geral em época remota, quase sempre ainda no latim, tendo sobrevivido às formas primitivas das quais procediam. Com efeito, existiam em latim os verbos *poenitere* (= *arrepender-se*) e *struere* (= *reunir, juntar*), que não permaneceram no português. Apesar disso, a exemplo do que vimos no início deste parágrafo, não precisamos desses verbos para analisar aquelas palavras em unidades menores.

Noutros casos, porém, a semelhança formal não vem acompanhada de afinidade semântica. Este é o caso de *preferir, conferir, referir, deferir*, que só com muita "ginástica" conseguiríamos reagrupar a partir de um denominador semântico comum.

161. Os fatos destacados acima nos mostram que a distinção entre sincronia e diacronia (v. §§37-39), tão pertinente e clara na abordagem do funcionamento dos sistemas fonológico, sintático e morfossintático do português, revela-se menos óbvia e menos explicativa quando tratamos das estruturações do léxico. No domínio do léxico, deparamos com palavras herdadas do latim (*transferir, permanecer*) e palavras formadas na atual sincronia do português (*transportar, perfazer*). Considerar derivadas por prefixação somente as duas últimas formas é passar ao largo da complexidade do modo próprio de estruturação do léxico, deixando sem explicação o fato de muitos falantes intuírem, em face dessas quatro formas, por força dos segmentos *trans-* e *per-*, respectivamente, os significados "movimento para além" e "processo que se estende".

Criatividade e produtividade lexicais

162. Vimos nos §§157-161 que é variável o grau de correspondência entre a estrutura mórfica de uma palavra e seu significado. Vários fatores contribuem para que uma palavra se torne menos transparente. Um deles é a mudança que a língua sofre no seu uso e através do tempo: *embarcar*, por exemplo, embora derivado de *barco*, tornou-se, com o uso, o ato de tomar qualquer condução — trem, ônibus, avião; *ônibus*, por sua vez, que originariamente significa "para todos" (do latim *omnibus*), assumiu com o tempo o significado exclusivo de veículo rodoviário.

Esses mecanismos de ampliação e restrição do significado são comuns na língua, mas é difícil prever que palavra terá seu significado ampliado ou para qual referência restrita o significado de uma palavra será reorientado. O que levou a comunidade a consagrar *embarcar* e *ônibus* nos significados que conhecemos hoje foi o princípio da criatividade. Só em virtude da criatividade dos falantes, *inflação* não significa simplesmente "ação de inflar", mas "média da elevação dos preços"; *orelhão* não é uma "orelha grande", mas uma espécie de capacete que protege os telefones públicos; e *Constituição* não é o "ato de constituir", mas o nome do conjunto das leis máximas da nação. A criatividade é o fundamento da contribuição circunstancial, ordinariamente particularizadora e frequentemente expressiva, que os falantes adicionam ao significado das formas criadas pelos mecanismos regulares que constituem a produtividade.

Ao institucionalizar-se o produto da criatividade lexical e cristalizar-se seu significado, como ocorreu com os três últimos exemplos, desaparece do sistema da língua — e portanto da competência lexical de seus falantes — o elo entre esse produto e sua base. Numa distinção radical entre estes conceitos, pode-se dizer que a produtividade é sistemática e coletiva, ao passo que a criatividade é idiossincrática e particular.

163. Um ato de criatividade pode, contudo, gerar um modelo produtivo. Foi o que ocorreu com a palavra *sambódromo*, criativamente formada com a terminação *-(ó)dromo* (= corrida), que figura em *hipódromo, autódromo, cartódromo*, formas que designam itens culturais da alta burguesia. Não demoraram a circular, a partir de então, formas populares como *rangódromo, beijódromo, camelódromo* etc.

O prefixo *super-* tem sido abundantemente utilizado na formação de superlativos: *superbacana, superimportante, superlegal, supercheio, supertransado.* O sufixo *-ês*, tirado da designação das línguas, tornou-se altamente produtivo na formação de neologismos jocosos, como *economês* (a língua incompreensível dos economistas); na mesma linha, *pedagogês* e *politiquês*.

Ainda a título de exemplo de um mecanismo derivacional produtivo no português atual, lembre-se a construção "*dar* + SN derivado de verbo por meio do sufixo *-ada/-ida*", usual sobretudo no registro informal da língua falada (*dar palpite, dar um golpe, dar uma mordida*): *dar uma fugida/fugidinha, dar uma olhada, uma procurada, uma cochilada, uma bicada, uma pensada, uma mexida, uma consultada, uma perguntada* etc.

Derivação e Flexão

164. Convém distinguir **flexão** e **derivação**. A derivação é um processo que dá origem a novos **lexemas** — ou **palavras** no sentido definido nos §§131-133 —, enquanto a flexão produz variações da forma de um lexema, dando origem ao que chamamos **vocábulos morfossintáticos** (v. §132).

O dicionário registra os lexemas, e não os vocábulos morfossintáticos, porque estes são formas flexionadas. A derivação se faz por meio de afixos, a flexão por meio de desinências. Flexiona-se uma palavra para que ela expresse os conteúdos obrigatórios e sistemáticos da língua, como as distinções de tempo nos verbos (*trabalho* x *trabalhei*) e a distinção de número nos artigos e substantivos (*a casa* x *as casas*).

Por tudo isso, somente um lexema derivado pode pertencer a uma classe gramatical distinta da classe da palavra primitiva. De substantivos e adjetivos formam-se verbos (*pedra/petrificar, real/realizar, terra/enterrar*), de adjetivos formam-se substantivos (*feio/feiura, belo/beleza*), de substantivos formam-se adjetivos (*cheiro/cheiroso, presidência/presidenciável*), de verbos formam-se adjetivos (*dizer/dizível, quebrar/quebrável*), de adjetivos formam-se advérbios (*feliz/felizmente, súbito/subitamente*).

Derivação

165. *Os processos de formação de palavras por meio de afixos* chamam-se *derivação prefixal* e *derivação sufixal*. Na derivação prefixal o afixo vem colocado antes do radical (*destampar, subsolo, projetar, percurso, transmitir*). Na derivação sufixal, o afixo vem colocado após o radical (*utilidade, ferrugem, alegria, raquítico, marcenaria, realizar*). Nem sempre, porém, a palavra que contém afixo provém de outra palavra mais simples. É o caso de *raquítico*, cujo sufixo substitui outro sufixo — o *-ismo* de *raquitismo*; é o caso de *marcenaria*, cujo sufixo substitui outro sufixo — o *-eiro* de *marceneiro*; e também de *transmitir*, cujo prefixo substitui outro prefixo — por exemplo, o *e-* de *emitir*. Por outro lado, há até mesmo palavras que contêm um afixo preso a um radical exclusivo delas. É o que ocorre em *patético* e em *meticuloso*, que só classificamos como formas derivadas porque podemos provar que *-ico* e *-oso* são sufixos formadores de adjetivos (cf. *mágico, simpático, cheiroso, cuidadoso*).

Como se viu no item precedente, o afixo pode ser responsável pela classe gramatical da palavra derivada: *-dade* forma substantivos, *-oso* forma adjetivos, *-izar* forma verbos, *-mente* forma advérbios, e assim por diante. Normalmente, só os sufixos têm esse papel. Em alguns casos, porém, a construção "preposição + substantivo" deu origem a adjetivos (cf. *sem-sal, sem-vergonha, sem-par*). Este modelo é a base de algumas formações recentes em que um prefixo semelhante a uma preposição forma adjetivos derivados de substantivos (cf. *centro pró-melhoramento, campanha antitóxico, manifesto antiaborto, período pós-parto, casamento interespécies*).

Derivação sobre forma já derivada

166. É comum que uma palavra derivada receba um novo afixo: de *compor*, formada de "com + por", deriva-se *recompor*; de *inútil*, formada de "in + útil", deriva-se *inutilidade*; de *realizar*, formada de "real + izar", deriva-se *realização*; de *descarregar*, formada de "des + carregar", deriva-se *descarregamento*.

Nestes exemplos a derivação acontece em dois estágios. Em *recompor*, por exemplo, acrescenta-se primeiro o prefixo *com-* ao lexema *pôr*, e a forma resultante — *compor* — recebe o prefixo *re-*, dando *recompor*. Em *realização*, por sua vez, há duas sufixações: deriva-se primeiro o verbo — *real + izar* — e em seguida acrescenta-se o sufixo *-ção*, para obter *realização*. Nos demais casos, a análise é menos simples. Como devemos analisar *inutilidade*: *in + utilidade, inútil + idade* ou *in + útil + idade*? E *descarregamento*: *descarregar + mento, des + carregamento* ou *des + carrega(r) + mento*?

A resposta a estas perguntas não é simples. A solução mais cômoda seria aceitar qualquer das três análises. Muitos preferem a terceira, e lhe dão o nome de **derivação prefixal e sufixal**. Esta é uma solução didaticamente cômoda e será preferível às outras duas, se não tivermos um bom argumento a favor de uma das duas restantes. Vou apresentar a seguir um argumento a favor da análise de *descarregamento* como um caso de derivação em dois estágios: primeiro como derivação prefixal (*des* + *carregar*) e em seguida como derivação sufixal (*descarregar* + *mento*).

Se dissermos que esta palavra é um exemplo de derivação prefixal, teremos de admitir que o prefixo *des*- pode ser acrescentado a um substantivo na atual sincronia (*des* + *carregamento*), como neste exemplo, a um verbo (*des* + *montar*) ou a um adjetivo (*des* + *honesto*). Teríamos assim a seguinte regra para a formação de uma palavra por meio do acréscimo do prefixo *des*-:

REGRA 1: Ao ser acrescentado a um adjetivo, a um verbo ou a um substantivo, o prefixo *des*- dá origem a um lexema que significa o oposto desse mesmo substantivo, verbo ou adjetivo (*honesto/desonesto, montar/desmontar, carregamento/descarregamento, ventura/desventura, jejum/desjejum*).

167. Esta regra é boa, porque descreve corretamente a derivação das palavras acima exemplificadas. Acontece, porém, que na palavra *descarregamento* há também um sufixo, *-mento*, o mesmo que aparece em *cancelamento* — derivado de *cancelar* —, *fornecimento* — derivado de *fornecer* —, *fingimento* — derivado de *fingir*. A regra que descreve a estrutura e o sentido desses substantivos é mais ou menos assim:

REGRA 2: Ao ser acrescentado a um verbo, o sufixo *-mento* forma um substantivo que significa "ato de X", em que X equivale ao verbo (*fingimento* = ato de fingir, *cancelamento* = ato de cancelar).

168. Esta regra também é boa para analisar a estrutura e o significado de *descarregamento*: *descarregamento* = ato de descarregar. Com qual das duas vamos ficar? Prefiro a regra 2, por dois motivos. Primeiro porque ela é necessária para analisar a estrutura de formas como *fingimento* e *cancelamento*; com ela analiso também a estrutura de *descarregamento*; e segundo porque, adotando a regra 2, podemos simplificar a regra 1, que deixa de fazer referência a substantivos. A regra que originou substantivos como *desventura* e *desjejum*, formados de "*des*+substantivo", é na atual sincronia uma RAE, e não uma RFP. A regra 1 passa a ter a seguinte redação:

REGRA 1: Ao ser acrescentado a um verbo ou a um adjetivo, o prefixo *des*- dá origem a um lexema que significa o oposto desse mesmo verbo ou adjetivo (*montar/desmontar, honesto/desonesto*).

Derivação prefixal

169. A maior parte dos prefixos expressa ideias relacionadas com "localização" — posição ou movimento —, seja no espaço, no tempo ou numa escala de valores. Os principais são:

ante (posição anterior): *antebraço, antevéspera, antepor, anteontem;*
arqui (posição acima): *arqui-inimigo, arquipélago, arquimilionário;*
circum (posição em torno de): *circunscrever, circunvagar, circunspecção, circunlóquio;*
com, co (posição junto a, ao lado de): *coabitar, cooperar, conviver, correligionário, coirmão;*
entre/inter (posição medial, reciprocidade): *entressafra, entrevista, entrechoque, entreolhar, entreabrir, interagir, intercâmbio, interestadual;*
ex (e) (movimento para fora, posição externa ou estado anterior): *exposição, excluir, excomungar, exorbitante, exibir, emigrar, emergir, ex-presidente, ex-marido;*
extra (posição exterior; situação além de um limite): *extraconjugal, extraterrestre; extraordinário, extravasar;*
hiper (posição acima, numa escala dimensional): *hipermercado, hiperexcitado, hipertensão;*
hipo (posição abaixo, escassez): *hipotérmico, hipoglicemia, hipotensão;*
in, i (movimento para dentro): *incorrer, induzir, importar, infiltrar, imigrar;*
intra, intro (posição interior; movimento para dentro): *intramuscular, intravenoso, intramuros; introduzir, introjetar, introspecção;*
para (posição ao lado, posição marginal): *paramilitar, paraliteratura, paradoxo;*
per (movimento através): *percorrer, perfurar, pernoitar, perambular;*
pós, pos (posição posterior): *pós-eleitoral, pós-operatório, pós-graduação, pospor, postergar;*
pré, pre (posição anterior): *pré-eleitoral, pré-natal, premeditar, preparar;*
pro (movimento para diante): *projetar, protelar, proclamar, programa, prospecção;*
re (movimento para trás; repetição): *recorrer, refluir, recordação; renascer, reatar;*
retro (movimento para trás): *retroagir, retroalimentação, retrospectiva, retrocesso;*
sobre, super, supra (posição acima, no espaço ou numa escala; posição posterior): *sobrevoar, sobressair, super-homem, supermercado, superaquecer, suprapartidário, supracitado; sobremesa, sobreviver, sobrevir;*
sub, so (posição abaixo): *submarino, sublingual, subnutrido, subestação, sub-reitor, subliteratura, sublocar, soterrar*;
trans, tras (posição além ou através de): *transpor, transcender, trasladar; transdisciplinar, transamazônico*;
ultra (posição além): *ultrassom, ultravioleta, ultraconservador, ultrapassar*;
vice (posição abaixo): *vice-campeão, vice-governador, vice-diretor.*

Outro grupo importante, pela produtividade da maioria de seus elementos, é o dos prefixos que expressam as noções afins de ausência, negação, situação/movimento contrário. Os principais são:

anti (condição contrária): *antiaéreo, antisséptico, antiaborto, antissequestro*;
contra (posição oposta ou contrária): *contra-ataque, contramão, contra-exemplo, contrapor*;
des (negação, ação contrária): *desonesto, desmedido, destemor, desordem, desocupar, desviar*;
in (im), i (negação): *impuro, infeliz, inútil, imberbe, insone, ilegal, irreconhecível*.

Fazem parte do estoque lexical passivo — e se limitam praticamente à competência lexical dos falantes mais escolarizados — os seguintes prefixos:
a, an (ausência, negação): *amoral, amorfo, anarquia, ateu;*
dis (**di**) (separação, negação): *dissociar, dilacerar, discordar, dissimetria, dissidente, disforme, distrato*.

São também altamente produtivos os seguintes prefixos, que formam um grupo heterogêneo:
neo (novo, recente): *neonazista, neoclássico, neopositivismo;*
pseudo (falso): *pseudônimo, pseudochefe, pseudo-herói;*
sem (privação): *sem-vergonha, sem-terra, sem-sal, sensabor;*
não (negação): *não licença, não intervenção, não ser;*
auto (si próprio): *autoestima, autobiografia, autodefesa;*
bem: *benquerer, bem-aventurado;*
mal: *mal-educado, malformação, mal-estar.*

Derivação sufixal

170. Também cabe distinguir os sufixos capazes de dar origem a novas palavras (isto é, que são instrumentos de regras de formação de palavras — RFP) daqueles que, embora reconhecíveis como sufixos, figuram apenas nas palavras historicamente incorporadas ao léxico (e, portanto, são apenas instrumentos das regras de análise estrutural — RAE). São do primeiro tipo sufixos como *-eiro*, *-ção*, *-dade* e *-oso* (cf.: *motoqueiro, poluição, facilidade, perigoso*); pertencem ao segundo tipo sufixos como *-ície*, *-eo* e *-ugem* (cf.: *calvície*, em face de *calvo*; *marmóreo*, em face de *mármore*; *ferrugem*, em face de *ferro*).

171. A possibilidade de conferir uma nova classe à palavra derivada faz da sufixação um processo de extraordinária versatilidade na língua. Enquanto a prefixação contribui ordinariamente para a ampliação do léxico, a sufixação, além dessa função, tem um papel importante na construção sintática dos sintagmas, das orações e até mesmo do texto. Ao dizer *a utilidade dos animais* ou *o sumiço do dinheiro*, estamos expressando, por meio de construções nominais, relações semânticas correspondentes a construções oracionais como *Os animais são úteis* e *O dinheiro sumiu*. A diferença entre as duas primeiras construções e as duas últimas está no modo de comunicar os respectivos conceitos: nos exemplos acima, passou-se da predicação — *Meu dinheiro sumiu* — à designação — *o sumiço do meu dinheiro*. Dentre os processos de formação de palavras, a sufixação é o responsável pela versatilidade de meios de construção dos sintagmas e das orações, já que por meio dele não só se encurtam construções sintáticas (cf. os exemplos dos grupos C e D), mas ainda se condensam orações que, sob a forma de sintagmas nominais, podem ocorrer como parte de orações mais complexas (cf. os exemplos dos grupos A e B). Os exemplos abaixo ilustram algumas alterações desses modos de representar/comunicar conteúdos:

A) Adjetivo > Substantivo (qualificação > designação)

O sapo é útil / a utilidade do sapo
A cerca é segura / a segurança da cerca
A água está contaminada / a contaminação da água
As praias ficaram sujas / a sujeira das praias

B) Verbo > Substantivo (predicação > designação)

Meus sapatos sumiram / o sumiço dos meus sapatos
Consertaram meu relógio / o conserto do meu relógio
O dinheiro foi devolvido / a devolução do dinheiro
Graham Bell inventou o telefone / a invenção de Graham Bell / a invenção do telefone

C) Substantivo > Verbo (designação > predicação)

Usar a cabeça para impulsionar a bola / cabecear a bola
Usar pedras para agredir o cachorro / apedrejar o cachorro
Usar cimento para unir os tijolos / cimentar os tijolos
Usar pente para dar forma aos cabelos / pentear os cabelos

D) Adjetivo > Verbo (qualificação > predicação)

Tornar um objeto torto / entortar um objeto
Tornar uma pessoa pálida / empalidecer uma pessoa
Tornar a água fria / esfriar a água
A água ficar quente / a água esquentar

E) Oração adjetiva > Adjetivo (predicação > qualificação)

Copos que podem ser descartados / copos descartáveis
Bonecas que não quebram / bonecas inquebráveis
Chefe que tolera / chefe tolerante
Mãe que compreende (os erros dos filhos) / mãe compreensiva
Tijolo que quebra com facilidade / tijolo quebradiço
Tecido que escorrega / tecido escorregadio

F) Substantivo > Adjetivo (designação > qualificação)

O nariz grande do boneco / boneco narigudo
A febre do paciente / paciente febril
O ciúme do marido / marido ciumento
O barro das águas / águas barrentas
O conforto das poltronas / poltronas confortáveis

172. É comum, porém, que, sendo o termo base um substantivo concreto, os tipos de formas derivadas que partem dele sejam motivados sobretudo pela necessidade de dar nome a objetos, ofícios, espaços etc. de nossa experiência da realidade, não constituindo em qualquer hipótese um conjunto uniforme.

Tomemos para exemplo cinco designações de frutas: *laranja*, *banana*, *goiaba*, *jaca* e *manga*. De *laranja*, derivam-se *laranjeira*, *laranjada*, *laranjeiro* e *laranjal*; de *banana*, *bananeira*, *bananada*, *bananeiro*, *bananal*; de *goiaba*, *goiabeira*, *goiabada*; de *jaca*, *jaqueira*; de *manga*, *mangueira*. Vê-se que *laranja* e *banana* estão em situação análoga, mas *jaca* e *manga* só contam com os derivados que denotam as respectivas árvores. Do ponto de vista do sistema de regras de formação de palavras, nada impede que sejam criadas as formas *goiabeiro* e *goiabal*; *jacada*, *jacal* e *jaqueiro*; *mangada*, *mangal* e *mangueiro*. Só duas razões podem ajudar a esclarecer por que estas formas não foram promovidas a palavras efetivas da língua: a existência de alguma outra palavra que já designe o que elas poderiam denotar, ou a pouca ou nenhuma serventia delas como signo de um dado econômico ou sociocultural relevante. A inexistência de *mangal* explica-se pela primeira razão, pois existe *mangueiral*. Quanto ao não uso de *jacada*, *mangada*, *jaqueiro* e *mangueiro*, provavelmente se explique por não terem a *jaca* e a *manga* o uso industrial e comercial que têm a *laranja* e a *banana*. Ou seja, por mais que existam pessoas que vendam *manga* e *jaca*, suas atividades comerciais não têm relevância econômica suficiente para justificar o emprego regular e generalizado de *mangueiro* e *jaqueiro*.

Pode-se dizer que para cada substantivo concreto existem associações lógica ou culturalmente motivadas, segundo o conhecimento que temos do mundo dos objetos, do papel sociocultural e utilidade do conceito designado pela base.

Para uma palavra como *laranja*, as experiências culturais de um brasileiro médio incluem conceptualizações relativas a: uso alimentar (*laranjada*), árvore (*laranjeira*), conjunto (*laranjal*), quem vende (*laranjeiro*), tamanho (*laranjinha*), noção qualificadora (*alaranjado*). Para uma palavra como *flor*, nossas conceptualizações sistemáticas dizem respeito a: utilidade (*florir*), manifestação natural (*florescer*/*floração*/*florir*), quem vende/comercializa (*florista*), tamanho (*florzinha*), função qualificadora (*floral*). Para *vidro*, nossas conceptualizações se referem a: característica material dos objetos (*ví-*

treo), recipiente feito de vidro (um *vidro*, um *vidrinho*), janela fixa feita de vidro (*vidraça*), passagem da luz ornamentada com desenhos (*vitral*), conduta de quem fixa o olho ou a atenção movido pela admiração (*vidrado*). Para *máquina*, conjunto de peças que funcionam interligadas para determinado fim (*maquinismo*), característica de atos próprios da rotina (*maquinal*), conjunto (*maquinaria*), ofício (*maquinista*).

Estes exemplos foram tomados aleatoriamente para mostrar que a criação de palavras derivadas de um substantivo concreto não segue qualquer plano estrutural da língua — como ocorre com os nomes derivados de verbos e de adjetivos —, mas é motivada sobretudo por inúmeros fatores socioculturais, dos quais apenas uns poucos são estáveis e gerais, como a referência à árvore, para o caso de frutas, e a referência ao ofício, para o caso de palavras que denotam matéria-prima das atividades profissionais. Este caráter da produção lexical é inerente à função de designação própria dos substantivos: dar nome.

173. Distinguiremos, desse modo, (a) sufixos que derivam substantivos de outros substantivos, (b) sufixos que derivam substantivos de adjetivos, (c) sufixos que derivam substantivos de outros substantivos e de adjetivos, (d) sufixos que derivam substantivos de verbos, (e) sufixos que derivam substantivos de adjetivos e de verbos, (f) sufixos que derivam adjetivos de substantivos, (g) sufixos que derivam adjetivos de verbos, (h) sufixos que derivam verbos de substantivos e de adjetivos, (i) sufixos de grau e aspecto e (j) sufixo adverbial.

Sufixos

174. Grupo A — derivam substantivos de outros substantivos.

Expressam quantificação ou ideia coletiva, tomando-se como base tanto a coisa quantificada (*goiaba* / *goiabada*) quanto o espaço/tempo ou objeto que a contém (*noite* / *noitada, colher* / *colherada*):

ada — *peixada, macarronada, churrascada; bananada, goiabada, cajuada; papelada, poeirada, boiada; temporada, jornada, noitada; bocada, colherada, ninhada;*

al/aral/açal — *bananal, arrozal, cipoal, milharal, lamaçal;*

(z)eiro/(z)eira — *nevoeiro, pesqueiro, galinheiro, formigueiro, cupinzeiro, agulheiro, faqueiro, cinzeiro, lixeira;*

aria/erio — *cavalaria, maquinaria, pedraria, fuzilaria, pancadaria; vozerio, mulherio;*

agem — *pastagem, plumagem, folhagem;*

ário — *maquinário, relicário, herbário, columbário, apiário, claviculário, mostruário;*

edo — *vinhedo, lajedo, passaredo.*

Derivando substantivos referentes a seres humanos, significam genericamente "agente" e servem para indicar indivíduos que "exercem uma profissão ou ofício", que "praticam esportes ou têm certas ocupações regulares", ou ainda "que são adeptos ou seguidores de sistemas ou movimentos políticos, artísticos, socioculturais, filosóficos etc.":

eiro — *engenheiro, marinheiro, patrulheiro, leiteiro, porteiro, copeiro, livreiro, roupeiro, tintureiro, chaveiro, violeiro, banqueiro, fazendeiro;*

ário — *serventuário, boticário, operário, bancário, secretário;*

ista — *maquinista, foguista, dentista, garagista, pecuarista; romancista, violonista, trapezista, curta-metragista, cartunista; umbandista, marxista, metodista, getulista; tenista, alpinista, velocista.*

Obs.: O sufixo agentivo *-eiro/-(z)eiro*, aplicado a substantivos que denotam frutos, designa a árvore que **produz** tal fruto, e adota regularmente a forma masculina ou feminina segundo o gênero do nome primitivo: *abacateiro, mamoeiro, cajueiro, sapotizeiro, algodoeiro* — derivados de substantivos masculinos; *macieira, jaqueira, goiabeira, amoreira* — derivados de substantivos femininos. Existem as formas *ingazeiro* e *ingazeira* porque *ingá* pode ser masculino ou feminino.

Derivam substantivos referentes a ocupações, profissões, ofícios, bem como aos lugares respectivos em que são exercidos:

ia — *advocacia, chefia, filatelia, abadia, reitoria, procuradoria;*

aria — *engenharia, alfaiataria, tesouraria, carpintaria, tapeçaria, ourivesaria, marmoraria, maçonaria;*

ado/ato — indicam titulaturas e instituições, o território subordinado a um titular ou o período de aquisição ou vigência da titularidade: *principado, emirado, condado; papado, reinado, noviciado; bacharelado, mestrado, doutorado; baronato, cardinalato.*

Derivam substantivos que significam atos ou movimentos, segundo o meio ou o agente:

ada — *facada, pedrada, bordoada, pernada, barrigada, dentada, saraivada* (atos segundo o meio ou instrumento com que são praticados); *quartelada* (ato segundo o agente);

aria — *patifaria, pirataria, velhacaria* (atos segundo o agente que os pratica);

agem — *camaradagem, ladroagem, picaretagem, vadiagem, aprendizagem* (atos segundo o agente que os pratica).

Deriva substantivos que significam inflamação:

ite — *flebite, sinusite, bronquite, estomatite, peritonite, conjuntivite.*

175. Grupo B — derivam substantivos de adjetivos.

dade/idade — este sufixo é o mais produtivo em sua classe. Com ele se criam todos os substantivos derivados de adjetivos formados pelo sufixo -vel ou terminados em *-z* ou *-r*. Diante do sufixo, *-vel* passa a *-bil-* e *-z* passa a *-c*: *amabilidade* (de *amável*), *volubilidade* (de *volúvel*), *perecibilidade* (de *perecível*); *ferocidade* (de *feroz*), *capacidade* (de *capaz*), *felicidade* (de *feliz*), *familiaridade* (de *familiar*), *menoridade* (de *menor*), *singularidade* (de *singular*), *paridade* (de *par*). Outros exemplos: *bondade, ruindade, perenidade, obesidade, utilidade, praticidade, efemeridade, enormidade;*

ez/eza — os substantivos derivados com *-ez* empregam-se de preferência no registro formal da língua; os substantivos derivados em *-eza* pertencem a todas as variedades da língua: *honradez* (de *honrado*), *altivez* (de *altivo*), *mesquinhez* (de *mesquinho*), *viuvez* (de *viúvo*), *pequenez* (de *pequeno*), *palidez* (de *pálido*), *lividez* (de *lívido*); *beleza, tristeza, moleza, pobreza, boniteza* (uso corrente), *avareza, aspereza, singeleza, estreiteza* (de uso mais restrito, tanto quanto os adjetivos de que derivam: *avaro, áspero, singelo, estreito*);

ia, ura — formam substantivos de uso corrente, mas são de produtividade média no português atual: *alegria, valentia, cortesia; largura, doçura, feiura, brandura;*

ice — é um sufixo de alta produtividade, especialmente para a formação, no uso coloquial, de substantivos que expressam conceitos de conotação pejorativa: *maluquice, esquisitice, pieguice, burrice, sem-gracice*. Com sentido neutro ocorre em *velhice, tolice, meiguice* e mais uns poucos substantivos;

or — é um sufixo de produtividade média, típico da língua escrita e praticamente inapto à criação de novos lexemas: *temor, verdor, furor, palor, frescor, fervor, tremor*;

dão/idão — é um sufixo de produtividade média, que já não origina novos substantivos: *escuridão, solidão, retidão, mornidão, vermelhidão, mansidão, aptidão;*

tude/itude — é o sufixo menos produtivo de sua classe. Une-se a adjetivos que significam "dimensão": *altitude, amplitude, plenitude, magnitude.*

176. Grupo C — derivam substantivos de outros substantivos e de adjetivos:

ismo — sufixo de alta produtividade, deriva substantivos que designam:

– sistemas ou correntes de pensamento (religioso, político, filosófico): *budismo, marxismo, idealismo, socialismo, anarquismo, catolicismo, protestantismo, umbandismo, positivismo;*

– atividades e estilos artísticos: *Romantismo, Concretismo, Surrealismo, Impressionismo, cartunismo;*

– conduta ideológica, forma de pensar e/ou de proceder: *populismo, militarismo, revanchismo, tenentismo, coronelismo, machismo, feminismo, maniqueísmo, materialismo, sadismo, narcisismo, entreguismo, terrorismo, denuncismo, empreguismo, puxa-saquismo;*

– formas de expressão culturalmente características: *modismo, provincianismo, dialetismo, anglicismo, neologismo, arabismo, cultismo, brasileirismo, galicismo*;

– terminologia científica: *traumatismo, alcoolismo, raquitismo, impaludismo, cateterismo, botulismo.*

agem — sufixo de alta produtividade. Deriva substantivos que designam atos ou comportamentos passíveis de censura: *politicagem, bobagem, barbeiragem, molecagem, libidinagem, pilantragem, picaretagem, malandragem.*

177. Grupo D — derivam, de verbos, substantivos que significam a ação, o resultado dela ou ainda o instrumento ou meio da ação. São os seguintes os sufixos usuais:

ada/ida — de uso coloquial, especialmente nas perífrases com o verbo *dar: pisada, cortada, caminhada, peneirada, partida, dormida, fugida, mordida;*

agem — *contagem, pilhagem, vendagem, pilotagem, ancoragem;*

ança/ância/ência — *lembrança, poupança, matança, militância, observância, relevância, afluência, conveniência, inferência.*

Obs.: O léxico do português abriga uma grande quantidade de substantivos e adjetivos graças à correlação dos sufixos *-ência/-ente*, provenientes do latim mas desacompanhados dos verbos de que derivaram. Isto não impede que os consideremos derivados na gramática do português, visto que a correlação dos sufixos permite que descodifiquemos o significado de um deles com base no conhecimento do outro (cf. *frequência/frequente*, *decência/decente*, *docência/docente*, *indolência/indolente*, *demência/demente, penitência/penitente, inteligência/inteligente*) (v. abaixo, grupo E).

ção, ão — *armação, contemplação, aberração, demolição, diluição, predição, absolvição; extorsão, subversão, absorsão, agressão, arranhão, puxão, escorregão, reunião;*

Obs.: Enquanto a variante *-ção* é acrescentada ao tema verbal, a variante *-ão* vem unida diretamente ao radical. O sufixo *-ão* acrescenta-se diretamente ao radical do verbo (cf. *agressão/agressivo, subversão/subversivo, arranhão/arranhar*). As únicas exceções são *união* e *reunião.*

dura, tura, sura, ura — *investidura, benzedura, ligadura, ferradura, atadura, formatura, tonsura, soltura;*

mento — tanto quanto *-ção*, é um sufixo de alta produtividade. É o sufixo usual nos substantivos derivados dos verbos terminados em *-ecer* e dos verbos parassintéticos em geral: *acovardamento, acampamento, encorajamento, enquadramento, requerimento, enforcamento, esfarelamento, falecimento, esquecimento, fortalecimento.*

178. Grupo E — de verbos, derivam nomes potencialmente substantivos e adjetivos com significado agentivo, instrumental ou locativo:

dor, tor, sor, or — *comprador, jogador, portador, vendedor, sofredor, competidor, demolidor; abridor, ralador, pichador, ator, agrimensor, propulsor, impostor, tradutor, disjuntor, ejetor*;
douro, tório — *duradouro, migratório, dormitório, bebedouro, desaguadouro, nascedouro, laboratório, escritório;*
ão — intensificador e depreciativo, é usual nas variedades informais da língua: *fujão, pidão, chorão, mijão, beberrão, falastrão, comilão.*

179. Grupo F — derivam adjetivos de substantivos e pertencem a dois subconjuntos:

Sufixos formadores de adjetivos que significam "relativo a, procedente de":
al, ar — *mensal, semanal, conjugal, escolar, anelar, tutelar;*
ano (de alta produtividade) — *peruano, machadiano, aquariano;*
ário — *portuário, bancário, rodoviário, missionário*;
eiro (de alta produtividade) — *passageiro, brasileiro, festeiro;*
eno — *terreno, chileno*;
ense (de alta produtividade) — *piauiense, friburguense, madeirense;*
ês (de alta produtividade) — *português, montanhês, libanês;*
eo (de produtividade restrita à língua escrita em registro formal) — *térreo, marmóreo, pétreo, funéreo;*
ício (improdutivo na língua contemporânea) — *alimentício, patrício;*
ico (de alta produtividade) — *metálico, enfático, mágico, simpático;*
il (de produtividade restrita ao registro formal) — *fabril, pastoril, febril;*
ino — *caprino, sibilino, londrino, marroquino, equino, bovino.*

Sufixos formadores de adjetivos que significam "provido de, abundante em":
ento (de alta produtividade) — *piolhento, ciumento, peçonhento;*
onho — *risonho, enfadonho, medonho;*
oso (de alta produtividade) — *licoroso, perigoso, cheiroso, caprichoso, manhoso, medroso;*
ivo (característico de registro formal) — *impulsivo, recessivo;*
udo (de alta produtividade, especialmente nas variedades coloquiais) — *narigudo, cabeludo, posudo, pontudo;*

180. Grupo G — derivam adjetivos de verbos e pertencem a dois subconjuntos:

Denotando passividade do ser a que o adjetivo se refere:
vel — *adorável, corruptível, corrigível;*
iço — *quebradiço, alagadiço, encontradiço;*
io — *escorregadio, fugidio, arredio.*

Denotando atividade do ser a que o adjetivo se refere:

nte — *insinuante, atuante, influente, maldicente, penetrante;*
ivo — *apelativo, pensativo, curativo, deliberativo, meditativo, corrosivo, ilustrativo, punitivo, permissivo, remissivo;*
(t)ório — *encantatório, preparatório, vexatório, satisfatório.*

Obs.: O sufixo *-nte*, de alta produtividade, forma nomes potencialmente adjetivos e substantivos: *caminhante, reclamante, manifestante, conflitante, requerente, combatente, afluente, ouvinte, pedinte.*

181. Grupo H — derivam verbos de substantivos e de adjetivos:
ec(er) / esc(er) — *florescer, apetecer;*
ej(ar) — *velejar, verdejar, porejar;*
iz(ar) — *suavizar, concretizar, terceirizar, infernizar, fulanizar;*
fic(ar) — *fortificar, beatificar, amplificar, modificar, petrificar;*
e(ar) — *clarear, branquear, mapear, passear, tourear, coxear, pentear, barbear, prantear;*
ar — *ventar, peitar, azeitar, rodar.*

Obs.: Os verbos da última série são obviamente derivados respectivamente de *vento*, *peito*, *azeite* e *roda*, ainda que lhes falte um sufixo segmental como nas séries precedentes. Por isso, propomos que se atribua à terminação verbal *ar* a função cumulativa de marca verbal (vogal temática + desinência de infinitivo) e sufixo derivacional.

182. Grupo I — exprimem variação de grau e/ou de aspecto do sentido da base:
íssimo, imo (eruditos) — derivam adjetivos de outros adjetivos: *contentíssimo, amabilíssimo, misérrimo, paupérrimo;*
(z)inho, (z)ão (populares) — *docinho, pobrinho, limpinho, nuazinha, lindão, feião, tortão, quentão;*
ão (e variantes), **aço, inho, eco** — derivam substantivos de outros substantivos. Podem adicionar uma referência à dimensão física ou um juízo de valor: *paredão, panelão, casarão* (referência ao tamanho), *bolerão, sambão, papelão, filmeco, jornaleco* (juízos depreciativos), *jogão, filmaço* (juízos positivos);
isc(ar), ilh(ar), it(ar), ul(ar) — derivam verbos de verbos, aos quais acrescentam a noção mista de grau (ação branda) e aspecto (repetição): *mordiscar, chuviscar, fervilhar, saltitar, dormitar, pulular.*

183. Grupo J — forma advérbios:
mente — *calmamente, docemente, felizmente, afetuosamente.*

Derivação regressiva

184. As observações feitas nos §§165-173 vão nos ajudar a resolver uma outra questão: como se analisa a estrutura de lexemas como *desconto*, *desmonte*, *despiste*? Não pode ser "*des + conto*", "*des + monte*" ou "*des + piste*", porque *desconto* não é o oposto de *conto*, nem *desmonte* o oposto de *monte*, e *piste* não existe. Além disso, já sabemos que o prefixo *des-* não se une produtivamente a bases substantivas na atual sincronia do português. Nossa alternativa, aqui, é relacionar *desconto*, *desmonte* e *despiste* aos verbos *descontar*, *desmontar* e *despistar*. Estamos diante do que tradicionalmente se chama *derivação regressiva*, isto é, um *processo que consiste em criar uma palavra mediante a supressão de um elemento final de outra palavra.*

185. Este processo é particularmente produtivo na formação de substantivos derivados de verbos. Suprime-se a terminação verbal (*-ar*, *-er*, ou *-ir*) e acrescenta-se diretamente ao radical uma das vogais temáticas nominais, *-o*, *-e* ou *-a*: de *comprar* deriva-se *compra*; de *desmontar*, *desmonte*; de *atacar*, *ataque*; de *perder*, *perda*; de *saltar*, *salto*; de *descontar*, *desconto*; de *fugir*, *fuga*; de *morrer*, *morte*. Nos dois últimos exemplos, o substantivo apresenta um alomorfe do radical: [fug], para *fuga*, e [mɔRt], para *morte*.

186. De alguns verbos originam-se também adjetivos derivados regressivamente. De verbos da **primeira conjugação** derivam-se: *aceito*, de *aceitar*, *entregue*, de *entregar*, *enxuto*, de *enxugar*, *expresso*, de *expressar*, *expulso*, de *expulsar*, *ganho*, de *ganhar*, *isento*, de *isentar*, *salvo*, de *salvar*, *solto*, de *soltar*, *vago*, de *vagar*. De verbos da **segunda conjugação** derivam-se: *aceso* de *acender*, *bento*, de *benzer*, *eleito*, de *eleger*, *corrupto*, de *corromper*, *incurso*, de *incorrer*, *morto*, de *morrer*, *preso*, de *prender*, *roto*, de *romper*, *suspenso*, de *suspender*, *torto*, de *torcer*. De verbos da **terceira conjugação** derivam-se: *aflito*, de *afligir*, *correto*, de *corrigir*, *direto*, de *dirigir*, *emerso*, de *emergir*, *expresso*, de *exprimir*, *extinto*, de *extinguir*, *frito*, de *frigir*, *imerso*, de *imergir*, *impresso*, de *imprimir*, *inserto*, de *inserir*, *omisso*, de *omitir*, *submerso*, de *submergir*, *tinto*, de *tingir*.

Obs.: Alguns linguistas já observaram que, nesse processo, não há a rigor uma simples supressão da terminação verbal, visto que o nome apresenta com frequência uma vogal temática distinta da do verbo (cf. *perder/perda*, *fugir/fuga*, *saltar/salto*). Admitindo-se que a própria vogal temática faz aqui a vez do sufixo, teríamos nesses exemplos um processo de **derivação sufixal**, análise que se torna plausível por permitir que se expliquem também formações como *rodar*, *ventar* e *livrar*, derivados respectivamente de *roda*, *vento* e *livre*.

Parassíntese

187. Consideremos agora o verbo *descontar*. Poderíamos analisá-lo como uma palavra derivada por prefixação, como *desmontar* e *descarregar*? Se pensarmos assim, estaremos dizendo que *descontar* é o oposto de *contar*, o que é discutível. Se a frase for *Descontei o dinheiro que lhe emprestei*, é claro que *descon-*

tar não é o oposto de *contar*. Também não derivaremos *descontar* do substantivo *desconto*, pois, como se viu no item anterior, *desconto* é que é um derivado regressivo de *descontar*. No exemplo dado aqui, *descontar* significa "retirar parte de um crédito ou de *conta* bancária". Por isso, temos de derivar *descontar*, no sentido em que está empregado nessa frase, diretamente do substantivo *conta*. *Esta derivação, que se faz por acréscimo simultâneo de elementos mórficos antes e após o radical da forma primitiva*, se chama *derivação parassintética* ou, simplesmente, *parassíntese*.

188. Por parassíntese derivam-se muitos verbos. O tipo mais produtivo é o que acrescenta ao mesmo tempo um dos prefixos *a-*, *en-* ou *es-* e a terminação verbal, precedida do sufixo *-ec-*, quando o verbo é da segunda conjugação (*entardecer*, derivado de *tarde*; *anoitecer*, derivado de *noite*; *empretecer*, derivado de *preto*; *esclarecer*, derivado de *claro*), ou sem sufixo, quando o verbo é da primeira conjugação (*apontar*, derivado de *ponta*; *enfiar*, derivado de *fio* (= linha); *afiar*, derivado de *fio* (= lâmina); *entortar*, derivado de *torto*; *esfarelar*, derivado de *farelo*). A prova de que o acréscimo dos afixos é simultâneo — e não sucessivo, como no exemplo de *descarregamento* — é a inexistência do lexema desprovido de apenas um dos afixos: não existem *esclaro* nem *clarecer*; não existem *empreto* nem *pretecer*.

189. Há também muitos verbos derivados por parassíntese com os prefixos *des-*, *ex-* e *re-*: *destronar*, de *trono*; *despistar*, de *pista*; *desfigurar*, de *figura*; *expropriar*, de *próprio*; *expatriar*, de *pátria*; *expectorar*, de *peito*; *repatriar*, de *pátria*; *reciclar*, de *ciclo*; *refinar*, de *fino*.

A parassíntese tem-se revelado também produtiva na derivação de adjetivos, como *desalmado* e *desbocado*.

Derivação imprópria ou conversão

190. Chama-se *derivação imprópria* ou *conversão* ao *processo de ampliação do léxico pela mudança de classe ou de subclasse de um lexema*. Nesse tipo de derivação não há qualquer alteração formal aparente, daí chamar-se imprópria. Por derivação imprópria ou conversão:

- criam-se substantivos de adjetivos (*os mortais*, *os humanos*, *os fiéis*, *um visto de entrada*, *o presidente*);
- criam-se substantivos de advérbios (*o amanhã*);
- criam-se substantivos de verbos (*o poder*, *o dever*, *o passar do tempo*);
- criam-se adjetivos (variáveis em gênero e número) do particípio (invariável) dos verbos (*fingido*, particípio em *Ele tinha fingido*, que se torna adjetivo em *Eles são fingidos*; *comprado*, particípio em *Ele tinha com-*

prado os bilhetes, que passa a adjetivo em *Os bilhetes foram comprados por ele*);

- expressam-se novos conteúdos com a mudança do gênero (*o atleta* (acepção geral)/*a atleta* (exclusivamente para mulher); *a cobra* (réptil)/*o cobra* (grande especialista numa atividade);
- substantivos comuns tornam-se próprios (*Rosa*, *Margarida*, nomes de flores empregados como nomes de pessoas; *Pinheiro*, *Carvalho*, *Pereira*, *Coelho*, *Raposo*, *Pinto*, nomes de árvores e de animais empregados como sobrenomes);
- substantivos próprios tornam-se comuns (*gari*, varredor de rua, derivado do antropônimo Aleixo Gary, antigo incorporador de empresa que fazia as limpezas das ruas do Rio de Janeiro; *odisseia*, viagem cheia de peripécias, derivado do título do poema épico — *Odisseia* — atribuído ao poeta grego Homero).

191. A derivação imprópria é responsável por alterações de significado relacionadas com o modo de significação da classe em que a palavra passa a se enquadrar. Em *Os fiéis fizeram uma procissão*, *fiéis*, um adjetivo, passa a designar, como substantivo, "as pessoas que têm fé"; em *Esse menino não é burro*, *burro*, um substantivo, passa a significar, como adjetivo, uma característica, cujo antônimo só pode ser um adjetivo: *inteligente*.

192. Alguns casos de conversão consistem na *cristalização de unidades lexicais e até de orações, que se tornam unidades gramaticais*, fenômeno conhecido como *gramaticalização*. São exemplos de gramaticalização a passagem de adjetivos a advérbios (*Voava <u>baixo</u>*, *Falava <u>alto</u>*, *Andava <u>rápido</u>*); de "verbo + advérbio" a interjeição (*Veja só!*); de adjetivos a conectivos (*Ele não bebe <u>durante</u> as refeições*, *Interrompi a viagem <u>devido</u> ao avançado da hora*), de orações a locuções adverbiais (*quem sabe* — que equivale a *provavelmente* —, *quer dizer*, *ou seja* etc.).

193. Em seu uso metalinguístico (v. §§12-23), em que a linguagem trata a si mesma como assunto, a derivação imprópria torna substantivos quaisquer palavras, construções e enunciados, pois, para que possa ser citada, toda expressão assume o caráter de substantivo. Em *Cheguei é uma forma verbal no passado*, *cheguei* não é verbo, mas uma citação da forma verbal, ou seja, um substantivo.

Abreviação

194. A *abreviação* consiste em *criar lexemas mediante a redução da forma de uma construção que funciona como unidade lexical*. Há três modelos principais de abreviação:

- redução, geralmente ao primeiro elemento, da forma lexicalmente complexa: *foto* (por *fotografia*), *micro* (por *microcomputador*), *pré* (por *pré-vestibular*), *pós* (por *pós-graduação*), *vice* (por *vice-presidente*), *ex* (por *ex-namorado*, *ex-marido* etc.), *extra* (por *extraordinário*), *lipo* (por *lipoaspiração*) *tetra* (por *tetracampeão*, *tetracampeonato*), *moto* (por *motocicleta*), *mini* (por *minissaia*), *quilo* (por *quilograma*), *bi* (por *bilhão*), *máxi* (por *maxidesvalorização*), *vídeo* (por *videocassete*);

- supressão de uma parte fonética, inicial ou final, sem significado próprio: *Bonsuça* (por *Bonsucesso*), *Mengo* (por *Flamengo*), *Flu* (por *Fluminense*), *Tina* ou *Cris* (por *Cristina*), *Bel* ou *Isa* (por *Isabel*), *Edu* ou *Duda* (por *Eduardo*), *Zé* (por *José*), *Tião* (por *Sebastião*), *Bete* ou *Elis* (por *Elisabete*), *Filó* (por *Filomena*), *Cida* (por (Maria) *Aparecida*), *estranja* (por *estrangeiro*), *portuga* (por *português*), *japona* ou *japa* (por *japonês*), *reaça* (por *reacionário*);
- *representação de um nome composto ou de uma expressão por meio de suas unidades iniciais* (fonemas, sílabas ou, até mesmo, os nomes das letras), processo conhecido também como *siglagem* ou *acronímia*: PT (*Partido dos Trabalhadores*), PMDB (*Partido do Movimento Democrático Brasileiro*), USP (*Universidade de São Paulo*), Embratel (*Empresa Brasileira de Telecomunicações*), Detran (*Departamento de Trânsito*), CIEP (*Centro Integrado de Educação Pública*), CTI (*Centro de Tratamento Intensivo*), JB (*Jornal do Brasil*), FM (*frequência modulada*), Ibope (*Instituto Brasileiro de Opinião Pública*), *s.o.s.* (mensagem de socorro, em inglês: *save our souls,* salve nossas almas), *Malu* (por *Maria Luísa*), *Mabel* (por *Maria Isabel*), *Caíque* (por *Carlos Henrique*), TV/*tevê* (por *televisão*), CD (por *compact disk*), VT (por *videotape*).

Acrônimos como USP, PT, PFL e outros podem ainda receber sufixos: *uspiano*, *petista*, *pefelista*.

Composição

195. Chama-se *composição a união de dois ou mais lexemas para a criação de uma nova unidade fixa*: *bomba-relógio, guarda-roupa, pé de vento, corre-corre, azul-piscina, fotomontagem, piscicultura*. A palavra composta tem características gramaticais e semânticas que a tornam diferente de certas combinações regulares de lexemas no discurso, como *funcionário público*, *calça comprida*, *terno e gravata*, *noite de lua*, *secretária bilíngue*, *loção de barba*, *peixe de água doce*, *morte súbita*, *barriga de aluguel*, que são construções sintáticas estáveis, mas não **palavras compostas**.

- Características gramaticais:

Uma palavra composta é vista como uma estrutura fixa, um sintagma bloqueado gramaticalmente reinterpretado como uma unidade lexical nova. Seus componentes não sofrem elipse — por isso, pode-se dizer *Este carro tem um amplo porta-luvas e um minúsculo porta-malas*, mas não *Este carro tem um amplo porta-luvas e um minúsculo malas*, com elipse da segunda ocorrência de *porta*; nem podem ser adjetivados de modo independente —

por isso, enquanto o sintagma estável *noite de lua* pode receber um adjetivo modificando apenas *lua* ou apenas *noite* — *noite de/lua cheia, noite clara/de lua* —, isto não acontece com *pé de vento*. No caso do substantivo composto, qualquer adjetivo só pode se referir ao conjunto — *pé de vento/arrasador*, e não *pé de /vento arrasador*.

- Características semânticas:
  Uma palavra composta é interpretada como uma nova unidade de significado. Este significado novo pode ser entendido, muitas vezes, como a soma dos significados particulares dos lexemas componentes. É o caso, por exemplo, de *navio-escola* — navio em que os candidatos a tripulantes realizam o aprendizado — e de *socioeconômico* — relativo à sociedade e à economia. Em muitos outros casos de composição, porém, a palavra composta tem um significado que não pode ser explicado simplesmente pela soma dos significados parciais dos lexemas componentes. É o caso de *pé de vento* — ventania repentina de curta duração —, significado inexplicável como mera soma dos significados de *pé* e *vento*. E, melhor ainda, o caso de *pé de cabra*, nome de uma ferramenta que tem do pé da cabra apenas a semelhança de forma.

196. O exemplo e modelo de *pé de cabra* multiplica-se de forma extraordinária no léxico corrente do português através das criações de natureza metafórica, isto é, baseadas nas relações de semelhança: por relações de semelhança mais óbvias ou menos óbvias, criam-se nomes de: (a) plantas e flores: *orelha-de-burro, espada-de-são-jorge, boca-de-leão, dinheiro-em-penca, malmequer*; (b) doces: *fios-de-ovos, olho-de-sogra, beijinho-de-coco, baba-de-moça, quebra-queixo*; (c) insetos: *viúva-negra, louva-a-deus*; (d) pássaros: *bem-te-vi, trinca-ferro, joão-de-barro*; (e) doenças: *mal de lázaro* (= lepra), *mal dos peitos* (= tuberculose); (f) bebidas: *água que passarinho não bebe* (= cachaça), *rabo de galo* (= mistura de conhaque e vermute); (g) características humanas: *pé de valsa* (= dançarino habilidoso), *perna de pau* (= mau jogador de futebol), *pé de boi* (= pessoa que trabalha muito), *braço-direito* (= auxiliar principal de um chefe), *bicho do mato* (= pessoa antissocial), *cara de pau* (= pessoa cínica e sem escrúpulos); (h) brincadeiras: *chicote-queimado*, *cabra-cega*, entre muitos outros tipos.

Aglutinação e justaposição

197. *Os lexemas que participam de um composto podem colocar-se lado a lado, conservando acentuação própria*. A esta forma de composição chama-se *justaposição*: *bem-te-vi, pé de valsa, viúva-negra, passatempo, fotomontagem*. Quando, porém, *a integração dos lexemas no composto causa a perda da acentuação própria de um deles*, diz-se que a composição é por *aglutinação*: *noroeste* (*norte* + *oeste*), *Mercosul* (*mercado* + *sul*), *agridoce* (*agro* + *doce*), *natimorto* (*nato* + *morto*).

Estrutura Semântica das Palavras Compostas

198. Distinguiremos dois modelos principais de representação do significado nas palavras compostas, de acordo com a relação semântica de cada lexema com o todo:

TIPO 1:

O que a palavra composta denota é entendido como a simples união — ou "coordenação" — dos significados particulares dos lexemas que a integram: *infantojuvenil, sócio-proprietário, diretor-gerente, rádio-gravador, editor-chefe.*

TIPO 2:

O significado total do composto é distribuído de forma desigual entre seus componentes, de sorte que um deles figura como base (B) do significado e o outro exprime uma especificação qualquer (E). Os lexemas componentes podem ocorrer na ordem B + E, mais comum e única no uso popular, ou na ordem E + B própria dos usos técnicos e científicos da língua.

- Ordem B + E: *matéria-prima, salário-mínimo, peça-chave, tíquete-refeição, seguro-saúde, porco-espinho, samba-enredo, azul-claro, verde-escuro, azul-piscina, verde-garrafa, amarelo-canário, carro-bomba;*
- Ordem E + B: *ciclovia, vivissecção, ecossistema, hidromassagem, lipoaspiração, motosserra, genuflexão, apicultura, fisioterapia, quimioterapia, agroindústria, fotomontagem, oleoduto, radiodifusão, telejornalismo, fitossanitário.*

Modos de Referência das Palavras Compostas

199. Temos visto a todo momento que as palavras não são criadas do nada. Tanto as palavras derivadas quanto as compostas resultam da combinação de partes significativas menores: os morfemas. Tudo isso já deve estar bem claro. O que nem sempre é muito claro, porém, é como as palavras passam a significar o que significam. Por que chamamos *pão-duro* a um indivíduo que faz tudo para não gastar dinheiro e *carteiro* ao indivíduo que entrega tudo que é remetido através dos correios? Está claro que nem sempre podemos explicar o significado de uma palavra composta ou derivada pelo simples conhecimento do significado particular de seus constituintes, como acontece com os exemplos do §195. É fácil perceber o que significa *motosserra*; efetivamente, trata-se de uma serra movida a motor. *Carteiro*, no entanto, entrega outras coisas além de cartas. Ainda neste caso, todavia, a ligação entre forma e significado é um tanto óbvia. Estamos diante de formas transparentes. O que dizer, porém, de *pé de galinha* (rugas do olho), *pente-fino* (fiscalização minuciosa), *morte-súbita* (gol que marca o encerramento da prorrogação de uma partida de futebol) e *pão-duro* (avarento)? Só chegaremos a saber com precisão o que significam essas palavras compostas se tivermos acesso às coisas a que elas se referem. Mesmo assim, teremos uma explicação para *pé de galinha*, para *morte-súbita* e para *pente-fino*, mas não para *pão-duro*.

Vamos, em seguida, formular alguns princípios gerais da formação desses significados.

200. Por dois modos principais as palavras compostas se referem às entidades que designam: como **metonímia** (quando se dá a um significante já existente na língua um significado novo graças a uma relação de proximidade entre os conceitos associados: diz-se *papéis* para significar *documentos*, já que o documento é feito de papel; diz-se que uma pessoa *perdeu a cabeça* para significar que ela *agiu sem pensar*, já que na cabeça está a sede da razão e do entendimento); ou como **metáfora** (quando se dá a um significante já existente na língua um significado novo graças a uma relação de semelhança entre os conceitos associados: diz-se que alguém é um *touro* para significar que é *corpulento e forte*, diz-se que o tempo *voa* para significar que "passa rápido" como um pássaro).

TIPO 1:

metonímia: A entidade referida pelo composto é identificada por sua utilidade, função ou qualquer característica tipificadora.

- pela utilidade ou função: *saca-rolha* (um utensílio de cozinha), *porta-voz* (uma pessoa que fala em nome de outra), *tira-teima* (um teste para sanar dúvidas), *passatempo* (qualquer ocupação para distrair), *ganha-pão* (ocupação regular da qual uma pessoa retira seu sustento), *quebra-mar* (construção que serve para conter a arrebentação do mar), *bate-estaca* (aparelho que serve para cravar estacas no solo);
- por uma característica tipificadora: *mão-aberta* (pessoa generosa, que gasta dinheiro com facilidade), *cara de pau* (pessoa sem escrúpulos, que mantém as feições inalteradas mesmo diante de situações embaraçosas), *dedo-duro* (pessoa que delata outra, como quem aponta com o dedo), *boia-fria* (trabalhador rural, que leva o almoço para o local de trabalho e não tem como esquentá-lo para comer), *viúva-negra* (espécie de aranha de cor negra, que costuma devorar o macho após o acasalamento), *papa-hóstias* (católico excessivamente beato, que comunga com grande frequência).

TIPO 2:

metáfora: A entidade referida pelo composto é nomeada com base numa relação de semelhança: *orelha-de-burro* (uma planta cujas folhas lembram as orelhas de um burro), *dinheiro-em-penca* (planta de galhos delicados e pendentes cheios de folhinhas redondas semelhantes a moedas), *espada-de-são-jorge* (planta de talos semelhantes a espadas), *pé de galinha* (rugas localizadas na extremidade externa do olho), *pé de cabra* (ferramenta que tem uma extremidade curva e bifurcada como um par de dedos), *boca-de-leão* (planta cuja flor lembra a goela de um animal), *porco-espinho* (mamífero cujo corpo é coberto de cerdas semelhantes a espinhos), *mico-leão* (espécie de macaco com juba), *goela de pato* (massa alimentícia em forma de canudos largos e curtos), *peixe-agulha* (peixe de corpo fino e alongado), *papo de anjo* (doce fofo, de forma arredondada, à base de ovo), *olho de sogra* (ameixa recheada com doce de coco), *baba de moça* (calda doce e grossa à base de coco e ovos), *peito de pombo* (grade ovalada como um peito, que se instala em janelas), *quebra-cabeça* (um jogo ou problema que obriga a pessoa a raciocinar muito), *quebra-queixo* (um doce de difícil mastigação), *morte-súbita* (gol único que assinala o encerramento da prorrogação de uma partida de futebol).

Recomposição

201. Citamos acima o lexema *fotomontagem* como um exemplo de composição. Mas há uma diferença entre *fotomontagem* e *fotografia*; no composto *fotografia*, o elemento *foto-* significa *luz*, ao passo que em *fotomontagem* o elemento *foto-* faz referência a *fotografia*. Pode-se dizer, portanto, que em *fotomontagem* o composto *fotografia* participa de uma nova composição — ou **recomposição** — através de sua forma abreviada *foto* (cf. §194). Outros exemplos de recomposição: *fotonovela* (novela por meio de fotografias), *autopeças* (estabelecimento que vende peças para veículos automotivos), *telecurso* (curso pela televisão), *autódromo* (pista para corridas de automóveis), *videolocadora* (locadora de fitas para videocassete).

Os Processos Lexicais e as Funções da Linguagem

202. Os processos de formação de palavras servem regularmente à produção de efeitos emotivo-afetivo, conativo-apelativo e poético (v. §§12-13), assim como participam dos meios de coesão textual. Na esfera afetiva, é bem conhecida a tendência da língua coloquial para utilizar formações duplicativas (v. §203) e derivações de grau ou equivalentes para a expressão de juízos de valor, positivos ou negativos. O sufixo *-íssimo*, por exemplo, deu lugar a *-érrimo/-ésimo* (*bacanérrimo, lindésimo*); o sufixo *-ão* produz nominalizações de verbos (*beberrão, pidão, bicão, furão, chorão, mijão*); o sufixo *-udo* origina adjetivos quase sempre pejorativos (*narigudo, cabeçudo, bundudo, linguarudo*); o sufixo *-aço*, de valor aumentativo (cf. *golaço, cracaço*), tem-se prestado especialmente à formação de substantivos de valor coletivo-aumentativo que significam "manifestações populares barulhentas" (*panelaço, apitaço, buzinaço*). Destacam-se nesta variedade de uso, caracterizada pela informalidade, a aplicação carinhosa, intimista ou depreciativa dos diminutivos (*dar um pulinho*, *dar um jeitinho*, *ter um cantinho*, *pegar uma caroninha*, *oferecer um jantarzinho*) e os casos de duplicação (v. §203). Os sufixos *-ão* e *-inho* são, na língua coloquial, os principais responsáveis pelas variações de grau dos adjetivos e advérbios (*bonitinho, docinho, feinho, bobinho, fininho, gordinho, agorinha, cedinho, cansadão, lindão, bobão, gordão, cedão*).

Na esfera conativa/apelativa, destaca-se o uso publicitário dos **oneônimos** (v. §205) — particularmente na designação de remédios e de produtos de alimentação e de limpeza — criados por meio de derivações e de **amálgamas lexicais** (v. §204). No domínio da função poética, sobressaem os neologismos criados por amálgama lexical.

Substantivos abstratos derivados de verbos e de adjetivos são utilizados como recursos de encadeamento textual — **coesão** (v. §69) —, especialmente no **discurso planejado** (v. §§54-65), para introduzir, retomar ou antecipar, de forma condensada, informações que podem ser inferidas da situação discursiva ou vir expressas por meio de proposições em outros pontos do texto. É o que fazem os substantivos *promessa*, *bravura* e *novidade* nos seguintes exemplos: *O governador declarou que investirá mais em educação, mas pouca gente se ilude com tal promessa*; *O soldado arriscou a própria vida para salvar a criança e foi condecorado por sua bravura*; *O atual modelo desse carro vem com air-bag, novidade que fez seu preço subir muito.*

Duplicação

203. As formas duplicativas são particularmente usuais nas variedades coloquial e popular. Podemos reconhecer dois tipos básicos:

- formas de uso afetivo-familiar, com duplicação silábica perfeita ou não: *papai, titio, vovó, dindinha, dinda* (relações de família); *Zezé, Lili, Lula, Vivi, Didi, Duda* (antropônimos hipocorísticos); *dodói, totó, papa*(*r*), *mimi*(*r*), *xixi* (diversos);
- representação imitativa de qualquer repetição: *vaivém, entra e sai, sobe e desce, vira-vira, corre-corre, quebra-quebra, puxa-puxa, zigue-zague, vapt-vupt* (repetição de movimentos); *reco-reco, zum-zum, tique-taque, piupiu, plim-plim, bangue-bangue* (repetição de ruídos ou **onomatopeia**); *oba-oba, lesco-lesco, nhe-nhe-nhem* (repetições de vária natureza).

Amálgama Lexical

204. Chama-se *amálgama lexical* ao tipo *de composição em que se misturam de forma arbitrária e imprevista dois ou mais lexemas*. Este processo também é conhecido como "cruzamento vocabular" (A.J. Sandmann, 1992). O amálgama lexical constitui um recurso da função poética da linguagem, quase sempre com finalidade expressiva particular e circunstancial, e encontra-se tanto no discurso literário, como nos discursos humorístico-satírico e comercial-publicitário. São exemplos de amálgama lexical *expoesia* (exposição de poesia) e *democradura* (mescla de democracia e ditadura).

Millôr Fernandes criou vários desses amálgamas, todos de caráter humorístico: *velhocidade* (= pressa do ancião), *repulgnante* (= pulga nojenta), *caligrafeia* (= letra ruim), *anãofabeto* (= pequenininho que nem sabe assinar o nome). Guimarães Rosa criou, entre outras formações, *funebrilho* (= enfeite de caixão, composto de *fúnebre* + *brilho*), *diligentil* (*diligente* + *gentil*), *copoanheiros* (companheiros de copo) e *embriagatinhava* (engatinhava embriagado). Pertencem à linguagem comercial-publicitária *Nescau* (*Nestlé* + *cacau*), *Chocolícia* (*chocolate* + *delícia*), *showmício* (*show* + *comício*), *Fla-Flu* (*Flamengo* + *Fluminense*), *Grenal* (*Grêmio* + *Internacional*).

São ainda formados por amálgama lexical os antropônimos que resultam, frequentemente, da combinação dos nomes de outras pessoas da família: *Vanílson* (*Vânia* e *Nílson*), *Gildésio* (*Gilda* e *Edésio*), *Francineide* (*Francisco* + *Neide*).

Oneonímia

205. Tem-se chamado de *oneonímia* (de *onéo*, *comprar* + *-ônimo*, *nome*) a *criação de lexemas e locuções referentes a marcas industriais ou artigos comerciais*. Muitos desses lexemas estruturam-se como palavras compostas ou derivadas, guardando, dessa maneira, uma relação morfossemântica entre o nome ou marca do produto e suas aplicações ou área de atividade. Os oneônimos podem ser formas derivadas, como *Dietil* (*diet(a)* + *il*), *Tensil* (*tens(ão)* + *il*), *Aerolin* (*aer* + *ol* + *in*), *Pervitin* (*per* + *vit(a)* + *in*), *Baralgin* (*bar* + *alg* + *in*), *Melhoral* (*melhor* + *al*), *Gelol* (*gelo* + *ol*), *Anador* (*an(a)* + *dor*); formas compostas, abreviadas ou não, como *Aeroflux* (*Aero* + *flu(xo)* + *ux*), *Brilux* (*bril(ho)* + *luz* + *ux*), *Reproarte* (*reproduzir* + *arte*), *Nescafé* (*Nestlé* + *café*), *Sanador* (*sanar* + *dor*), *Paratosse* (*parar* + *tosse*), *Limppano* (*limpar* + *pano*); ou locuções: *Biotônico Fontoura, Café Pilão, Atalaia Jurubeba*.

Classes de Palavras segundo o Paradigma Morfológico

206. O paradigma morfológico é o conjunto das categorias gramaticais — gênero, número, pessoa, tempo, modo — e respectiva expressão mórfica às quais as classes de palavras estão sujeitas. Há em português quatro grupos ou paradigmas morfológicos.

O primeiro grupo é caracterizado pelo conjunto das categorias de **tempo** (*moro* (presente) x *morava* (passado)), **modo** (*morava* (indicativo) x *morasse* (subjuntivo)), **número** (*mora* (singular) x *moram* (plural)) e **pessoa** (*moro* (1ª pessoa) x *mora* (3ª pessoa)). Esse grupo reúne exclusivamente os verbos.

O segundo grupo é caracterizado pelo conjunto das categorias de **número** (*gato/gatos, branco/brancos, o/os, algum/alguns, cujo/cujos, o qual/os quais*) e **gênero** (*gato/gata, branco/branca, o/a, algum/alguma, cujo/cuja, o qual/a qual, duzentos/duzentas*). Esse grupo reúne o substantivo, o adjetivo, o artigo, o numeral e os pronomes indefinidos e relativos.

O terceiro grupo é caracterizado pelo conjunto das categorias de **pessoa** (*eu/ele, meu/seu, este/aquele*), **gênero** (*ele/ela, meu/minha, este/esta*), e de **número** (ele/eles, meu/meus, este/estes). Esse grupo compreende os pronomes pessoais, demonstrativos e possessivos.

O quarto grupo é caracterizado pela invariabilidade morfológica de seus membros: preposição, conjunção, advérbio e interjeição. Detalharemos o funcionamento delas no estudo da sintaxe. Nos segmentos seguintes trataremos das classes variáveis: o substantivo, o verbo, o adjetivo, os pronomes, os numerais e o artigo.

O Substantivo

207. A classe do substantivo reúne três características principais:

- dá nome às parcelas de nosso conhecimento representadas como seres;
- tem gênero próprio (masculino / feminino) e varia em número (singular / plural);
- está sujeita aos processos de formação de palavras.

Classificação dos Substantivos

208. Os substantivos classificam-se quanto à significação e quanto à forma. Quanto à significação, podem ser **concretos** ou **abstratos**, **próprios** ou **comuns** e **coletivos** ou **partitivos**. Quanto à forma, os substantivos podem ser **primitivos** ou **derivados** e **simples** ou **compostos**.

Substantivos concretos e abstratos

209. A distinção entre concreto e abstrato refere-se a dois modos de representar os conceitos denotados pelos substantivos: seres animados ou inanimados, reais ou criados pela imaginação, mas que "estão no mundo" como seres independentemente de nosso conhecimento, são nomeados por substantivos concretos (*fruta, estrela, criança, capim, mão, prédio, fada, fantasma, lobisomem, mula-sem-cabeça*); noções que denotam propriedades abstraídas dos seres concretos, e não estão sujeitas às distinções animado x inanimado, real x imaginário, são nomeadas por substantivos abstratos (*aspereza, justiça, ternura, ódio, perdão, alegria, leveza, peso, escuridão, temperatura, mistério, evidência, correria, queda, decepção, vitória*). Os substantivos *aspereza, justiça, perdão* e *vitória*, por exemplo, não se referem a entidades que existam em si mesmas e por si mesmas, mas a noções *abstraídas* — por isso **nomes abstratos** — como propriedades ou atos dos seres: de algo que é áspero, de alguém que é justo, de alguém que perdoa, de alguém que vence.

Substantivos comuns e próprios

210. Os seres a que fazemos referência no discurso podem ser entendidos como classes de objetos — *país, planeta, piloto, clube, remédio* —, ou como membros únicos em suas classes — *Portugal, Vênus, Ayrton Senna, Flamengo, Melhoral*. Chamam-se **comuns** os substantivos que, como *país*, denotam os seres na condição de membros de classes ou espécies; e se chamam **próprios** os substantivos que, como *Portugal*, servem para conferir identidade exclusiva a um membro de uma classe ou espécie. Um substantivo como *país* é uma designação comum a várias entidades: *Brasil, Portugal, Paquistão, Bolívia*. Por sua vez *Portugal* é a designação própria e exclusiva de um único país, *Vênus* é a designação própria e exclusiva de um único planeta, e *Melhoral* é a designação própria e exclusiva de um único analgésico.

Interconversão de nomes próprios e comuns

211. Vimos nos §§190-193 que o processo derivacional conhecido como **derivação imprópria** é responsável pela criação de novos lexemas, seja mediante mudança de classe gramatical, seja pelo reposicionamento hierárquico dentro da mesma classe. Esse segundo caso é o que se verifica quando um nome comum tem seu sentido modificado para tornar-se nome próprio (cf. os nomes e sobrenomes *Violeta, Coelho, Rosa, Leitão, Madeira, Machado, Lírio*), ou quando um nome próprio tem seu sentido modificado para tornar-se nome comum (cf. *xerox, gilete, gari, quixote*).

Substantivos coletivos e partitivos

212. Substantivos coletivos e partitivos têm em comum uma referência à **quantidade** dos seres. Chamam-se coletivos os substantivos que se referem aos seres considerados em conjunto, e partitivos os substantivos que denotam as partes em que se divide a matéria ou um todo.

Os substantivos **coletivos** normalmente designam um conjunto de seres da mesma espécie, como *cardume* (de peixes), *manada* (de bois ou búfalos), *ramalhete* (de flores), *molho* (de chaves), *enxame* (de abelhas), *constelação* (de estrelas), *coleção* (de selos, de miniaturas etc.), *biblioteca* (de livros).

Os substantivos **partitivos** podem denotar medidas exatas (*metro*, *quilo*, *litro*, *polegada*, *alqueire*, *hectare*), ou inexatas (*porção*, *punhado*, *fatia*, *lote*, *pedaço*) e se empregam seguidos da preposição *de* e de um substantivo referente a massa / matéria (*três metros de pano, dois quilos de feijão, uma porção de leite, dois pedaços de pão, dez lotes de terreno, uma fatia de queijo*).

Por designarem coisas capazes de "conter" outras, muitos outros substantivos são empregados exatamente como os partitivos, com a finalidade de indicar medida (uma *pá* de terra, uma *jarra* de vinho, uma *braçada* de capim, um *palmo* de largura, duas *xícaras* de leite, um *pacote* de biscoitos).

Substantivos primitivos e derivados

213. Chamam-se **primitivos** os substantivos que não provêm de outras palavras (*bruxa, pedra, palma, mesa, fogo, laranja, chapéu, guerra*). Por sua vez, os que provêm de outras palavras se chamam **derivados**. Os substantivos derivados podem se formar a partir de outros substantivos (*bruxaria, pedreira, palmada, mesário, fogaréu, laranjal, chapelão, pós-guerra*), de adjetivos (*largura* (de *largo*), *meiguice* (de *meigo*), *celebridade* (de *célebre*), ou de verbos (*eleição* (de *eleger*), *devolução* (de *devolver*), *casamento* (de *casar*), *saída* (de *sair*), *caminhada* (de *caminhar*), *entrega* (de *entregar*).

Substantivos simples e compostos

214. Os substantivos dotados de um só radical se chamam **simples** (*bolo, massagem, capim, gás, bicho*). Por sua vez, os substantivos dotados de mais de um radical se chamam **compostos** (*fura-bolo, hidromassagem, papa-capim, gasoduto, bicho-da-seda*).

A Categoria Gramatical de Gênero

Masculino / feminino x macho / fêmea

215. Como vimos ao estudar os "modos de significar" das palavras (v. §§144-152), os substantivos servem para designar uma vasta e variada série de noções concebidas pelo intelecto humano, cuja sistematização não compete à gramática. Do ponto de vista gramatical, tradicionalmente se consideram relevantes distinções como **concreto x abstrato**, **próprio x comum**, **animado x inanimado**. Na subclasse dos substantivos animados é comum encontrarmos pares como *homem/mulher, gato/gata, carneiro/ovelha, rei/rainha*, que nossa tradição escolar transformou na razão por excelência da análise gramatical do gênero. A verdade, porém, é que todo e qualquer substantivo pertence a um gênero, e não apenas os que denotam seres animados. O excesso de importância tradicionalmente concedida a essa subclasse se explica pela confusão que se fez entre **gênero** — que é uma categoria linguística — e a noção biológica, portanto extralinguística, de **sexo**. Esse equívoco já estava resolvido desde os trabalhos pioneiros de Manuel Said Ali (1861-1953), mas ainda resta uma certa confusão em obras recentes destinadas ao ensino médio.

Como membros de uma comunidade que fala a língua portuguesa, nosso conhecimento do português inclui a informação de que cada substantivo tem um gênero. Sabemos, por força desse conhecimento, que *sol* é masculino e que *lua* é feminino. Por isso dizemos *O sol é redondo*, e não *A sol é redonda*; mas dizemos *A lua é redonda*.

Noutras palavras, o gênero do substantivo faz parte de suas características lexicais e, como tal, vem informado nos dicionários. Não é por outra razão que mesmo falantes nativos de português têm dúvidas sobre o gênero que nos dicionários se atribui a alguns substantivos, como *cal, personagem* e *diabetes.*

216. *Gênero é uma propriedade gramatical inerente aos substantivos e que serve para distribuí-los em dois grandes grupos: nomes masculinos* (*carneiro, porco, caderno, muro, caramelo, sol, dia, brilho, clarão*) *e nomes femininos* (*ovelha, porca, borracha, parede, bala, lua, noite, claridade, escuridão*). Todo substantivo pertence, portanto, a um gênero, que ordinariamente vem indicado nos dicionários.

O gênero é, de um modo geral, uma característica convencional dos substantivos historicamente fixada pelo uso. Isso explica por que alguns substantivos mudaram de gênero ao longo do tempo (*fim* e *mar*, que já foram femininos e hoje são masculinos) ou apresentam gêneros diferentes conforme a variedade de língua (*grama* (unidade de peso) e *cal*, cujos gêneros variam conforme os usos da língua: coloquial e informalmente diz-se e escreve-se *duzentas gramas*, *o cal é branco*, enquanto nos usos técnicos e formais prefere-se *duzentos gramas* e *a cal é branca*).

Nos casos de *carneiro/ovelha* e *porco/porca*, o falante de português se vale da oposição de significados entre macho e fêmea para identificar corretamente o gênero desses substantivos. Pode-se, portanto, dizer que, nestes últimos exemplos, o gênero, que é uma classificação eminentemente gramatical, corresponde à — e é motivado pela — distinção de conteúdos lexicais. O mesmo não se pode dizer, contudo, dos demais exemplos. O gênero de *caderno, muro, caramelo, sol, dia* e *brilho* não tem qualquer fundamento além da convenção social; esse é também o caso de *borracha, parede, bala, lua* e *noite*. Quanto a *claridade* e *escuridão*, são femininos por força de uma regra morfológica — a que nos diz que são femininos todos os substantivos formados de adjetivos com acréscimo das terminações *-idade* e *-idão* (*vermelhidão, amplidão, aptidão, felicidade, pontualidade, facilidade*, formados respectivamente a partir de *vermelho, amplo, apto, feliz, pontual* e *fácil*).

217. O masculino é o membro não marcado — isto é, inespecífico — da oposição. Por isso, é ele o escolhido para designar a classe ou a espécie em sentido amplo: *o brasileiro* (isto é, o povo brasileiro), *o trabalhador* (isto é, homem ou mulher que trabalha), *o artista* (quem produz arte), *o sem-terra* (isto é, habitante da zona rural que não tem onde plantar), *o gato* (isto é, animal felino doméstico). Também por ser o membro não marcado, é a forma masculina do adjetivo a que se usa quando não há referência clara a um substantivo (*Está frio nesta sala*, comparado com *Esta sala está fria*). Também por isso empregam-se como masculinos os vocábulos que servem de substantivação a conceitos diversos (*o xis* — cf. *Este é o xis do problema* —; *o agá* — cf. "herói se escreve com h" —; *o lhe* — cf. *O lhe quase sempre é objeto indireto*).

Convenção e motivação

218. Resumindo essa introdução ao estudo do gênero como categoria gramatical em português, acreditamos que a distribuição dos substantivos nos dois grandes grupos — nomes masculinos e nomes femininos — obedeça a três grandes ordens de fundamento: gênero por convenção, gênero por referência e gênero por elipse.

- **Gênero por convenção** — é o fundamento geral. Diz respeito aos nomes de seres inanimados (*biscoito, pedra, espinho, sol, lua, nuvem, vento, mar, ponte, pente, milagre*) e a muitos nomes de seres animados (*girafa, borboleta, besouro, duende, fada, criança, pessoa, cônjuge*), cujo gênero é imanente e consolidado pelo uso. Encontram-se nessa categoria três tipos:

– nomes cujo gênero vem explicitado tão somente nos seus determinantes: *o sol, a nuvem, esta ponte, outra borboleta, uma criança, o cônjuge*;

– nomes cujo gênero é especificado no sufixo: *beleza, claridade, escuridão, espessura, fabricação, crescimento, viuvez*;

– nomes de base mórfica comum e significados afins, mas lexicalizados de maneira arbitrária no masculino e no feminino: *espinho/espinha, jarro/jarra, barco/barca, cesto/cesta, encosto* (costas da cadeira)/*encosta* (face de uma montanha), *ramo* (galho de planta, punhado de flores)/*rama* (conjunto de ramos), *lenho* (pedaço de madeira)/*lenha* (punhado de pedaços de madeira), *madeiro* (o mesmo que *lenho*)/*madeira* (matéria-prima em que se transformam as árvores abatidas), *vinho/vinha* (área plantada de pés de uva).

- **Gênero por referência** — é o fundamento da atribuição de gênero aos nomes de seres animados sempre que a língua oferece ao falante palavras de gênero diverso para nomear o macho e a fêmea da espécie (*carneiro/ovelha, homem/mulher, galo/galinha, cavalo/égua, porco/porca, gato/gata, leão/leoa*) ou de classificações socioculturais variadas (relações de parentesco: *sobrinho/sobrinha, irmão/irmã, pai/mãe, avô/avó*; ocupações sociais: *o artista/a artista, o tenista/a tenista, o atleta/a atleta, pintor/pintora, autor/autora, imperador/imperatriz, rei/rainha*).

Essa motivação referencial observa-se em três casos:

– quando existem dois nomes constituídos de radicais distintos — o masculino para o macho e o feminino para a fêmea de uma espécie natural ou de uma relação de parentesco —, sem que entre um e outro haja qualquer relação gramatical (*cavalo/égua, bode/cabra, homem/mulher, genro/nora, touro/vaca*);

– quando existem dois nomes de radical comum, um para designar o macho e outro para designar a fêmea, sendo que normalmente o feminino é formado por algum tipo de derivação (*sobrinho/sobrinh<u>a</u>, aluno/alun<u>a</u>, coelho/coelh<u>a</u>, peru/peru<u>a</u>, patrão/patro<u>a</u>, leitão/leito<u>a</u>, escrivão/escriv<u>ã</u>, avô/av<u>ó</u>, galo/galinh<u>a</u>, maestro/maestrin<u>a</u>, conde/condess<u>a</u>, duque/duques<u>a</u>, rei/rainh<u>a</u>);*

– quando se trata de substantivo cujo gênero somente se define no ato de designar o indivíduo, conforme seja homem ou mulher (*o atleta/a atleta, o pugilista/a pugilista, o gerente/a gerente, o sem-terra/a sem-terra, o tenente/a tenente, o amante/a amante).* São os nomes **comuns de dois gêneros**.

Também são referencialmente motivados os pronomes *ele/ela*, ou porque operam como os substantivos aqui citados, ou porque se referem, no texto, a nomes ou expressões categorizados como masculinos ou femininos.

- **Gênero por elipse** – é o fundamento do processo pelo qual o gênero do substantivo base de uma construção é estendido ao nome que, com a elipse da base, passa a significar o todo. Acham-se neste caso nomes como *rádio*, feminino com o significado de "emissora de rádio"; *América*, masculino com o significado de "clube esportivo"; *fila*, masculino com o significado de "cão de fila".

Formação do Feminino: Flexão ou Derivação?

219. As gramáticas do português em geral ensinam que, em pares de substantivos como *aluno/aluna*, *mestre/mestra*, *coelho/coelha*, *elefante/elefanta*, ocorre uma flexão de gênero. Embora muito difundida e consolidada em nossa tradição descritivista, essa análise precisa de uma reformulação. Damos a seguir três razões para analisar estes exemplos não como flexão, mas sim como **derivação**.

- o conceito de flexão é incompatível com a quantidade de "exceções" observada na classe dos substantivos. Para muitos substantivos em *-o* não existe contraparte feminina em uso (*mosquito*, *besouro*, *papagaio*, *lagarto* (*lagarta* é um inseto), *veado*, *camundongo*); em outros pares de nomes, a fêmea é designada por meio de um lexema que nenhuma regra é capaz de produzir (*homem/mulher*, *carneiro/ovelha*, *cavalo/égua* etc.);
- a flexão expressa a variação formal da **mesma** palavra (*feio/feia/feios/feias*, *saber/sei/sabendo/soubesse*, *leão/leões*). *Coelho* e *coelha* não são duas formas da mesma palavra, mas palavras lexicais distintas (P.H. Matthews, 1974; E. Bechara, 1999). A atribuição de um gênero diferente a uma unidade lexical substantiva é uma forma de criar um novo substantivo, isto é, um processo de derivação;
- a criação e o emprego de certos nomes femininos (*chefa*, *sargenta*, *presidenta*), ou mesmo de certos nomes masculinos (*borboleto*, *formigo*, *pulgo*, possíveis nas histórias infantis) são frequentemente encarados como opções pessoais ou escolhas estilísticas dos falantes, o que não acontece quando estamos diante de uma flexão regular.

220. Devemos, entretanto, reconhecer que, para nomes derivados como *sabichão*, *beberrão*, *trapalhão*, *francês*, *português*, *italiano*, *americano*, *cantor*, *professor*, *embaixador*, *verdureiro*, *faxineiro*, existem contrapartes femininas regularmente formadas por flexão (*sabichona*, *francesa*, *italiana*, *cantora*, *faxineira*). Explica-se esse fato, seja porque tais nomes são potencialmente substantivos e adjetivos, seja porque contêm "sufixos que se flexionam". Com efeito, os sufixos de grau *-(z)ão* e *-(z)inho* variam em gênero. O sufixo *-ão* apresenta no feminino o alomorfe *-on(a)*. Isso explica a existência de formas tipicamente populares e coloquiais como *mulherona*, *bolsona*, *cinturona*, *bolona*, *portona*, criadas para recuperar o valor de "aumentativo" de certo modo perdido pelas formas em *-ão*: *mulherão*, *bolsão*, *cinturão*, *bolão*, *portão*.

O sufixo *-(z)inho/-(z)inha* também se comporta como unidade autônoma em relação ao gênero. É ele, e não o substantivo como um todo, que se flexiona em nomes como *pontezinha* e *pelezinha*, já que os nomes *ponte* e *pele* são de tema em *-e*. O *-a* dos diminutivos *portinha*, *ruazinha*, *pontezinha* e *pelezinha* é desinência de gênero própria do sufixo. A regularidade da presença do *-a* nos substantivos femininos derivados por meio do sufixo aumentativo *-ão*, e dos sufixos *-ês*, *-or* e *-eiro* também é uma prova de que esse *-a* é uma desinência de gênero anexa ao próprio sufixo (*sabichona*, *solteirona* (subst. ou adj.), *francesa* (subst. ou adj.), *burguesa* (subst. ou adj.), *escritora*, *perdedora*, *lavadora*, *leiteira*, *laranjeira*, *sapateira*, *banheira*).

221. Em todos os demais casos em que à distinção de gêneros não corresponde uma distinção sistemática de significados, como a oposição "macho/fêmea", os substantivos, embora formados com base no mesmo radical, apresentam relações de significado bastante variáveis ou mesmo de sistematização impossível. Esses pares de substantivos podem ser distribuídos em dois grupos:

Grupo A: nomes que diferem no gênero e na forma: *balanço/balança, barco/barca, barraco/barraca, bicho/bicha, bolso/bolsa, braço/braça, caneco/caneca, cerco/cerca, cesto/cesta, cinto/cinta, cunho/cunha, encosto/encosta, espinho/espinha, fosso/fossa, fruto/fruta, grito/grita, horto/horta, jarro/jarra, lenho/lenha, madeiro/madeira, palmo/palma, poço/poça, ramo /rama, saco/saca, veio/veia.*

Grupo B: nomes homônimos de gênero diverso: *o cabeça / a cabeça, o guarda/a guarda, o caixa/a caixa, o lente/a lente, o moral/a moral, o rádio/a rádio, o capital/a capital, o rosa* (cor)/*a rosa* (flor), *o cinza/a cinza, o violeta/a violeta, o guia/a guia.*

Nomes de gênero variável

222. Alguns substantivos pertencem aos dois gêneros sem qualquer diferença de significado: *o/a sentinela, o/a sabiá, o/a laringe, o/a ordenança, o/a personagem, o/a avestruz, o/a cal, o/a milhar.*

A Categoria Gramatical de Número

223. Diferentemente do gênero, a categoria do *número* diz respeito fundamentalmente a *uma oposição de significados — a oposição entre as quantidades "um" (singular) e "mais de um" (plural) —, expressa sistematicamente por um mecanismo flexional: ausência x presença da marca de plural -s* (*perna/pernas, flor/flores, anel/anéis*). Por outro lado, assim como na expressão do gênero, o artigo, o pronome, o adjetivo que acompanham o substantivo também variam em número por força da regra sintática da concordância (*a perna/as pernas, esta flor/estas flores, meu anel/meus anéis*). No verbo, o número também expressa a distinção entre singular e plural, mas o faz através das desinências de pessoa (*-o* em *chego*, *-s* em *chegas*, ausência de desinência em *chega*, respectivamente para a 1ª, a 2ª e a 3ª pessoas do singular; *-mos* em *chegamos*, *-is* em *chegais* e *-m* em *chegam*, respectivamente para a 1ª, a 2ª e a 3ª pessoas do plural), por exigência do processo sintático da concordância verbal (v.§§318-324).

Nos pronomes pessoais, a diferença de número restringe-se, como processo flexional, às formas da terceira pessoa — *ele/eles*, *ela/elas* — e dos pronomes de tratamento — *você/vocês* —, já que nas primeira e segunda pessoas o singular e o plural são representados por formas lexicalmente distintas: *eu/nós* (para a primeira pessoa), *tu/vós* (para a segunda pessoa).

O conjunto dos indivíduos de uma dada espécie ou classe pode ser expresso tanto pelo plural como pelo singular. Esta distinção de números perde sua importância referencial em frases de valor genérico e atemporal, já que as frases de cada um dos seguintes pares denotam o mesmo dado da realidade:

O homem é mortal.
Os homens são mortais.

A árvore respira pelas folhas.
As árvores respiram pelas folhas.

O legume faz parte da boa alimentação.
Os legumes fazem parte da boa alimentação.

Outros significados do número

224. Da forma simples como foi conceituada acima, a noção de número é cem por cento evidente apenas quando se refere a seres que é possível quantificar por meio de numerais: *um livro/dois livros, uma estrela/cinco estrelas, uma imagem/duas imagens, uma árvore/duas árvores, um país/dez países*. No entanto, quando nos referimos a entidades como

a) *ar, terra, água, céu, mar, horizonte*
b) *impressão, certeza, lembrança, visão, mentira, alegria*
c) *fogo, prata, carne, madeira, cinza, papel, gás*

a distinção entre singular e plural passa a servir para exprimir nuances semânticas particulares. Na série a), por exemplo, formada de designações de espaços indivisos, o plural serve para realçar a ideia de amplitude ou abundância: *ares, terras, águas, céus, mares, horizontes*; na série b), por sua vez, formada por nomes abstratos em geral, o plural passa a denotar necessariamente algo concreto, passível de enumeração: *visão* é uma faculdade dos animais, *visões* são imagens que a capacidade da visão cria; *certeza* é um certo estado da consciência, *certezas* são os próprios fatos reais. Na série c), por último, formada por nomes de substâncias ou matéria em geral, o plural faz referência a uma especialização de sentido ou a uma diversidade de tipos reunidos em um conjunto: *fogos* (de artifício), *pratas* (dinheiro), *carnes* (vermelha, seca, de sol etc.), *madeiras* (jacarandá, pinho, cedro etc.), *cinzas* (restos mortais), *papéis* (documentos), *gases* (vapores do estômago e dos intestinos).

Com especialização do significado empregam-se também no plural: *costas* (parte posterior do tórax), *óculos* (par de lentes unidas por uma armação que se apoia sobre o nariz e geralmente se prende aos pavilhões das orelhas por meio de hastes), *férias* (período de descanso anual do trabalhador), *metais* (instrumentos de metal numa orquestra), *espadas* (naipe do jogo de cartas), *economias* (dinheiro poupado).

O plural pode referir-se à sucessão de atos que constituem a totalidade de certos eventos ou uma etapa deles, como em *exéquias, funerais, núpcias* (usados sempre no plural), *corridas, festas* (juninas, de fim de ano etc.), *palmas, despedidas, cumprimentos, homenagens.*

A Flexão de Número

225. A variação de número consiste na oposição entre a forma do singular (*peixe, homem, anel, fuzil, réptil, cantor, freguês, portão*) e a forma do plural, assinalada pelo morfema gramatical indicado na escrita pela letra *s* ou pelo segmento *es* ou *is* (*peixes, homens, anéis, fuzis, répteis, cantores, fregueses, portões*).

Nos dois primeiros exemplos — *peixes* e *homens* —, o significante da forma do singular não se altera quando se acrescenta o morfema de plural; nos demais exemplos, no entanto, ocorrem algumas alterações fonéticas por efeito da pluralização: *anel* passa a *ané-*, *fuzil* passa a *fuzi-*, *réptil* passa a *répte-*, *cantor* (com /R/, posterior) passa a *cantor* (com /r/, dental simples), *freguês* ([fre'geys] ou [fre'ges]) passa a *fregues-* ([fre'gez]), *portão* passa a *portõ-*.

Regra geral da flexão de número

226. Acrescenta-se *-s* ao final dos nomes terminados por vogal, por ditongo oral ou pelo ditongo nasal *ãe*: *festa/festas, caqui/caquis, degrau/degraus, chapéu/chapéus, mãe/mães.*

Obs.: Como a ortografia do português não admite a sequência *ms*, o *m* final é substituído por *n* na grafia do plural: *refém/reféns, homem/homens, selim/selins, batom/batons, álbum/álbuns.*

Regras especiais

227. Os nomes terminados por *-r* ou *-z* recebem *-es*: *amor/amores, mártir/mártires, bar/bares, vez/vezes, cartaz/cartazes, avestruz/avestruzes.*

228. Os nomes terminados por *-s* estão sujeitos a duas regras:

- os oxítonos e os monossílabos recebem *-es*: *país/países, freguês/fregueses, mês/meses, cós/coses*;
- os paroxítonos, os proparoxítonos e os monossílabos constituídos de ditongo são invariáveis: *um pires/dois pires, algum lápis/vários lápis, este atlas/estes atlas*, *um ônibus/dois ônibus*, *o cais/os cais.*

229. Os nomes terminados por *-x*

- são invariáveis quando são paroxítonos: *o tórax/os tórax;*
- são facultativamente flexionados quando são monossílabos ou oxítonos: *um fax/dois fax* (ou *faxes*), *um telex/dois telex* (ou *telexes*), *o box* (lugar de parada dos carros de corrida durante a competição)/*os box* (ou *boxes*), *um pirex/dois pirex* (ou *pirexes*), *um cálix*/dois *cálix* (ou *cálices*).

230. Os nomes terminados por consoante lateral, grafada com a letra *l*, perdem esta consoante diante da marca do plural, que pode ser *-s* ou *-is*, conforme segue:

- se a vogal que precede o *l* é um *i* tônico, a marca de plural é *-s*: *funil/funis, barril/barris*;
- se a vogal que precede o *l* é um *i* átono, este /i/ se torna /e/ diante da marca de plural *-is*: *réptil/répteis, estêncil/estênceis*;
- se o *l* é precedido por qualquer outra vogal, a marca de plural é *-is*: *canal/canais, papel/papéis, lençol/lençóis, azul/azuis, álcool/álcoois.*

231. Os nomes terminados pelo ditongo nasal *-ão* seguem duas regras básicas:

- o ditongo *-ão* passa a *-õ-* diante da marca de plural. Esta regra inclui todos os "aumentativos em *-ão*" e os substantivos derivados de verbos por meio de sufixo em *-(ç)ão*: *limão/limões, coração/corações, caminhão/caminhões, exceção/exceções, caldeirão/caldeirões, cinturão/cinturões, confissão/confissões, reunião/reuniões, construção/construções, comilão/comilões, apelação/apelações*;
- os monossílabos e os paroxítonos recebem *-s*: *grão/grãos, mão/mãos, vão/vãos, bênção/bênçãos, órgão/órgãos, sótão/sótãos, acórdão/acórdãos*. As únicas exceções são *pão* (pl. *pães*) e *cão* (pl. *cães*).

Obs.: Há um grupo de nomes em *-ão* cujo plural, por ser irregular e imprevisível, vem informado nos dicionários e precisa ser memorizado pelos usuários da língua. Fazem parte desse grupo formas como *pães, cães* — já mencionadas — e *capitães, sacristães, capelães, alemães, irmãos, refrãos, anciãos, artesãos*, entre outras. Estas e outras informações inexplicáveis por meio de regras encontram-se nos bons dicionários e nas gramáticas normativas em geral.

Plural das formas diminutivas

232. O plural dos nomes derivados pelos sufixos *-zinho* (e, mais raramente, *-zito*) vem expresso simultaneamente na forma primitiva do substantivo e após o sufixo:

coraçãozinho / coraçõezinhos
barrilzinho / barrizinhos
cãozinho / cãezinhos
colherzinha / colherezinhas
lençolzinho / lençoizinhos
colarzinho / colarezinhos

Obs.: O plural do tipo *colarezinhos* só resiste no uso brasileiro por influência da tradição gramatical escolar. No Brasil, a fala distensa e mesmo a língua escrita informal e semiformal (da crônica social, por exemplo) já consolidaram a formação do plural dos substantivos terminados em *-r* mediante o simples acréscimo de *-s* ao sufixo: *colherzinha/colherzinhas, barzinho/barzinhos* etc. Já os plurais *papeizinhos*, *anzoizinhos* ainda resistem mesmo nessas variedades de uso.

Plural dos substantivos compostos

233. Distinguem-se quatro grupos na formação do plural dos substantivos compostos, segundo as seguintes características:

- apenas o último elemento vai para o plural (*vice-prefeito/vice-prefeitos*);
- ambos os elementos vão para o plural (*obra-prima/obras-primas*);
- apenas o primeiro elemento vai para o plural (*pão-de-mel/pães-de-mel*);
- não há diferença formal entre singular e plural (o *sabe-tudo*/os *sabe-tudo*).

Grupo A — apenas o último elemento vai para o plural:

- compostos por aglutinação: *hidrovia/hidrovias, gasoduto/gasodutos, motosserra/motosserras, aguardente/aguardentes*;
- compostos por justaposição em que não se usa hífen: *pontapé/pontapés, malmequer/malmequeres*;
- compostos formados de verbo e substantivo: *para-choque/para-choques, beija-flor/beija-flores, tira-teima/tira-teimas, bate-estaca/bate-estacas, quebra-galho/quebra-galhos, bate-boca/bate-bocas*;
- compostos formados por palavra invariável seguida de palavra variável: *alto-falante/alto-falantes, abaixo-assinado/abaixo-assinados, vice-governador/vice-governadores, ave-maria/ave-marias, autosserviço/autosserviços, sempre-viva/sempre-vivas*;
- compostos formados por palavras repetidas ou onomatopaicas: *mexe-mexe/mexe-mexes, pula-pula/pula-pulas, corre-corre/corre-corres, pisca-pisca/pisca-piscas, pingue-pongue/pingue-pongues, reco-reco/reco-recos, teco-teco/teco-tecos, bem-te-vi/bem-te-vis*.

Grupo B — ambos os elementos vão para o plural. Este grupo reúne os substantivos compostos de duas palavras variáveis (subst. + adj., adj. + subst., num. + subst.):

- *obra-prima/obras-primas, guarda-florestal/guardas-florestais, boia-fria/boias-frias, ar-condicionado/ares-condicionados, ponta-direita/pontas-direitas, cartão-postal/cartões-postais, livre-arbítrio/livres-arbítrios, curta-metragem/curtas-metragens, terça-feira/terças-feiras, primeiro-ministro/primeiros-ministros, peso-pesado/pesos-pesados*.

Grupo C — apenas o primeiro elemento vai para o plural. Esta regra somente é geral para os compostos formados por substantivos ligados por preposição:

- *pão-de-mel/pães-de-mel, mala sem alça/malas sem alça, cruz de malta/cruzes de malta, palma-de-santa-rita/palmas-de-santa-rita, pau de sebo/paus de sebo*;

Obs.: Os compostos de dois substantivos podem seguir a regra do segundo grupo ou a regra do terceiro grupo. Os dois elementos vão necessariamente para o plural se o significado total do composto corresponde à simples união dos significados particulares de seus elementos (v. §198):

- *diretor-presidente/diretores-presidentes, médico-professor/médicos-professores, bar-restaurante/bares-restaurantes, sócio-proprietário/sócios-proprietários, cemitério-parque/cemitérios-parques, treino-teste/treinos-testes, rádio-relógio/rádios-relógios*;

Se, no entanto, o segundo substantivo do composto serve para denotar uma tipificação qualquer do objeto ou entidade designados pelo primeiro substantivo, somente este costuma ir para o plural:

- *salário-família/salários-família, banana-prata/bananas-prata, salário-educação/salários-educação, fruta-pão/frutas-pão, pombo-correio/pombos-correio, manga-espada/mangas-espada, peixe-boi/peixes-boi, bomba-relógio/bombas-relógio, samba-enredo/sambas-enredo, guarda-marinha/guardas-marinha.*

Grupo D — o composto é morficamente invariável:

- compostos de verbo e palavra invariável: *o sabe-tudo/os sabe-tudo, o bota-fora/os bota-fora;*
- compostos representados por frases substantivadas: *o disse me disse/os disse me disse, o chove não molha/os chove não molha.*

O Adjetivo

234. O adjetivo está sujeito às mesmas alterações mórficas que caracterizam o substantivo: emprego de *-s* — com as respectivas mudanças morfofonéticas — para a expressão do plural (*homem valente/homens valentes, menino chorão/meninos chorões, encontro casual/encontros casuais, obra útil/obras úteis*), e emprego de *-a* — com as respectivas mudanças morfofonéticas — para a expressão do feminino (*gato preto/gata preta, escritor francês/escritora francesa, menino chorão/criança chorona*). Os fatos regulares na formação do gênero e do número do substantivo se aplicam aos adjetivos.

Embora seja formalmente semelhante, a atribuição de gênero e número aos substantivos e adjetivos é motivada por fatores bem distintos em cada classe. Como vimos no §216, o gênero de um substantivo é um traço gramatical que o individualiza em face de outro substantivo (cf. *menino* em face de *menina*, *jarro* em face de *jarra*); e o número é ordinariamente escolhido de acordo com a possibilidade de nos referirmos ao universo designado na linguagem como experiência repetida (*dia* é um conceito unitário, *dias* refere-se a *dia* como experiência repetida; *pedra* é o nome de uma matéria, *pedras* é essa mesma matéria repetida em unidades separadas).

No adjetivo, porém, o gênero e o número não têm qualquer relação com a realidade designada; o gênero e o número de um adjetivo apenas refletem o gênero e o número do substantivo ou pronome a que ele se refere no discurso (*dia longo/dias longos, pedra dura/pedras duras, Ela é magra/Elas são magras*).

Flexão do Adjetivo

235. A mais clara ilustração das regras gerais de flexão do adjetivo simples encontra-se nas formas que terminam em *-o* átono no masculino. Estes adjetivos perdem o *-o* final diante da desinência *-a* do feminino e, no plural, recebem um *-s*: *magro/magra/magros/magras*, *bonito/bonita/bonitos/bonitas*.

Seguem ainda estas regras gerais:

- os adjetivos formados pelos sufixos *-ão*, *-inho*, *-íssimo* (de grau): *bebê chorão/bebês chorões/criança chorona/crianças choronas; banco baixinho/bancos baixinhos/mesa baixinha/mesas baixinhas; chão fertilíssimo/terra fertilíssima*;
- os adjetivos formados pelos sufixos *-ês* e *-or*: *vinho francês/vinhos franceses/bebida francesa/bebidas francesas; azeite português/azeites portugueses/sardinha portuguesa/sardinhas portuguesas; fato revelador/fatos reveladores/notícia reveladora/notícias reveladoras, fio condutor/fios condutores*;
- os adjetivos monossilábicos em *-u*: *couro cru/couros crus/carne crua/carnes cruas, homem nu/homens nus/mulher nua/mulheres nuas*;
- os adjetivos terminados pelo ditongo *eu*: *homem europeu/homens europeus/mulher europeia/mulheres europeias, homem plebeu/homens plebeus/mulher plebeia/mulheres plebeias*.

Obs.: 1 — A vogal base do ditongo final *eu* torna-se aberta no feminino: *estilo europeu/estilos europeus/moda europeia/modas europeias*. Exceção: *judeu* e *sandeu*, cujos femininos são *judia* e *sandia*.

Obs.: 2 — A vogal tônica do sufixo *-oso*, fechada no masculino singular, torna-se aberta nas formas do feminino e do plural: carinhoso /kari'ñozu/, carinhosa /kari'ñɔza/, carinhosos /kari'ñɔzuS/.

São, porém, invariáveis em gênero:

- os adjetivos *cortês*, *descortês*, *pedrês*, *montês*, apesar de formados com o sufixo *-ês* (*tom cortês/palavra cortês; galo pedrês/galinha pedrês*);

- os demais adjetivos terminados em consoante, os adjetivos oxítonos e os adjetivos terminados em *-a* ou *-e*: (*curso particular/aula particular, trabalho servil/atitude servil, sapato comum/roupa comum, menino triste/menina triste, comportamento machista/atitude machista*).

Obs.: 1: São exceções no segundo grupo *espanhol/espanhola* e *andaluz/andaluza*.

Obs.: 2: *Só* é invariável em gênero; *bom, são, malsão* e *chão* (= liso) fazem respectivamente *boa, sã, malsã* e *chã* no feminino.

Flexão do adjetivo composto

236. É invariável em gênero e número o adjetivo composto cujo segundo elemento é um substantivo: *roupas amarelo-limão, tecidos verde-alface, objetos cinza-chumbo*. Do mesmo modo se empregam *verde-bandeira, azul-piscina, vermelho-sangue, branco-gelo, amarelo-pêssego.*

Quando o adjetivo é composto de dois adjetivos, o primeiro tende a se apresentar sob forma contracta e somente o segundo se flexiona: *relações luso-brasileiras, filmes ítalo-franceses, acordos franco-suíços, populações anglo-saxônicas, empresários nipo-americanos.*

Faz-se de dois modos a flexão dos adjetivos compostos de nome de cor mais as palavras *claro* ou *escuro*. Variando-se os dois elementos: *garrafas verdes-escuras, olhos azuis-claros*; ou apenas o segundo: *garrafas verde-escuras, olhos azul-claros.*

Graus do Adjetivo

237. As gramáticas do português, orientando-se pela Nomenclatura Gramatical em vigor, referem-se aos graus do adjetivo classificando-os em duas ordens — a do grau **comparativo** (de **igualdade**, de **superioridade** e de **inferioridade**) — e a do grau superlativo (relativo e absoluto, o primeiro subdividido semanticamente em de **superioridade** e de **inferioridade**, o segundo subdividido formalmente em **analítico** e **sintético**).

Não seguiremos aqui essa lição. Com efeito, os graus a que se faz menção no parágrafo precedente não são exclusivos do adjetivo. Com exceção do superlativo absoluto sintético, que além do adjetivo só afeta o advérbio (*rapidíssimo, cedíssimo* etc.), os demais graus incidem ainda no verbo.

238. Como processo morfológico, o grau do adjetivo restringe-se à formação do superlativo absoluto sintético, mediante o acréscimo do sufixo *-íssimo* ou de suas variantes *-érrimo* e *-imo* à forma do adjetivo. Trata-se, de fato, de um uso restrito à variedade culta formal e mesmo ultraformal da língua (*belíssimo, larguíssimo, simpaticíssimo, perigosíssimo; paupérrimo, nigérrimo, aspérri-*

mo — superlativos de *pobre, negro* e *áspero* — *humílimo, facílimo, dificílimo* — superlativos de *humilde, fácil* e *difícil*). A língua coloquial faz amplo uso dos sufixos *-ão* e *-inho* (cf. §182): *bonitão, gostosão, fininho, estreitinho, pequenininho*. Na linguagem dos jovens a superlativação é normalmente expressa por meio de *super*, misto de prefixo e advérbio de intensidade (*superlegal, supercheio, supertranquilo, superbem-transado*). Sobre os demais graus de comparação, veja-se a sequência relativa à estruturação sintática da comparação nos §§438 e 439.

O Numeral

239. Chamam-se *numerais as palavras lexicais que possibilitam a referência a conceitos e objetos como dados passíveis de quantificação exata*: *dois gatos, quinze dias, cento e vinte bois, mil soldados*. Este é o conceito primário ou absoluto de número, denotado pelos **numerais cardinais**. Desses números primários — e a eles referentes — derivam-se outros conceitos que envolvem a relação todo-parte. Trata-se do valor "relativo" dos numerais: ordem, multiplicação e divisão. Daí a distinção entre **numerais ordinais** (*primeiro lugar, segundo dia, terceiro candidato*), **multiplicativos** (*o dobro dos candidatos, bebês quíntuplos*) e **fracionários** (*meia porção, dois quintos do terreno, doze avos*) — que expressam valores relativos.

No uso falado corrente empregam-se as perífrases formadas pelo numeral ordinal seguido do substantivo *parte* para o sentido fracionário (a *quinta parte da turma, a vigésima parte do livro*), e o numeral cardinal seguido do substantivo *vezes* para o valor multiplicativo (*três vezes o salário, cinco vezes o percurso*).

Numeral é uma função semântica; por isso, não se classificam como numerais, mas como substantivos, as denominações dos números ou de suas representações, como nos exemplos *O número cinco é ímpar, O dois parece um pato nadando, Desenhe um 100 bem grande nessa placa.*

O numeral é sempre constituinte de um sintagma nominal, ora ocupando a posição de núcleo — numerais fracionários e multiplicativos —, ora ocupando a posição de termo adjacente — numerais cardinais e ordinais.

Colocado após o substantivo, sempre na mesma forma, o numeral cardinal produz sentido ordinal: *página seis* (= sexta página), *item dez* (= décimo item), *capítulo vinte e um* (= vigésimo primeiro capítulo).

A Categoria de Pessoa e sua Expressão Pronominal

240. Vamos observar, nas duas situações imaginadas a seguir, o que significam as unidades sublinhadas:

D. Sueli, secretária do Dr. Aluísio, chega à sala de espera do consultório e avisa a João e Lúcia, clientes do dentista:

(a) — *Eu peço que vocês aguardem só mais um pouquinho. Ele já vai atender.*

Em outro lugar, Mauro, filho do Sr. Osório, atende ao chamado de Júlio e Arnaldo, que aparecem para cobrar uma dívida de seu pai:

(b) — *Eu peço que vocês voltem amanhã. Ele não está em casa.*

Em (a) e (b) aparecem as mesmas formas *eu, vocês e ele*, que denotam em cada situação indivíduos diferentes: *eu* = D. Sueli/Mauro; *vocês* = João, Lúcia/Júlio, Arnaldo; *ele* = Dr. Aluísio/Sr. Osório.

Sueli, Mauro, Lúcia, Arnaldo, Aluísio servem para identificar indivíduos com suas características particulares, são nomes próprios; *eu, vocês, ele* não os identificam como indivíduos distintos, mas apenas como **pessoas do discurso** (*eu* = primeira pessoa, o emissor, quem produz o discurso; *vocês* = segunda pessoa, o destinatário, a quem o discurso é dirigido; *ele* = terceira pessoa, aquele a quem o discurso se refere).

Estas formas representam a categoria gramatical de *pessoa*, que é *a propriedade que tem a linguagem de permitir que o enunciador se refira a si próprio e aos personagens do ato comunicativo, não como indivíduos, mas apenas como participantes do discurso.*

Pronomes Pessoais

241. *As palavras gramaticais cuja função referencial é identificar as pessoas do discurso* se chamam *pronomes pessoais.*

A classe dos pronomes pessoais abrange, a rigor, os pronomes pessoais em sentido restrito, os pronomes demonstrativos e os pronomes possessivos, visto que estes três subtipos fazem referência às pessoas do discurso. De acordo com a nomenclatura oficial, porém, a expressão "pronomes pessoais" aplica-se apenas às formas com que se assinalam:

- o indivíduo que fala — primeira pessoa do singular (*eu*);
- o conjunto de indivíduos em que o *eu* se inclui — primeira pessoa do plural (*nós*);
- o indivíduo ou indivíduos a que o *eu* se dirige — segunda pessoa, do singular ou do plural (*tu/vós, você/vocês*);
- o indivíduo ou coisa a que o *eu* se refere — terceira pessoa do singular ou do plural (*ele/eles*).

As formas da terceira pessoa são as únicas que variam em gênero (*ele/ela, eles/elas*).

As formas *eu/nós* e *você/vocês/tu/vós* só podem referir-se a seres humanos ou — como acontece nas fábulas — a seres personificados. *Ele/ela/eles/elas* tanto podem designar seres humanos como objetos.

Pronomes pessoais retos e oblíquos

242. A classe dos pronomes pessoais é a única que apresenta formas distintas para três grupos de funções: (a) os **retos**, para as funções de sujeito e predicativo: *eu/tu/você/ele/ela/nós, vós/vocês /eles/elas*; (b) os **oblíquos átonos**, para as funções adverbais de objeto e adjunto (*me/nos, te/vos, o/os, a/as, lhe/lhes, se*); e (c) os **oblíquos tônicos**, para as funções de complemento e adjunto necessariamente precedidos de preposição (*mim/(co)migo, nós/(co)nosco, ti/(con)tigo, ele/ela/eles/elas, vós/(con)vosco, si/(con)sigo*).

Obs.: As formas *o, a, os, as*, quando enclíticas, apresentam as seguintes variantes combinatórias:

- *lo, la, los, las*, quando a forma verbal termina por consoante, que desaparece diante do pronome: *cortar + a > cortá-la, trouxemos + o > trouxemo-lo, fez + os > fê-los*;
- *no, na, nos, nas*, quando a forma verbal termina em ditongo nasal: *dão + o > dão-no, visitem + a > visitem-na, compraram + as > compraram-nas*;
- as formas oblíquas tônicas *mim, ti, si, nós* e *vós* apresentam os alomorfes *migo, tigo, sigo, nosco* e *vosco* quando precedidas da preposição *com*.

Pronomes Possessivos

243. Os *pronomes* ditos *possessivos expressam um vínculo qualquer, constante ou eventual, entre o objeto ou assunto de que se fala e cada uma das pessoas do discurso* (cf. §379). Os pronomes possessivos se flexionam em gênero e número, concordando com o substantivo que determinam, com exceção das formas *dele, dela, deles, delas* e *de vocês* (v. abaixo), que concordam com o possuidor.

244. Há basicamente dois subsistemas de pronomes possessivos em português: um (subsistema I) restrito aos usos formais e próprio do discurso em que não se explicita a referência ao interlocutor, no qual as formas *seu/sua/seus/suas* se referem à 3ª pessoa; e outro (subsistema II) em que as formas *seu/sua /seus /suas* se referem sobretudo ao interlocutor. Neste caso, os riscos de ambiguidade são contornados pelo uso de *dele, dela, deles, delas* como "possessivos" de terceira pessoa. Nas variedades coloquiais e informais, servidas pelo subsistema II, é comum a utilização combinada de formas dos dois grupos de 2ª pessoa, o que possibilita construções como *Você sabia que hoje é o aniversário do seu (ou teu) irmão*?. Por outro lado, se o interlocutor é plural, o pronome pessoal é necessariamente *vocês* — já que *vós* é forma restrita a modelos textuais cristalizados —, e a expressão possessiva preferida é *de vocês*. Frases como *Onde estão seus pais*? ou *Gostei muito da sua cidade*, são dirigidas a um interlocutor no singular. Se o interlocutor é mais de um indivíduo, a construção usual é *Onde estão os pais de vocês*?, *Gostei muito da cidade de vocês*.

Subsistema I

1ª pessoa do sing. (*eu*): *meu, minha, meus, minhas*
2ª pessoa do sing. (*tu*): *teu, tua, teus, tuas*
3ª pessoa do sing. (*ele, ela*): *seu, sua, seus, suas*
1ª pessoa do pl. (*nós*): *nosso, nossa, nossos, nossas*
2ª pessoa do pl. (*vós*): *vosso, vossa, vossos, vossas*
3ª pessoa do pl. (*eles, elas*): *seu, sua, seus, suas*

Subsistema II

1ª pessoa do sing. (*eu*): *meu, minha, meus, minhas*
2ª pessoa do sing. (*tu*): *teu, tua, teus, tuas*
2ª pessoa do sing. (*você*): *seu, sua, seus, suas*
3ª pessoa do sing. (*ele, ela*): *dele, dela*
1ª pessoa do pl. (*nós*): *nosso, nossa, nossos, nossas*
2ª pessoa do pl. (*vós*): *vosso, vossa, vossos, vossas*
2ª pessoa do pl. (*vocês*): *de vocês*
3ª pessoa do pl. (*eles, elas*): *deles, delas*

Pronomes Demonstrativos

245. Os *pronomes demonstrativos servem para localizar, no tempo e no espaço, em relação às pessoas do discurso, os objetos (seres, coisas e noções) que entram no conteúdo de nossos enunciados.* As pessoas do discurso passam a ser unidades referenciais do que chamaremos de **âmbitos**, em cujos limites o enunciador situa os objetos. O enunciador pode situar os objetos no seu próprio âmbito — a primeira pessoa —, por meio de *este/esta/estes/estas/isto*; no do interlocutor/leitor — a segunda pessoa —, por meio de *esse/essa/esses/essas/isso*; ou no âmbito da não pessoa — a terceira pessoa —, por meio de *aquele/aquela/aqueles/aquelas/aquilo*. Os pronomes demonstrativos adicionam aos substantivos o mesmo conteúdo que os advérbios *aqui/agora*, *aí/então* e *lá/então* acrescentam aos verbos. Essa equivalência é responsável por combinações "redundantes" como *este aqui*, *esse aí* e *aquele ali/lá*, tão comuns na língua da conversação.

Quadros-resumo:

I (padrão, exclusivo da modalidade escrita formal)					
	masculino		feminino		neutro
	singular	plural	singular	plural	
1ª pessoa	este	estes	esta	estas	isto
2ª pessoa	esse	esses	essa	essas	isso
3ª pessoa	aquele	aqueles	aquela	aquelas	aquilo

II (próprio da modalidade falada)					
Âmbito da interação face a face					
	masculino		feminino		neutro
	singular	plural	singular	plural	
1ª pessoa	este/esse (aqui)	estes/esses (aqui)	esta/essa (aqui)	estas/essas (aqui)	isto/isso (aqui)
2ª pessoa	esse (aí)	esses (aí)	essa (aí)	essas (aí)	isso (aí)
Externo à interação face a face					
	masculino		feminino		neutro
	singular	plural	singular	plural	
3ª pessoa	aquele (lá/ali)	aqueles (lá/ali)	aquela (lá/ali)	aquelas (lá/ali)	aquilo (lá/ali)

Pronomes Indefinidos

246. Chamam-se *pronomes indefinidos as palavras gramaticais de significação imprecisa e não dêitica que integram o sintagma nominal (SN).* Trata-se de um conjunto de unidades heterogêneo tanto pelo lugar que ocupam na estrutura do SN quanto pelos significados que expressam. A noção mais óbvia, e com certeza a que justifica a classificação de "indefinidos", é o traço "quantidade indeterminada" associado a unidades como *algum*, *pouco*, *muitos*, *vários*, *bastante* etc. No entanto, a alguns deles se associa, às vezes cumulativamente com o traço quantitativo, o valor de "remissão" (*mais, menos*, *outro, mesmo, demais*), o de "distribuição" (*cada, cada um, cada qual*) ou o de "ênfase" (*próprio, mesmo*).

247. Alguns pronomes indefinidos resultam da recategorização de certos adjetivos, como o vocábulo *certos,* que acabamos de empregar, e seu sinônimo *determinado*, equivalentes de *alguns*. O mesmo ocorre com *diversos* e *inúmeros*, sinônimos de *vários*. A seguir se apresenta o quadro tradicional dos pronomes indefinidos. Os aspectos sintáticos e semânticos desses pronomes são assunto dos §§373-381.

São variáveis em gênero e número: *algum, certo, determinado, muito, nenhum, outro, pouco, próprio, quanto, tanto, todo, vário*.

São variáveis apenas em número: *qual* e *qualquer* (pl. *quaisquer*).

São invariáveis: *cada*, *demais*, *mais*, *menos, que* e todos os pronomes que são núcleos de SN, a saber: *algo, alguém, nada, ninguém, outrem, quanto, que, quem, tudo* e as locuções *o que quer que* e *quem quer que*.

Obs.: Os pronomes indefinidos *qual*, *quanto*, *que*, *o que* e *quem* integram frases interrogativas parciais, introduzindo a parte do enunciado sobre a qual incide a pergunta (*Que/O que queres aqui?*, *Qual de vocês pode me acompanhar?*, *Quanto você pode me emprestar?*, *Quem é você?*). Por isso vêm classificados como pronomes interrogativos nas gramáticas escolares. Para sermos coerentes, deveríamos, então, classificá-los como pronomes exclamativos em frases como *Que vexame!*, *Qual não foi minha surpresa quando a vi!*, *Quanta tolice!*, *Quem diria!* Cremos que a melhor solução é classificá-los como pronomes indefinidos que têm a particularidade de servir de índice formal de frases interrogativas e exclamativas.

Artigo

248. O artigo definido é variável em gênero e número (*o/a/os/as*) e representa qualquer unidade conceitual — coisa, ideia, ser — como parte do conhecimento prévio do interlocutor. Esse conhecimento prévio tanto pode ser partilhado pela comunidade no mais amplo sentido possível — como em *o elefante é um paquiderme*, *Newton descobriu a lei da gravidade* — quanto pode ser restrito a uma situação particular — como em *O campeonato começará amanhã*, *Ponha o peixe na geladeira*, *Paulo achou a pulseira de Ana*. Nestes exemplos, presume-se que *elefante* e *lei da gravidade* se referem não a dados presentes numa situação particular, mas a noções partilhadas pela sociedade ampla; por sua vez, *campeonato*, *peixe* e *pulseira* denotam objetos específicos, conhecidos nos limites de situações particulares de interlocução. É a disponibilidade desse conhecimento prévio que garante naturalidade à frase *Ana pintou as unhas* — já que Ana possui unhas; por outro lado, *Ana pintou as escamas* pode causar estranheza, visto que Ana não possui escamas. Esta frase se tornaria natural numa situação em que, por exemplo, se estivesse conversando sobre uma tela que retratasse um peixe pintado a quatro mãos. A pertinência do artigo definido pode depender, portanto, de que ele ative no conhecimento do interlocutor um dado previsível no contexto de comunicação, como a relação entre *casa* e *telhado* em *Comprei uma casa em ótimo estado; só o telhado precisa de uma pequena reforma*, ou a relação entre *casar-se* e *convite* em *Luís se casa amanhã; o convite chegou pelo correio*.

Verbo

249. Do ponto de vista estritamente morfológico, *verbo é a espécie de palavra que ocorre nos enunciados sob distintas formas (vocábulos morfossintáticos) para a expressão das categorias de tempo, aspecto, modo, número e pessoa.* Destas quatro categorias, o tempo é a que caracteriza mais objetivamente o verbo, graças à associação simples que se pode fazer entre suas formas — *chega*, *chegava*, *chegará* — e as noções cronológicas de presente, passado e futuro. As noções de número e pessoa não são inerentes ao verbo, mas um reflexo da pessoa e número do sujeito da oração.

A Categoria de Tempo

250. O tempo e o espaço são partes substanciais das relações do homem com o mundo. Ambos são medidos: o **tempo**, em minutos, horas, dias, meses, séculos; o **espaço**, em centímetros, metros, quilômetros, milhas. Um e outro são referências necessárias na vida social de cada um de nós. Por isso, a língua que falamos está repleta de recursos para que possamos situar nossas ações em relação aos dois: *agora, antes, depois, ainda* — para o tempo; *aqui, acima, abaixo, além* — para o espaço.

A chave para entendermos essas relações é o verbo *situar.* Qualquer ato de comunicação é situado no tempo e no espaço. Na situação típica de comunicação — o diálogo — o indivíduo que fala refere-se a si mesmo como *eu* e designa seu ouvinte como *tu/você*. Ao referir-se ao espaço em que se encontra, o indivíduo que fala identifica-o como *aqui*; e ao referir-se ao momento em que fala, pode designá-lo como *agora*.

Eu, você, aqui e *agora* não nomeiam indivíduos, lugar e época determinados e constantes, mas apenas "o indivíduo que fala", "alguém a quem ele se dirige", e o "lugar" e a "ocasião" em que ocorre o diálogo. Seus conteúdos não são, portanto, objetivos e externos à fala (como *Paulo, Maria, na sala* e *às 10 horas*), mas situacionais e exclusivos do ato de falar, fora do qual não podem ser reconhecidos. Esta maneira de significar recebe o nome de **dêixis** (termo derivado de uma palavra grega que significa "indicar, mostrar"), e as categorias gramaticais de pessoa e tempo — por tomarem o enunciador e o momento da enunciação como referência — se dizem categorias dêiticas.

A pessoa que fala — ou escreve — "comanda", por assim dizer, a atividade discursiva, normalmente transformando-a — ou colaborando para transformá-la — numa complexa rede de atos de significação que têm no **eu**, no **aqui** e no **agora** do discurso seus pontos de referência. A representação do tempo como categoria da linguagem verbal é parte dessa atividade discursiva, que tem no momento da enunciação (ME) seu ponto de referência principal.

Presente, passado e futuro

251. Esse **agora** — momento da enunciação — é o ponto de referência do falante, e os fatos e ideias a que o falante se refere nas frases podem ser situados em época anterior ou posterior a esse ponto de referência (PR). Dizemos tradicionalmente que o que se situa em época anterior ao momento da enunciação "está no **passado**" (*O Brasil <u>conquistou</u> a Copa do Mundo*) e que o que se situa em época posterior ao momento da enunciação "está no **futuro**" (*O homem descerá em Marte*). Tudo que o falante não precisa, não quer ou não pode situar em uma dessas duas épocas — anterior ou posterior ao momento da enunciação — vem representado, por exclusão, como **presente** (*O Oceano Atlântico banha a costa brasileira, As mangas são frutas tropicais, O sol nasce para todos*).

A noção de presente como tempo gramatical não pode, portanto, ser definida como "momento em que se fala". Quando alguém diz *A água ferve a cem graus* ou *O sol nasce para todos*, enuncia fatos verdadeiros em qualquer época, ou porque são verdades científicas ou porque o falante tem essa opinião sobre eles. O que importa, em tais proposições, é que a pessoa que as enuncia o faz de maneira genérica, sem precisar situá-las na linha do tempo.

Já quem diz *Os soldados voltaram da guerra*, *Minha mãe trabalhava na lavoura* ou *A nave pousará em Marte* está referindo-se a fatos que têm uma localização temporal, se não específica, pelo menos necessariamente anterior ou posterior ao momento da enunciação.

Tudo isso é muito óbvio e simples. Mas a linguagem tem seus caprichos, como veremos a seguir.

Outros pontos de referência

252. Nós não vivemos somente de nossas relações com a circunstância imediata: o aqui e agora do discurso. Somos dotados de imaginação e de memória, faculdades que nos permitem "afastar-nos" do aqui e agora, nossa experiência imediata do mundo. Esse afastamento do aqui e agora nos aproxima, entretanto, de "outros lugares e momentos", que passam a ser outros pontos de referência. É o que fazemos quando contamos casos e histórias, reais ou fictícios (v. abaixo o exemplo a)), ou ainda quando imaginamos uma situação, certa (v. exemplos b) e c)) ou hipotética (v. exemplo d)).

> a) *Eu nasci em São Lázaro e concluí lá o primeiro grau. A cidade tinha então pouco mais de 50 mil habitantes e nenhuma escola técnica. Eu desejava me formar em contabilidade, e fui pra capital estudar.*
> b) *Estava tudo pronto para o início da competição. Quando a luz verde acendesse, os carros arrancariam para a decisão do título mundial.*
> c) *Quando você pegar a estrada principal, observe o primeiro sinal. Dobre à esquerda e siga em frente uns 500 metros. Você vai ver um posto de gasolina. Eu vou estar lá esperando.*
> d) *Agora vamos deixar os papéis exatamente como os encontramos. Assim, amanhã ninguém vai desconfiar que estivemos aqui.*

Isso não quer dizer que abandonamos o ponto de referência da enunciação — o aqui e agora — mas, sim, que adicionamos a este ponto um segundo, que também funciona como ponto de referência. No exemplo a) acima alguém relata uma experiência passada real; em b) alguém relata uma situação provável localizada no passado; em c) uma pessoa dá orientação a outra para localizar um endereço; e em d) alguém enuncia uma situação hipotética.

Os exemplos a) e b), acima, referem-se a eventos situados no passado, e os exemplos c) e d), a eventos situados no futuro. Veja que em b) temos três momentos sucessivos localizados no passado: o momento em que tudo está pronto, o momento da luz acesa e o momento da partida dos carros. Ao dizer *Estava tudo pronto para o início da competição,* o enunciador se desloca mentalmente para o passado e, desse novo ponto de referência, passa a dizer o que vai acontecer. O que se segue — o acender da luz e a partida dos carros — são, portanto, fatos posteriores ao momento em que "estava tudo pronto". Por outro lado, em c) o falante transporta-se mentalmente para um momento futuro — *Quando você pegar a estrada principal.* Esse momento futuro é o ponto de referência das ordens *observe*, *dobre* e *siga*. Por fim, em *Ninguém vai desconfiar que estivemos aqui*, há dois pontos de referência: o **agora** da enunciação, em relação ao qual "ninguém vai desconfiar" é futuro, e o **momento futuro** em que está situado o "ninguém vai desconfiar", em relação ao qual "estivemos aqui" é passado.

Temos, portanto, três pontos de referência para a ordenação temporal dos fatos e ideias que constituem o conteúdo de nossos discursos. Um é o **aqui** e **agora**, presente em todos os enunciados. É um ponto de referência básico e necessário. Os outros dois, dependentes do primeiro porque se apoiam nele, têm em comum o deslocamento mental do falante para um ponto no passado (exemplos a) e b)) ou para um ponto no futuro (exemplos c) e d)).

As três variáveis das relações de tempo

253. Por tudo isso, as relações de tempo expressas na frase em português envolvem três variáveis: o momento da enunciação (ME), o **agora** do falante; o momento que serve de ponto de referência (PR) do fato expresso pelo verbo, (PR pode ser **presente**, **passado** ou **futuro** em relação ao ME); e o intervalo de tempo (IT), ou seja, o segmento da linha do tempo em que se situa o fato expresso pelo verbo. O intervalo de tempo (IT) pode ser **anterior**, **posterior** ou **contemporâneo** ao PR.

Em uma formulação esquemática, temos o seguinte quadro:

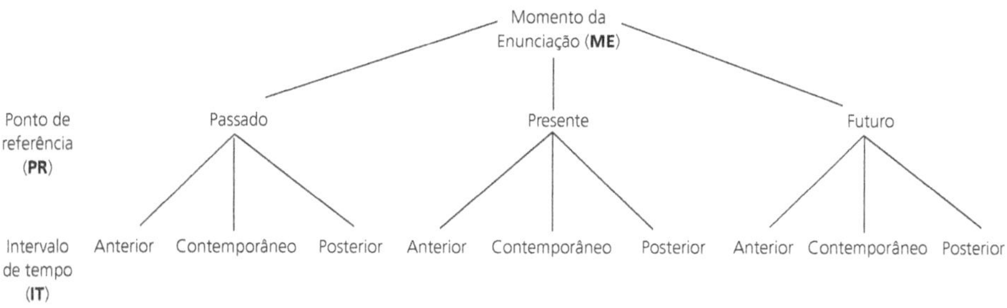

Não há em português formas verbais diferenciadas para todas as distinções de tempo apresentadas acima. Uma mesma forma verbal pode exprimir mais de um conteúdo temporal, como veremos no capítulo sobre o verbo. Isso dependerá da frase, do contexto de comunicação e do advérbio de tempo selecionado para cada situação. O que temos nesse quadro é, portanto, uma situação teórica, de conteúdos temporais possíveis e exprimíveis por meios variados.

Comparando os dois trechos abaixo, adaptados de uma crônica de Rubem Braga, podemos perceber com clareza a diferença entre os dois pontos de referência mais comuns na atividade discursiva: em a) o ponto de referência coincide com o momento da enunciação (PR = ME), e o intervalo de tempo é **contemporâneo** a PR (IT = PR); em b), PR é **passado** em relação a ME (PR > ME) e o intervalo de tempo é **contemporâneo** a PR (IT = PR):

> a) *De minha varanda vejo, entre árvores e telhados, o mar. Não há ninguém na praia, que resplende ao sol. O vento é nordeste, e vai tangendo, no belo azul das águas, pequenas espumas que marcham alguns segundos e morrem, como bichos alegres e humildes; perto da terra a onda é verde.*
> *Mas percebo um movimento em um ponto do mar; é um homem nadando.*
> *Ele usa os músculos com uma calma energia; avança. Certamente não suspeita de que um desconhecido o vê, e o admira porque ele está nadando na praia deserta. Não sei de onde vem essa admiração, mas encontro nesse homem uma nobreza calma, sinto-me solidário com ele, acompanho o seu esforço solitário.* (R. Braga, 1957)
> b) *De minha varanda [eu] via, entre árvores e telhados, o mar. Não havia ninguém na praia, que resplendia ao sol. O vento era nordeste, e ia tangendo, no belo azul das águas, pequenas espumas que marchavam alguns segundos e morriam, como bichos alegres e humildes; perto da terra a onda era verde.*
> *Mas percebi um movimento em um ponto do mar; era um homem nadando.*
> *Ele usava os músculos com uma calma energia; avançava. Certamente não suspeitava de que um desconhecido o via, e o admirava porque ele estava nadando na praia deserta. [Eu] Não sa-*

bia de onde vinha aquela admiração, mas encontrava naquele homem uma nobreza calma, sentia-me solidário com ele, acompanhava o seu esforço solitário.

A Categoria de Modo

254. Ao analisar a categoria do tempo, mostramos que o enunciador expressa por meio das variações temporais do verbo uma série de relações, às vezes sutis, entre o momento em que ele fala e as épocas em que se situam os fatos a que ele se refere. O enunciador é, de fato, quem comanda as relações de variados tipos que a língua permite exprimir. Assim é que quem diz, por exemplo:

a) *A porta está fechada.*
A porta estava fechada.
A porta estará fechada.

em qualquer caso está referindo-se a situações que retrata como reais. Sua relação com o que enuncia é, nestes casos, de **certeza**. No entanto, se diz:

b) *É possível que a porta esteja fechada.*
Acreditávamos que a porta estivesse fechada.
Toque a campainha se a porta estiver fechada.

está diante de outra representação do "estado da porta". Agora, sua relação com o que enuncia é de **dúvida** ou **suposição**. Esta segunda atitude vem expressa duplamente em cada frase: de um lado, por meio dos itens *É possível que*, *Acreditávamos* e *se*; e, de outro, por meio das formas verbais *esteja*, *estivesse* e *estiver*. Em cada série expressa-se uma diferente atitude do falante em relação ao que ele enuncia: **certeza** em a), **suposição** em b).

A variação da forma do verbo — está/esteja, estava/estivesse, estará/estiver — para a expressão da atitude do enunciador constitui a categoria gramatical que denominamos modo.

255. Em alguns casos, a variação morfológica do verbo é a única indicação formal das diferentes atitudes do falante:

c) *Procuro uma casa que tem uma ampla varanda na frente.*
d) *Procuro uma casa que tenha uma ampla varanda na frente.*

Em c), o falante revela ter certeza da existência da casa que procura, mas em d) ele representa essa existência como mera hipótese ou suposição.

Indicativo, subjuntivo e imperativo

256. A diferença acima exemplificada corresponde à tradicional distinção de dois modos do verbo: **indicativo** (exemplos a) e c) e **subjuntivo** (exemplos b) e d).

O modo indicativo (que serve para **indicar** fatos de existência objetiva) é próprio dos enunciados declarativos simples, em que ocorre apenas um verbo ou uma locução verbal; já o modo subjuntivo (que serve para representar fatos como **dependentes** do ponto de vista pessoal do enunciador) é o usual nas formas verbais de dois grupos principais: as estruturas dependentes de alguma expressão que exige o subjuntivo, como o *É possível que* e o *se* dos exemplos de b), e as construções que expressam hipótese, como a do exemplo d).

Além dos modos indicativo e subjuntivo, há um terceiro, o **modo imperativo**, que se usa em frases com que o enunciador expressa uma ordem ou um pedido:

e) *Crescei e multiplicai-vos.*
f) *Faze de mim, Senhor, um instrumento da tua paz.*

Há duas importantes diferenças entre o modo imperativo e os outros dois:

- as formas verbais dos modos indicativo e subjuntivo variam para situar os fatos em diferentes intervalos de tempo (IT); já as formas do imperativo são invariáveis quanto ao tempo;
- as formas do indicativo e do subjuntivo se empregam em todas as funções da linguagem; já as do modo imperativo são exclusivas dos usos da língua em que o enunciador se dirige explicitamente ao seu interlocutor (v. **função interpessoal** no §22) e frequentemente o nomeia (v. exemplo **f**), o que limita a ocorrência do imperativo à função conativa da linguagem (v. §15).

O modo e o tempo são expressos em português por meio dos mesmos morfemas, denominados **desinências modo-temporais**, que serão detalhados no §269.

A Categoria de Aspecto

257. O conceito de aspecto, diferentemente das noções de tempo e de modo, não é tradicionalmente mencionado com esse nome nas gramáticas escolares. Apesar disso, é ao aspecto verbal que os gramáticos se referem quando explicam, seja a diferença de significado entre *O céu é azul* e *O céu está azul*, seja a diferença de significado entre as formas verbais assinaladas em *Paulo comeu dois pães no café da manhã* e *Paulo comia dois pães no café da manhã*.

Normalmente, entendemos que, em *O céu é azul*, *azul* é uma qualidade permanente do céu; já em *O céu está azul*, *azul* é uma qualidade adquirida e temporária, resultante de alguma mudança. As duas formas estão no presente, e a oposição **permanente** x **temporário** é considerada uma distinção aspectual. Os outros dois exemplos nos informam sobre duas ações situadas no passado: **momentânea** e **concluída** em *comeu*, mas **habitual** e **não concluída** em *comia*. Trata-se também de uma distinção de aspectos.

A categoria do *aspecto* refere-se, portanto, à *duração do processo verbal, independentemente da época em que esse processo ocorre*. Essa duração pode ser representada como momentânea ou contínua, eventual ou habitual, completa ou incompleta. Estas classificações, é claro, não esgotam as variações de aspecto que o processo verbal pode apresentar; servem tão só para ilustrar o conceito.

É importante que não nos esqueçamos de que o tempo e o modo são categorias centradas na figura do enunciador. O aspecto, por sua vez, é uma caracterização da extensão do fato na linha do tempo, e nada tem a ver com o ponto de vista do enunciador.

A sistematização que propomos abaixo servirá de base para nossas classificações das nuances sutis que a categoria do aspecto é capaz de exprimir.

Distinções aspectuais em português

258. Os meios de representação do aspecto em português que são passíveis de exposição razoavelmente objetiva dizem respeito a três itens: a oposição entre o conteúdo perfectivo — pretéritos perfeito e mais-que-perfeito — e o conteúdo imperfectivo — pretérito imperfeito (*jogou/jogara* x *jogava*); a oposição entre as formas perifrásticas de "estar + gerúndio" e as respectivas formas simples (*joga* x *está jogando*); e a oposição entre as formas compostas de "ter + particípio" e as formas imperfectivas simples (*joga* x *tem jogado*).

Diremos inicialmente que há duas maneiras de conceber o processo expresso pelo verbo: completo ou **concluído**, como em *O jardineiro <u>cortou</u> a grama*, e incompleto ou **não concluído**, como em *O jardineiro <u>cortava</u> a grama*. Tanto o processo concluído como o não concluído podem, por sua vez, ser especificados como **progressivo** ou **não progressivo**. Chamamos progressivo ao processo que é necessariamente representado como "algo que se estende no tempo", como em *O jardineiro <u>está cortando</u> a grama* (processo não concluído, progressivo), e não progressivo o processo simples de *O jardineiro <u>corta</u> a grama* (processo não concluído, não progressivo). No conjunto **processo concluído**, temos *O jardineiro <u>cortou</u> a grama* (processo concluído, não progressivo), *O jardineiro <u>tem cortado</u> a grama* (processo concluído, progressivo) e *O jardineiro <u>esteve cortando</u> a grama* (processo concluído, progressivo). O que distingue os dois últimos exemplos é que a ação do primeiro "repete-se" desde um ponto no passado até o presente (processo **iterativo**), ao passo que a ação do segundo é representada como de duração contínua (processo **cursivo**).

A seguir apresentamos um quadro esquemático das variações aspectuais tendo como ponto de referência (PR) o presente:

Representação do processo quanto à duração (aspecto) (PR: presente)

- concluído
  - progressivo
    - cursivo { *O jardineiro esteve cortando a grama*
    - iterativo { *O jardineiro tem cortado a grama*
  - não progressivo { *O jardineiro cortou a grama*
- não concluído
  - progressivo { *O jardineiro está cortando a grama*
  - não progressivo { *O jardineiro corta a grama*

Nós sabemos que o significado preciso de uma frase depende quase sempre do contexto em que a utilizamos. Por isso, uma simples frase como *O jardineiro está cortando a grama* pode ter diferentes interpretações aspectuais conforme a expressão adverbial que a acompanhe: aspecto cursivo em *O jardineiro está cortando a grama desde as sete horas*, ou aspecto iterativo em *O jardineiro está cortando a grama todos os sábados* (este último exemplo significa o mesmo que *O jardineiro tem cortado a grama todos os sábados* e *O jardineiro vem cortanto a grama todos os sábados*).

Por outro lado, certas interpretações aspectuais são inerentes ao tipo de significação do próprio verbo: *criar*, por exemplo, é compatível com uma interpretação progressiva em qualquer de suas formas (*Meu pai criou cabras durante dez anos*), ao passo que *quebrar* tende para uma interpretação não progressiva, o que explica a estranheza da frase *O galho em que ele se pendurava quebrou durante dez minutos*. A expressão de outros conteúdos aspectuais, nuances muitas vezes sutis, realiza-se por meio do emprego de verbos auxiliares (cf. §§356-357).

As Categorias de Pessoa e Número no Verbo

259. A categoria de **pessoa do discurso** (1ª pessoa, 2ª pessoa e 3ª pessoa), que conceituamos no §240, caracteriza a classe dos pronomes pessoais (*eu, tu/você, ele/ela*), demonstrativos (*este, esse, aquele* etc.) e possessivos (*meu, teu, seu* etc.); e a categoria de **número** diz respeito especialmente aos pronomes pessoais (*eu/nós, tu/vós, ele/eles*) e aos substantivos. Por força da regra sintática de concordância verbo-sujeito, essas mesmas categorias se expressam também na forma verbal, através das desinências número-pessoais (cf. §§268-270).

As Conjugações do Verbo

260. Chama-se *conjugação a classe mórfica a que pertence o verbo.* As conjugações do português são três:

- a **primeira conjugação**, caracterizada pelo tema (radical + vogal temática) em *-a* da maioria de suas formas (*tapar, tapasse, taparam; olhar, olhasse, olharam*);
- **a segunda conjugação**, caracterizada pelo tema em *-e* da maioria de suas formas (*beber, bebesse, beberam; vencer, vencesse, venceram*)
- **a terceira conjugação**, caracterizada pelo tema em *-i* da maioria de suas formas (*partir, partisse, partiram*).

A conjugação constitui, a rigor, o paradigma formal em que o verbo se enquadra. O paradigma da primeira conjugação é bem mais definido do que o das outras duas: no pretérito imperfeito do indicativo, por exemplo, os verbos da primeira conjugação (*tapava, olhava*) caracterizam-se pela vogal temática *-a* e pela desinência modo-temporal *-va*, ao passo que os verbos da segunda e da terceira conjugação se flexionam igualmente em *-ia* (*torcia, tossia*), desaparecendo, desse modo, a distinção de conjugações.

261. A precariedade da distinção entre a segunda e a terceira conjugações não pára aí. Os verbos cujo infinitivo tem só uma sílaba (*dar, ver, ler, pôr, vir* e *ir,* por exemplo) apresentam alguns problemas. *Dar,* único infinitivo monossilábico da primeira conjugação, possui as formas *deste, dera, desse* e *der*; *pôr* é sabidamente um verbo da segunda conjugação (cf. *puseste, pusera, pusesse, puser*); também à segunda conjugação pertence o verbo *vir,* já que sua vogal temática é /ɛ/ (cf. *vieste, vier, viesse, viera*); o "i" de *ir* não é vogal temática, mas o próprio radical, no qual a vogal temática, também *-i-*, foi absorvida através de crase; *ver* e *ler* a rigor só exibem sua vogal temática na terceira pessoa do plural do presente do indicativo (*veem* e *leem*). Lembre-se ainda que *estar* apresenta formas da primeira (*estamos, estava, estarei*) e da segunda conjugação (*estiveste, estivera, estiver, estivesse*).

Por outro lado, a distinção entre as três conjugações, ainda que neutralizada no plano mórfico, pode vir expressa no plano fonológico. Este é o caso da primeira pessoa do presente do indicativo, que não apresenta vogal temática, mas cuja vogal tônica, sendo anterior ou posterior média, pode acusar a distinção de conjugações. Na primeira conjugação essa vogal tende a ser aberta ((eu) *olho*, (eu) *gosto*, (eu) *nego*, (eu) *berro*); na segunda, tende a ser média fechada ((eu) *torço*, (eu) *colho*, (eu) *bebo*, (eu) *estremeço*); e na terceira, tende a ser alta ((eu) *tusso*, (eu) *durmo*, (eu) *firo*, (eu) *sinto*, (eu) *divirto*).

Contam-se como exceções *aconselhar, desejar, festejar, almejar, rastejar, espelhar* e similares, verbos cujo /e/, seguido de consoante palatal, permanece fechado em todas as sílabas tônicas do presente do indicativo (cf. a pronúncia do "e" de *rastejo, rastejas, rasteja, rastejam, aconselho, aconselhas, aconselha, aconselham*); *chegar* e *aconchegar*; e *pedir*, *impedir*, *medir*, cuja vogal tônica é aberta (*peço*, *impeço* e *meço*).

Formas Rizotônicas e Formas Arrizotônicas

262. A vogal sobre a qual incide o acento tônico pode pertencer ao radical do verbo (*passo, estremeço, durmam*) ou a um de seus constituintes gramaticais (*passei, estremeceremos, dormíamos*) As formas do primeiro tipo chamam-se rizotônicas; as do segundo, arrizotônicas.

Estrutura da Forma Verbal Padrão

263. A forma verbal padrão plena é dotada de um morfema lexical — sua base ou radical (rad.) — e de um conjunto de noções gramaticais dispostas numa ordem fixa após essa base: a vogal temática (VT), a desinência modo-temporal (DMT) e a desinência número-pessoal (DNP), conforme a seguinte segmentação de *trabalhavas*, *correrei* e *fingíssemos*:

1ª conj.: *trabalh* (rad.) + *a* (VT) + *va* (DMT) + *s* (DNP)
2ª conj.: *corr* (rad.) + *e* (VT) + *re* (DMT) + *i* (DNP)
3ª conj.: *fing* (rad.) + *í* (VT) + *sse* (DMT) + *mos* (DNP)

Verbos Regulares e Verbos Irregulares

264. Um *verbo* se chama *regular quando segue o paradigma de sua conjugação*. O modelo, ou paradigma, da primeira conjugação é o verbo *cantar*, o da segunda é o verbo *bater*, e o da terceira conjugação é o verbo *partir*. Em todas as formas destes três verbos, o radical permanece inalterado. Para a segunda conjugação, no entanto, devemos admitir um segundo paradigma: o dos verbos *correr* (*torcer, colher, coser, morder, solver* etc.) e *mexer* (*descer, crescer, ferver, meter, beber* etc.), que apresentam regularmente /o/ e /e/ (fechados) na sílaba tônica da primeira pessoa do singular do presente do indicativo (*corro* e *mexo*), e /ɔ/ e /ɛ/ na mesma sílaba das 2ª e 3ª pessoas do singular (*corres* e *mexes*) e da terceira pessoa do plural (*correm* e *mexem*).

265. *Irregular* é, ao contrário, *todo verbo que apresenta algum desvio em relação ao modelo de sua conjugação*. São irregulares verbos como *dar* (cf. *dou*, *deste* em face de *canto, cantaste*), *perder* (cf. *perco, perde* em face de *bato, bate*) e *caber* (cf. *caibo, cabe, coube* em face de *bato, bate, bati*).

Verbos irregulares fracos, fortes e anômalos

266. Verbos *irregulares fracos* são *os que podem mudar de radical, sem aparente explicação, ao variar a pessoa* (*perder*, que apresenta *perco* e *perde*; *medir*, que apresenta *meço* e *mede*); *irregulares fortes* são *os que apresentam no pretérito perfeito um radical diverso do presente* (*dizer*, que apresenta *dizes* e *disseste*; *saber*, que apresenta *sabes* e *soubeste*; *vir*, que apresenta *vens* e *vieste*). *Irregulares anômalos*, ou simplemente *anômalos, são os verbos que apresentam diversidade total de radicais entre tempos ou mesmo entre pessoas do mesmo tempo*. São eles apenas os verbos *ser* e *ir* (cf. *sou, és, fui*; *vai, ides, foi*).

Verbos defectivos

267. Chamam-se *defectivos os verbos que não se conjugam em todas as pessoas*, como os verbos *colorir*, *demolir* e vários outros da terceira conjugação, que não apresentam a primeira pessoa do singular do presente do indicativo e, por consequência, são desprovidos de todo o presente do subjuntivo. A maioria desses verbos não faz parte do vocabulário corrente; os usuários da língua que os conhecem adquiriram-nos, em geral, em contato com textos escritos e gramáticas normativas, juntamente com a informação de que "são defectivos". Listam-se entre eles os verbos *abolir*, *carpir*, *combalir*, *exaurir*, *extorquir*, *fremir*, *fulgir*, *haurir* e *retorquir*. Um ou outro tradicionalmente incluído nessa classe, mas de uso corrente, aparece na fala na primeira pessoa do singular do presente do indicativo. É o caso de *explodir*.

Comportam-se como defectivos, pela natureza de sua significação, os verbos que denotam fenômenos da natureza, que no sentido próprio são impessoais e se empregam apenas na terceira pessoa do singular (*chover*, *trovejar*, *nevar*, *ventar* etc.), e os que nomeiam vozes dos animais (*latir*, *uivar*, *miar*, *mugir*, *cacarejar*, *coaxar*, *relinchar* etc.), aptos a ocorrer apenas na terceira pessoa do singular e do plural.

Quadro geral das desinências verbais

268. Distinguem-se dois grupos de desinências número-pessoais: as desinências gerais e as desinências particulares.

- Desinências gerais:
  zero, para 1ªp. sing. (= eu)
  -s, *-es*, para 2ªp. sing. (= tu)
  zero, para 2ªp. sing. (= você) e 3ªp. sing. (= ele/ela)
  -mos, para 1ªp. pl. (= nós)
  -is, para 2ªp. pl. (= vós)
  -m, *-em*, para 2ªp. pl. (= vocês) e 3ªp. pl. (= eles/elas)

- Desinências particulares:
  – para 1ªp. sing. (= eu): *-o* (geral no pres. do ind. dos verbos regulares), *-u* (verbos *dar, estar, ir* e *ser*), *-i* (fut. do pres. e pret. perf.)
  – para 2ªp. sing. (= tu): *-ste* (pret. perf.), *zero* (imp. Afirm.)
  – para 2ªp. sing. (= você) e 3ªp. sing. (= ele/ela): *-u* (pret. perf.)
  – para 2ªp. pl. (= vós): *-des* (fut. do subj., inf. flexionado e pres. dos verbos de inf. monossilábico — com exceção de *dar* e *ser* — e respectivos derivados), *-stes* (pret. perf.), *-i* (imp. afirm. em geral), *-de* (imp. afirm. dos verbos de inf. monossilábico — com exceção de *dar* — e respectivos derivados)
  – para 3ªp. pl. (= eles/elas) e 2ªp. pl. (= vocês): *-ram* (pret. perf.)

Obs.: Indicamos as desinências por meio de suas representações gráficas convencionais. O *-u* de 1ªp. singular no pres. do ind. e de 3ªp. singular no pret. perf. do ind. representa a semivogal [w] (cf. *dou*, *vou*, *cantou*, *vendeu*). Na 3ªp. plural a desinência é expressa, na fala, pela nasalidade adicionada ao /e/ em *sabem*, *cantem* etc., e a semivogal nasal [w̃] que forma ditongo em *cantam* e *cantarão*.

269. Desinências modo-temporais

Pres. do ind.: *zero*; pret. perf.: *zero*; pret. imperf. do ind.: *-va-* (1ª conjugação), *-ia-* (2ª e 3ª conjugações), *-a-* (verbos *pôr, ser, ter, vir* e respectivos derivados); pret. m. q. perf.: *-ra-/-re-* em sílaba átona; fut. do pres.: *-re-/-ra-* em sílaba tônica; fut. do pret.: *-ria-/-rie-*; pres. do subj.: *-e-* (1ª conjugação), *-a-* (2ª e 3ª conjugações); pret. imperf. do subj.: *-sse-*; fut. do subj.: *-r-*.

270. Desinências aspectuais

Inf.: *-r*; ger.: *-ndo*; part.: *-do*.

Formação dos Tempos Simples

271. O mecanismo flexional do verbo combina, de um modo geral, o uso das desinências modo-temporais com o tema das formas que não as possuem, a saber, o presente do indicativo, o pretérito perfeito do indicativo e o infinitivo não flexionado, por isso chamados tempos primitivos, ou melhor, formas primitivas do verbo. As demais formas, criadas pela adição das respectivas desinências modo-temporais ou número-pessoais, chamam-se formas derivadas.

O tema do pretérito perfeito é o que se encontra na segunda pessoa do singular sem a respectiva desinência número-pessoal (*canta(ste)*, *disse(ste)*, *dormi(ste)*); o tema do infinitivo corresponde à sua forma sem o *-r* (*canta(r)*, *dize(r)*, *dormi(r)*). O presente do indicativo fornece quatro variantes de seu tema para a formação dos tempos derivados: a primeira pessoa do singular — base da formação do presente do subjuntivo (*cant(o)*, *dig(o)*, *durm(o)*) —, as segundas pessoas do singular e do plural — base da formação do imperativo afirmativo (*canta(s)/canta(is)*, *dize(s)/dize(is)*, *dorme(s)/dormi(s)* — e a primeira pessoa do plural — base da formação do pretérito imperfeito do indicativo (*canta(mos)*, *dize(mos)*, *dormi(mos)*).

272. Tempos derivados do presente do indicativo:

- **pretérito imperfeito do indicativo** — forma-se mediante o acréscimo da respectiva desinência modo-temporal ao tema base: *-va-* para a primeira conjugação, *-ia-* para a segunda e terceira conjugações (*canta* + *va*, *viv*(*e*) + *ia*, *part*(*i*) + *ia*). Constituem exceção os verbos cuja desinência modo-temporal é *-a-*: pôr (*punha*), ser (*era*), ter (*tinha*), vir (*vinha*) e respectivos derivados;
- **imperativo afirmativo** — forma-se do tema da segunda pessoa do singular e do plural, com desinência número-pessoal zero no singular (*canta* (canta + 0), *vive* (vive + 0) *dize* (dize + 0), *dorme* (dorme + 0) e desinência *-i* ou *-de* no plural (*cantai* (canta + *i*); *vivei* (vive + *i*); *ide* (i + *de*), *tende* (tem + *de*). A única exceção é o verbo *ser*, cujo imperativo afirmativo é formado com base no tema do infinitivo. (v. §274);
- **presente do subjuntivo** — forma-se do radical da primeira pessoa do singular do presente do indicativo, mediante o acréscimo da respectiva desinência: *-e-* para a primeira conjugação (*cante*, *cantemos*), *-a-* para a segunda e a terceira (*cresça*, *cresçamos*; *parta*, *partamos*). Um grupo de verbos apresenta no presente do subjuntivo radicais alomórficos exclusivos: estar (*esteja*), saber (*saiba*), dar (*dê*), ir (*vá*), haver (*haja*), ser (*seja*) e querer (*queira*).

273. Tempos derivados do pretérito perfeito:

- **pretérito mais-que-perfeito do indicativo** — forma-se mediante o acréscimo da respectiva desinência modo-temporal ao tema base: *-ra-/-re-* (*canta + ra, cantá + re + is; disse + ra, dissé + re + is*);
- **pretérito imperfeito do subjuntivo** — forma-se mediante o acréscimo da respectiva desinência modo-temporal ao tema base: *-sse-* (*canta + sse, cantá + sse + mos; disse + sse, dissé + sse + mos*);
- **futuro do subjuntivo** — forma-se mediante o acréscimo da respectiva desinência modo-temporal ao tema base: *-r-* (*canta + r, canta + r + mos; disse + r, disse + r + mos*).

274. Tempos derivados do infinitivo não flexionado:

- **futuro do presente** — forma-se mediante o acréscimo da respectiva desinência modo-temporal ao tema base: *-re-/-ra-* (*canta + re + i, canta + rá + s; vive + re + i, vive + rá + s; se + re + i, se + rá + s*);
- **futuro do pretérito** — forma-se mediante o acréscimo da respectiva desinência modo-temporal ao tema base: *-ria-/-rie-* (*canta + ria, canta + ríe + is; vive + ria, vive + ríe + is; se + ria, se + ríe + is*).

Nos tempos derivados do infinitivo, excetuam-se os verbos *dizer*, *fazer* e *trazer* e respectivos derivados, cujos radicais nos futuros do presente e do pretérito são, respectivamente, *di-*, *fa-* e *tra-*: *direi*, *farão*, *traríamos*.

Formação dos Tempos Compostos

275. Os tempos compostos são formados pela combinação do verbo auxiliar *ter* com o particípio do verbo principal. Como exemplo, tomaremos os tempos compostos do verbo *viajar*. São eles:

MODO INDICATIVO

- **pretérito perfeito** — verbo auxiliar no presente: *tenho, tens, tem, temos, tendes, têm viajado*;
- **pretérito mais-que-perfeito** — verbo auxiliar no pretérito imperfeito: *tinha, tinhas, tinha, tínhamos, tínheis, tinham viajado*;
- **futuro do presente** — verbo auxiliar no futuro do presente: *terei, terás, terá, teremos, tereis, terão viajado*;
- **futuro do pretérito** — verbo auxiliar no futuro do pretérito: *teria, terias, teria, teríamos, teríeis, teriam viajado*.

MODO SUBJUNTIVO

- **pretérito perfeito** — verbo auxiliar no presente: *tenha, tenhas, tenha, tenhamos, tenhais, tenham viajado*;
- **pretérito mais-que-perfeito** — verbo auxiliar no pretérito imperfeito: *tivesse, tivesses, tivesse, tivéssemos, tivésseis, tivessem viajado*;
- **futuro** — verbo auxiliar no futuro: *tiver, tiveres, tiver, tivermos, tiverdes, tiverem viajado*.

FORMAS NOMINAIS

- **infinitivo impessoal** — verbo auxiliar no infinitivo impessoal: *ter viajado*;
- **infinitivo pessoal** — verbo auxiliar no infinitivo pessoal: *ter, teres, ter, termos, terdes, terem, viajado*;
- **gerúndio** — verbo auxiliar no gerúndio: *tendo viajado*.

Particularidades Flexionais dos Verbos Portugueses

276. Verbos com alternância vocálica. A última vogal do radical de muitos verbos da segunda e da terceira conjugação é passível de alternância quando nela incide o acento tônico. Esses verbos pertencem a quatro subclasses, representadas pelos seguintes verbos: *mexer* e *correr; ferir* e *cobrir; subir*; e *progredir*.

Subclasse a) mexer e correr

Os verbos desta subclasse apresentam vogal média fechada, /e/ ou /o/, na primeira pessoa do singular do presente do indicativo — e, consequentemente, em todas as formas do presente do subjuntivo (*mexo*, *mexa*, *mexas*, *mexam*;

corro, *corra*, *corras*, *corram*) — e vogal média aberta, /ɛ/ ou /ɔ/, nas demais formas rizotônicas (*mexe*, *mexes*, *mexem*; *corre*, *corres*, *correm*).

Seguem este modelo os verbos *beber, tecer, perder, colher.*

Subclasse b) ferir e cobrir

Os verbos desta subclasse apresentam vogal alta, /i/ ou /u/, na primeira pessoa do singular do presente do indicativo — e, consequentemente, em todas as formas do presente do subjuntivo (*firo, fira, firas, firamos, firais, firam*; *cubra, cubras, cubramos, cubrais, cubram*) — e vogal aberta nas demais formas rizotônicas, exceto se essa vogal é nasal — *feres, fere, ferem; cobres, cobre, cobrem.*

Seguem este modelo os verbos *aderir, compelir, competir, conferir, convergir, deferir, despir, digerir, divergir, divertir, ingerir, preferir, refletir, seguir, sugerir, vestir.*

Subclasse c) subir

É uma variante de *cobrir*, apenas com a particularidade da grafia *u* nas formas arrizotônicas. Presente do indicativo: *subo, sobes, sobe, subimos, subis, sobem*; presente do subjuntivo.: *suba, subas, suba, subamos, subais, subam.*

Seguem este modelo os verbos *acudir, construir, cuspir, destruir, entupir, escapulir, fugir, sacudir.*

Subclasse d) progredir

Apresenta uniformemente /i/ nas formas rizotônicas: *progrido, progrides, progride, progrida, progridas, progridam.*

Seguem este modelo os verbos *agredir, cerzir, transgredir, regredir, prevenir* e *denegrir.*

277. Verbos irregulares fracos

– *medir*: pres. do ind.: *meço, medes* etc.; pres. do subj.: *meça, meças* etc. É regular em todas as formas restantes.

– *ouvir*: pres. do ind.: *ouço*, *ouves* etc.; pres. do subj.: *ouça*, *ouças* etc. É regular em todas as formas restantes.

– *parir*: pres. do ind.: *pairo*, *pares* etc.; pres. do subj.: *paira*, *pairas* etc. É regular em todas as formas restantes.

– *pedir*: pres. do ind.: *peço, pedes* etc.; pres. do subj.: *peça, peças* etc. É regular em todas as formas restantes.

– *perder*: pres. do ind.: *perco, perdes* etc.; pres. do subj.: *perca, percas* etc. É regular em todas as formas restantes.

– *prover*: pres. do ind.: *provejo, provês, provê* etc.; pres. do subj.: *proveja, provejas, proveja* etc. É regular em todas as formas restantes: pret. perf.: *provi, proveste* etc.; pret. m. q. perf.: *provera, proveras* etc.; imperf. do subj.: *provesse* etc.; fut. do subj.: *prover* etc.

– *requerer*: pres. do ind.: *requeiro, requeres* etc; pres. do subj.: *requeira, requeiras* etc. É regular em todas as formas restantes: pret. perf.: *requeri, requereste* etc.; pret. m. q. perfeito: *requerera*; imperf. do subj.: *requeresse*; fut. do subj.: *requerer.*

– *valer*: pres. do ind.: *valho, vales* etc.; pres. do subj.: *valha, valhas* etc. É regular em todas as formas restantes.

278. Verbos irregulares fortes

– *caber*: pres. do ind.: *caibo, cabes* etc.; pret. perf.: *coube, coubeste, coube* etc.; pret. m. q. perf.: *coubera* etc.; pres. do subj.: *caiba, caibas* etc.; imperf. do subj.: *coubesse* etc.; fut. do subj.: *couber* etc.

– *dizer*: pres. do ind.: *digo, dizes* etc.; pret. perf.: *disse, disseste* etc.; pret. m. q. perf.: *dissera* etc.; fut. do pres.: *direi, dirás, diremos* etc.; fut. do pret.: *diria, dirias* etc.; pres. do subj.: *diga, digas* etc.; imperf. do subj.: *dissesse* etc.; fut. do subj.: *disser* etc.

– *estar*: pres. do ind.: *estou, estás* etc.; pret. perf.: *estive, estiveste, esteve, estivemos, estivestes, estiveram*; pret. m.q. perf.: *estivera* etc.; imperf. do subj.: *estivesse* etc.; fut. do subj.: *estiver, estiveres* etc.

– *fazer*: pres. do ind.: *faço, fazes, faz* etc.; pret. perf.: *fiz, fizeste, fez, fizemos, fizestes, fizeram*; pret. m. q. perf.: *fizera, fizeras* etc.; fut. do pres.: *farei, farás* etc.; fut. do pret.: *faria, farias* etc.; pres. do subj.: *faça, faças* etc.; imperf. do subj.: *fizesse, fizesses* etc.; fut. do subj.: *fizer, fizeres* etc.

– *haver*: pres. do ind.: *hei, hás, há, havemos, haveis, hão*; pret. perf.: *houve, houveste* etc.; pret. m. q. perf.: *houvera* etc.; imperf. do subj.: *houvesse* etc.; fut. do subj.: *houver, houveres* etc.

– *poder*: pres. do ind.: *posso, podes* etc.; pret. perf.: *pude, pudeste, pôde, pudemos* etc.; pret. m. q. perf.: *pudera* etc.; pres. do subj.: *possa, possas etc.;* imperf. do subj.: *pudesse* etc.; fut. do subj.: *puder* etc.

– *querer*: pres. do ind.: *quero, queres, quer, queremos* etc.; pret. perf.: *quis, quiseste, quisemos* etc.; pret. m. q. perf.: *quisera, quiseras* etc.; pres. do subj.: *queira, queiras, queiramos* etc.; imperf. do subj.: *quisesse* etc.; fut. do subj.: *quiser* etc.

– *saber*: pres. do ind.: *sei, sabes, sabe* etc.; pret. perf.: *soube, soubeste* etc.; pret. m. q. perf.: *soubera, souberas* etc.; pres. do subj.: *saiba, saibas, saibamos* etc.; imperf. do subj.: *soubesse, soubesses* etc.; fut. do subj.: *souber, souberes* etc.

– *trazer*: pres. do ind.: *trago, trazes, traz* etc.; pret. perf.: *trouxe, trouxeste, trouxemos* etc.; pret. m. q. perf.: *trouxera, trouxeras, trouxéramos etc.;* fut. do pres.: *trarei, trarás, trará* etc.; fut. do pret.: *traria, trarias, traríamos* etc.; pres. do subj.: *traga, tragas* etc.; imperf. do subj.: *trouxesse, trouxesses* etc.; fut. do subj.: *trouxer, trouxeres* etc.

279. Verbos em -air

Os verbos em *-air* (*sair, contrair, retrair, distrair* etc.) têm a particularidade de conservar a vogal temática *-i-*, na 1ª p. do presente do indicativo e, consequentemente, em todo o presente do subjuntivo. Todos os que não sejam defectivos se flexionam como *sair*: (pres. do ind.: *saio, sais, sai, saímos, saís, saem*; pret. perf.: *saí, saíste* etc.; pret. imperf. do ind.: *saía, saías, saía, saíamos, saíeis, saíam*; pres. do subj.: *saia, saias, saiamos* etc).

280. Verbos em -ear e -iar

Modelo dos verbos com sufixo verbal *-ear*: *passear*. Quando a tonicidade incide na vogal do radical, /e/, acrescenta-se após ela a semivogal /i/: *passeio, passeias, passeia, passeia, passeie, passeies, passeiem*, ao lado de *passeava, passeei, passearei* etc.

Obs.: Os verbos idear (= idealizar) e estrear cujo "e" pertence ao radical, apresentam vogal aberta: *ideio, ideias, ideia, ideiam; ideie, ideies, ideiem; estreio, estreias, estreia, estreiam; estreie, estreies, estreiem.*

Modelo dos verbos em *-iar*: *confiar*. É inteiramente regular: *confio, confias, confiava, confiei, confiarei, confie, confiasse.*

Modelo misto: *odiar* (*ansiar, mediar, remediar, incendiar*). Estes cinco verbos são regulares nas formas arrizotônicas, mas seguem o modelo de *passear* nas formas rizotônicas: *odeio, odeias, odeia, odiamos, odiais, odeiam; odeie, odeies, odeie, odiemos, odieis, odeiem.*

281. Verbos em -uar

Os verbos *averiguar* e *apaziguar* têm /u/ tônico nas três pessoas do singular e na terceira pessoa do plural do presente do indicativo e do presente do subjuntivo: *averiguo, averiguas, averigua, averiguam; apaziguo, apaziguas, apazigua, apaziguam; averigue, averigues, averigue, averiguem; apazigue, apazigues, apazigue, apaziguem.*

Nesses mesmos tempos e pessoas, os verbos *aguar, desaguar* e *enxaguar* recebem o acento tônico no /a/ do radical: *enxáguo, enxáguas, enxágua, enxáguam; enxágue, enxágues, enxágue, enxáguem.*

282. Verbos com ditongo

Apoiar tem /ɔ/, aberto, quando tônico: *apoio, apoias, apoia, apoiam; apoie, apoies, apoiem.*

Os verbos dotados de ditongo seguido de consoante — *inteirar, pernoitar, açoitar, confeitar* — mantêm fechada a vogal do ditongo em todas as suas ocorrências: *pernoito, pernoitas, pernoite* etc.; *açoito, açoitas, açoite* etc.; *estouro, estouras, estoure* etc.; *inteiro, inteiras, inteire* etc.; *confeito, confeitas, confeite* etc.

Obs.: A redução dos ditongos /ou/ e /ei/ diante de /r/ — *estourar, inteirar, peneirar, maneirar* — é tendência nos registros coloquiais e regra nos dialetos sociais não cultos. Com isso, os verbos trissilábicos da primeira conjugação tendem a apresentar vogal tônica aberta, conforme o paradigma: *estora (ó), intera (é), penera (é), manera (é).*

283. Verbos com encontro consonantal (*optar, obstar, dignar-se, indignar-se, raptar*).

Pronúncia exclusiva do uso culto padrão, o acento tônico incide na vogal do radical nas três pessoas do singular e na terceira pessoa do plural do presente do indicativo e do presente do subjuntivo: *opto (ó), optas (ó), opta (ó), optam (ó), opte (ó); digno-me (í), dignas-te, digna-se, digne-me, digne-se.*

284. Verbos de infinitivo monossilábico

– *dar*: pres. do ind.: *dou, dás, dá, damos, dais, dão;* pret. perf.: *dei, deste, deu, demos, destes, deram;* pres.do subj.: *dê, dês, dê, demos, deis, deem*;

– *crer* (e *descrer*): pres. do ind.: *creio, crês, crê, cremos, credes, creem;* pret. perf.: *cri, creste, creu, cremos, crestes, creram*;

– *ir*: pres. do ind.: *vou, vais, vai, vamos, ides, vão;* pret. imperf.: *ia, ias, ia, íamos, íeis, iam;* pret. perf.: *fui, foste, foi, fomos, fostes, foram;* pres. do subj.: *vá, vás, vá, vamos, vades, vão*;

– *ler*: conjuga-se como *crer*;

– *pôr* (e derivados: *compor, dispor* etc.): pres. do ind.: *ponho, pões, põe, pomos, pondes, põem;* pret. perf.: *pus, puseste, pôs, pusemos, pusestes, puseram;* pret. imperf. do ind.: *punha, punhas, punha, púnhamos, púnheis, punham*;

– *rir* (e *sorrir*): pres. do ind.: *rio, ris, ri, rimos, rides, riem*;

– *ser*: pres. do ind.: *sou, és, é, somos, sois, são;* pret. perf. do ind.: *fui, foste, foi, fomos, fostes, foram;* pret. imperf. do ind.: *era, eras, era, éramos, éreis, eram;* pres. do subj.: *seja, sejas, seja, sejamos, sejais, sejam;* imp. afirm.: *sê* (tu), *sede* (vós);

– *ter* (e derivados: *conter, entreter, suster* etc): pres. do ind.: *tenho, tens, tem, temos, tendes, têm;* pret. perf.: *tive, tiveste, teve, tivemos, tivestes, tiveram;* pret. imperf.: *tinha, tinhas, tinha, tínhamos, tínheis, tinham*;

– *ver* (e derivados: *prever, antever, rever*): pres. do ind.: *vejo, vês, vê, vemos, vedes, veem;* pret. perf.: *vi, viste, viu, vimos, vistes, viram*;

– *vir* (e derivados que não sejam defectivos: *provir, intervir, convir*) pres. do ind.: *venho, vens, vem, vimos, vindes, vêm;* pret. perf.: *vim, vieste, veio, viemos, viestes, vieram;* pret. imperf. do ind.: *vinha, vinhas, vinha, vínhamos, vínheis, vinham.*

Classes Invariáveis

285. O grupo das classes invariáveis compreende o **advérbio**, a **preposição**, as **conjunções subordinativa** e **coordenativa** e a **interjeição**. Por não se distinguirem no campo da morfologia, estas classes serão descritas seja segundo seu funcionamento como unidade do discurso — a interjeição — (v. §301), seja como constituintes dos sintagmas e orações (v. §§303-306).

O advérbio

286. Chama-se *advérbio a palavra invariável que serve de núcleo a um sintagma adverbial* (v. §§396-402). A maioria dos advérbios emprega-se para localizar no tempo ou no espaço os objetos a que fazemos referência nos nossos discursos. Exprimem basicamente posições temporais (**advérbios de tempo**) relativamente a um ponto convencional na linha do tempo: *cedo, tarde, ontem, hoje, amanhã, antes, agora, depois, então, aí, logo, já, ainda, sempre, nunca*; posições espaciais (**advérbios de lugar**) relativamente a um ponto convencional no espaço, físico ou textual: *aqui, aí, ali, lá, acolá, acima, abaixo, além, aquém, dentro, fora, atrás, alhures.* São menos numerosas as subclasses dos **advérbios de intensidade**: *muito, pouco, bastante, assaz, mais, menos, apenas, quase, demais*; **de modo**: *assim, bem, mal, como* (nas frases interrogativas); **de dúvida**: *talvez, quiçá, porventura*; **de negação**: *não*.

O uso do sufixo adverbial *-mente* junto a adjetivos (*provavelmente, unicamente, tardiamente*) estende sem limite cada uma dessas séries, além de criar outras séries (v. §§396-402 para o detalhamento da sintaxe dos advérbios).

O advérbio e a noção de grau

287. Alguns advérbios são passíveis de gradação exatamente como os adjetivos; por isso, podem vir precedidos de um advérbio de intensidade (*muito cedo, bastante tarde, mais longe, pouco perto*) ou receber um sufixo de grau: *-íssimo*, no registro formal (*cedíssimo, pertíssimo*), *-inho*, no registro informal (*cedinho, pertinho*).

Locuções adverbiais

288. Os lugares sintáticos ocupados pelos advérbios podem ser preenchidos por sintagmas fixos conhecidos como **locuções adverbiais**. Muitas delas se prestam à expressão de variações aspectuais do verbo (*de vez em quando, às vezes, de hora em hora, pouco a pouco, por pouco, de repente, de supetão*); de intensificações do processo verbal, muito comuns na língua falada informal (*à beça, pra burro, pra cachorro*); de modos do processo verbal (*de bruços, de lado, de mão em mão, em pé, com pressa, aos trancos, por milagre*).

Preposições

289. Chama-se *preposição a palavra invariável que precede uma unidade nominal — substantivo, pronome substantivo, infinitivo —, convertendo-a em constituinte de uma uni-*

dade maior. Por estar sempre apta a originar construções ou locuções de caráter adjetivo ou adverbial, a preposição é, sobretudo, do ponto de vista sintático, um transpositor (v. §§404-410).

Tanto quanto as demais espécies de conectivos, as preposições contribuem de forma mais ou menos relevante para o significado das construções de que participam. Essa maior ou menor relevância está relacionada aos graus de liberdade do enunciador na seleção da preposição. Em muitos casos, a preposição não é escolhida pelo que significa, mas imposta ao usuário da língua pelo contexto sintático; isto é, ela é selecionada pela palavra que a precede, seja um verbo, um substantivo, um adjetivo ou um advérbio (*Dependo de você, Concordo com você, Refiro-me a você, confiante em mais uma vitória, derrotado por um adversário*). Diversa é a situação da preposição em *Viajou sem destino, Viajou com a família, Viajou para o Nordeste, Viajou pelo litoral, Viajou entre os meses de abril e junho, Morava na roça, Morava perto da estação, caixa de papelão, caixa para charutos, caixa com alça.*

No primeiro conjunto, a preposição — enfraquecida ou mesmo esvaziada de sentido próprio — faz parte do núcleo verbal, e o sintagma nominal que se segue funciona como complemento (relativo ou nominal) desse núcleo; no segundo, ela forma com a unidade seguinte um sintagma preposicional de função adverbial ou adjetiva, além de se destacar, por ser uma escolha entre outras, pelo significado que acrescenta à construção.

Locução prepositiva

290. Assim se chama a *combinação estável de palavras que equivale a uma preposição*. As locuções prepositivas são finalizadas por preposição e originam sintagmas preposicionais para funções adverbiais ou adjetivas (Cf. *Deixei o livro sobre a mesa/Deixei o livro em cima da mesa; viagem pelo sertão/viagem em torno da lua*). Há dois tipos de locuções prepositivas: o que consiste na sequência "preposição + substantivo (ou advérbio) + preposição" (*em cima de, em vez de, a troco de, a respeito de, por dentro de, por volta de*) e o formado por "advérbio + preposição" (*perto de, longe de, fora de, além de*). O primeiro modelo é altamente produtivo, uma vez que, valendo-se de substantivos, serve à expressão de um variado leque de conteúdos: **tempo** (*ao fim de, ao cabo de, por ocasião de, por volta de*), **lugar** (*em cima de, por baixo de, à volta de, em torno de*), **causa** (*em virtude de, por força de, por causa de, por motivo de, em função de*), **referência** (*em relação a, a respeito de, em termos de, a propósito de*), **concessão** (*a despeito de, em que pese a*), **contraste** ou **substituição** (*em vez de, em lugar de, de preferência a*), **meio** ou **instrumento** (*por meio de, por intermédio de*), **finalidade** (*de modo a, de molde a, a fim de*), **proveito** ou **prejuízo** (*a favor de, em função de, em proveito de, em detrimento de*) etc. O segundo modelo serve para exprimir exclusivamente noções de **tempo** (*den-*

tro de dez dias, *perto* de trinta minutos) e de **lugar** (*dentro da* caixa, *perto da* escola, *além do* horizonte).

Conjunções subordinativas

291. Chama-se *conjunção subordinativa a palavra invariável que precede uma oração desenvolvida, convertendo-a em constituinte de uma oração maior.* As conjunções subordinativas são de duas espécies, segundo a classe do sintagma que originam: **conjunções integrantes** (ou nominalizadores), quando originam sintagmas nominais, e **conjunções adverbiais**, quando originam sintagmas adverbiais (para maiores detalhes, v. §§411-441). A maioria das conjunções subordinativas adverbiais é formada por combinações estáveis finalizadas pelo conectivo padrão *que*, conhecidas como **locuções conjuntivas** (*sempre que, à medida que, para que, contanto que, ainda que* etc.)

Conjunções coordenativas

292. Chama-se *conjunção coordenativa a espécie de palavra gramatical que une duas ou mais unidades (palavras, sintagmas ou orações) da mesma classe formal e mesmo valor sintático.* As conjunções coordenativas típicas são *e* (aditiva), *ou* (alternativa) e *mas* (adversativa). Para maiores detalhes, v. §§447-452.

Pronomes relativos

293. Chama-se *pronome relativo a classe de palavras gramaticais que reúne as características do pronome e da conjunção subordinativa*. O pronome relativo empregado em todas as variedades da língua é *que*; as formas *cujo* e *o qual* — e respectivas variações — pertencem às variedades formais da língua. Para maiores detalhes, v. §§420-424.

SINTAXE: CONSTRUÇÃO GRAMATICAL DA FRASE

A Frase na Fala e na Escrita

294. Na comunicação falada circunstancial típica, em que os interlocutores se acham em interação face a face, as frases tendem à fragmentação, tornando-se formalmente incompletas, sem que, entretanto, a compreensão fique prejudicada: a troca dos turnos de fala (a vez de cada interlocutor no diálogo), o contexto global da fala dos interlocutores e a situação em que estes se acham vão preenchendo os vazios próprios dos enunciados incompletos. A passagem abaixo, trecho de entrevista integrante de uma pesquisa sobre língua falada no Rio de Janeiro, não é um diálogo tipicamente circunstancial, mas reúne traços característicos da fala: hesitações, repetições, desvios temáticos, fragmentação.

> ***Documentador****: Você podia comparar os nossos supermercados com os americanos que realmente são (...) uma sedução... não é?*
> ***Locutor****: É... eles têm... embora eu lá eu não... não conheça muito bem... eu nunca... não tinha esse problema de comprar em supermercado... não é? Mas o que eles apresentam no sentido de convite à compra... esses supermercados... não é... de... de... de colocar estrategicamente o... o material pra ser comprado... pra chamar a atenção... não é? Eu geralmente... quando eu vou a um supermercado... às vezes eu sou encarregado de ir ao supermercado com uma lista... não é... e... e às vezes eu crio um problema porque eu não compro... não compro nada não... mas muita coisa da lista eu não compro e compro uma série de coisas que não estão na lista...*

Todavia, no discurso planejado, geralmente de um locutor que o produz para um destinatário que apenas o recebe, a organização gramatical das frases é mais rígida, já que o enunciador, assumindo unilateralmente a responsabilidade pela seleção e encadeamento dos conteúdos na construção do texto, vai tomando, nesse percurso, precauções que garantam o sucesso da comunicação.

295. As duas condições de discurso mencionadas acima estão na raiz de duas ordens de enunciados tradicionalmente reconhecidas pelos gramáticos: numa ordem acham-se as **frases de situação** e as **frases elípticas**, em outra as frases formalmente completas, ou **períodos**. Pode-se dizer que essas duas ordens representam graus opostos de aderência das frases ao contexto em que ocorrem. Em um extremo, mais aderentes ao contexto situacional, situam-se as frases de situação e as frases elípticas; no outro ficam as frases formalmente completas, ou períodos, que, em teoria, são internamente dotadas das partes necessárias à sua compreensão. Temos um exemplo de frase formalmente completa no trecho inicial do primeiro parágrafo deste capítulo. Este exemplo começa em *Na* e termina em *prejudicada*. Frases de situação e frases elípticas empregam-se ordinariamente na conversa. Na sua forma mais sintética, as frases de situação assumem a forma de **interjeições** (v. §301).

As Intenções do Enunciador e os Tipos de Frases

296. Qualquer enunciado é necessariamente veículo de alguma intenção de seu enunciador: ele tanto exprime a "neutralidade do ato de informar", subjacente à frase declarativa típica, quanto explicita uma tomada de posição sobre a reação que o enunciador espera de seu interlocutor, como nas ordens e perguntas.

A intenção do enunciador pode estar manifesta nos procedimentos formais da língua, como a **entoação**, que distingue uma ordem de uma pergunta, uma exclamação de uma simples declaração, ou como os recursos **modalizadores**, do tipo *provavelmente, é preciso que, quero saber se* etc. Uma frase como *São sete horas* pode ser uma resposta neutra a um pedido de informação, ou um aviso. Podemos explicitá-la como aviso acrescentando *já* ou *ainda*. O uso de *já* na frase declarativa dirigida ao interlocutor sinaliza para este a necessidade de uma reação imediata; já o uso de *ainda* sinaliza a conveniência de retardar essa reação.

Estes são exemplos de diferentes **atos verbais**, classificados segundo os papéis interpessoais desempenhados pelas frases. Tradicionalmente distinguem-se quatro tipos de frases segundo a explicitação formal desses papéis: **frases declarativas, frases exclamativas, frases interrogativas** e **frases imperativas**.

Frases declarativas

297. São as *frases por meio das quais o enunciador se reporta a dados de um universo real ou imaginário*. São típicas da função referencial da linguagem e não implicam a presença do interlocutor na situação de comunicação. Podem ser afirmativas (*Os homens trabalhavam na lavoura*) ou negativas (A*s mulheres não trabalhavam na lavoura*).

Frases exclamativas

298. As *frases exclamativas* são em geral *variantes das frases declarativas — também dispensam a presença do interlocutor —, acrescentadas da entoação com que o enunciador expressa sua reação emotiva diante do fato relatado na frase*. Assim, as frases exclamativas se reportam necessariamente a dados de um universo real em relação aos quais o enunciador manifesta uma variada gama de atitudes subjetivas, como surpresa, deslumbramento, temor, desencanto, tédio, indicadas na escrita por meio do sinal (!).

Frases interrogativas

299. *Frases interrogativas* são *"comandos verbais" marcados por entoações características, por meio das quais o enunciador coloca seu interlocutor no papel de fornecedor de uma* *informação.* Há frases interrogativas globais — nas quais o foco da pergunta é a relação entre o verbo e os demais constituintes da frase (*Estes sapatos são feitos de couro?*, *Essas crianças estudam em escola pública?*), e às quais se pode responder com os advérbios sim ou não —, e as frases interrogativas parciais, nas quais o foco da pergunta é uma parte da frase (*De quê são feitos estes sapatos?*, *Onde essas crianças estudam?*).

Frases imperativas

300. As *frases imperativas* são *"comandos verbais" enunciados com entoações características, necessariamente dirigidos a um ou mais de um interlocutor com a intenção de produzir um comportamento, verbal ou não verbal.* O papel de "comando verbal" as coloca numa mesma ampla classe ao lado das frases interrogativas, das quais diferem, no entanto, pela natureza do comportamento do destinatário. As frases imperativas estão sujeitas a um variado espectro de entoações, conforme sejam modalizadas como ordem, pedido, conselho, chamado, apelo, súplica, exortação etc., de acordo com os papéis sociocomunicativos desempenhados pelos interlocutores (cf. o conceito de **situação discursiva**, §§54-65).

Interjeição

301. Chamam-se *interjeições as palavras que se empregam exclusivamente como frases de situação* (v. §§294-295). Elas pertencem, por sua função comunicativa (v. §152) à classe dos substitutos oracionais, designação que abrange ainda os advérbios sim e não, que se utilizam, por exemplo, como resposta a uma pergunta. As interjeições, porém, têm a particularidade de só serem utilizadas nas chamadas funções emotiva e conativa da linguagem (v. §§12-23).

De acordo com a intenção de quem as enuncia, as interjeições podem ser:

- **sintomáticas**, quando traduzem estados emocionais como admiração, surpresa, desalento etc. (*Ui!,Oh!, Ih!, Epa!, Chi!, Ufa!, Oba!*). São formas condensadas de frases exclamativas.
- **apelativas**, quando servem para alertar ou chamar o interlocutor (*Olá!, Ei!, Hein!, Ahn!, Psiu!*). São formas condensadas de comandos verbais.
- **onomatopaicas**, quando reproduzem sons não linguísticos (*Pou!, Pá!, Zum!*). São formas condensadas de declarações.

O vocativo

302. Dá-se o nome de *vocativo* ao *termo com que o enunciador identifica o interlocutor/destinatário — pessoa ou animal — quando a ele se dirige* (*Maria, que horas são?*, *Passa já pra dentro, Sultão!*, *Garçom, traz a conta, por favor.*, *O que é* *isso, companheiro?*). Unidade típica da função interpessoal da linguagem (cf. §§12-23), o vocativo vem necessariamente acompanhado de uma entoação característica, como ocorre com as interjeições. O vocativo não constitui uma função sintática, mas discursiva, pois, assim como acontece com as interjeições, é comum seu emprego isolado como frase imperativa, como no ato de chamar alguém que esteja distante (o substituto desse vocativo é a interjeição *Psiu!*) ou ausente (quando não se sabe o nome da pessoa a ser chamada, este vocativo dá lugar ao ato de bater palmas), ou ainda nos atos de repreender ou saudar o interlocutor. Isolados em frases exclamativas, alguns vocativos cristalizaram-se como locuções interjetivas (*Minha Nossa Senhora!*, *Deus do céu!*).

Nas seções que se seguem vamos detalhar os conceitos estruturais relativos à construção da frase na modalidade escrita culta. Identificaremos as diferentes espécies de unidades que pertencem ao plano do conteúdo, bem como as regras mediante as quais tais unidades integram as construções maiores.

Níveis Estruturais no Plano do Conteúdo: do Morfema ao Período

303. A estrutura do plano do conteúdo numa língua como o português comporta vários níveis. Cada nível caracteriza-se por uma espécie de **unidade**. O **morfema**, que é a menor unidade dessa estrutura, situa-se no nível mais baixo. Acima dele temos, respectivamente, os níveis do **vocábulo**, do **sintagma**, da **oração** e do **período**. Segmentos de níveis mais altos do que o período, como o **parágrafo** e o **capítulo**, são construídos graças a princípios estruturais que ultrapassam os limites da sintaxe, conforme a entendemos nesta obra. O estudo dos morfemas e de sua participação na estrutura e significado das palavras é o objeto da **morfologia**. Nesta seção vamos nos ocupar da construção dos sintagmas, das orações e dos períodos.

304. Chama-se *oração a unidade gramatical construída em torno do verbo.* No poema de Manuel Bandeira que abaixo se transcreve, o limite de cada oração é assinalado por "#". Nele há tantas orações — oito — quantos são os verbos — oito —, e os demais constituintes de cada uma ligam-se de alguma forma ao respectivo verbo.

O pardalzinho nasceu
Livre #. Quebraram-lhe a asa #.
Sacha lhe deu uma casa,
Água, comida e carinhos #.
Foram cuidados em vão #:
A casa era uma prisão #,
O pardalzinho morreu #.

O corpo Sacha enterrou
No jardim #, a alma, essa voou
Para o céu dos passarinhos #.

(M. Bandeira, 1974)

O termo *período* é usado para designar *uma oração simples ou uma união de orações que funcionam como unidade de comunicação entre a pessoa que fala/escreve e a pessoa que ouve/lê*. No exemplo *O prisioneiro desatou o nó das cordas com muita facilidade* temos um período constituído de uma oração, que, por sua vez, contém onze vocábulos — *o, prisioneiro, desatou, o, nó, de, as, cordas, com, muita, facilidade*. Os vocábulos *prisioneiro, desatou, as, cordas, muita* e *facilidade* são divisíveis em mais de um morfema: prision + eiro, des + at + o + u, a + s, cord + a + s, muit + a, facil + idade (sobre estas unidades, cf. §§134-140). Por ser constituído de apenas uma oração, este período é classificado como **simples**. Períodos formados de duas ou mais orações chamam-se **compostos**. A oração, por sua vez, divide-se em **sintagmas**. O nível dos sintagmas é um pouco mais complexo, pois pode haver sintagmas dentro de sintagmas mais amplos.

O Sintagma

305. A oração que estamos analisando segue o modelo de estrutura oracional da língua escrita, formado de dois sintagmas: um **sintagma nominal** (SN), seu sujeito (*o prisioneiro*), e um **sintagma verbal** (SV), seu predicado (*desatou o nó das cordas com muita facilidade*). Este SV contém, por sua vez, dois outros sintagmas: *o nó das cordas*, também um SN, e *com muita facilidade*, um sintagma adverbial.

Vamos utilizar dois procedimentos para demonstrar o conceito de sintagma: deslocamento e substituição. Uma sequência de unidades será um sintagma se satisfizer pelo menos uma das condições seguintes:

1) ser deslocável para outra posição na oração;
2) ser substituível por uma unidade simples;

De acordo com a condição 1), as sequências *o prisioneiro, o nó das cordas* e *com muita facilidade* são sintagmas, já que podemos também dizer:

O nó das cordas, o prisioneiro desatou com muita facilidade.
Com muita facilidade, o prisioneiro desatou o nó das cordas
Com muita facilidade, desatou o prisioneiro o nó das cordas.

De acordo com a condição 2), confirma-se que essas mesmas sequências são sintagmas, já que podemos substituí-las, conforme os seguintes exemplos:

– Ele (= o prisioneiro) *desatou o nó das cordas com muita facilidade*
– *O prisioneiro desatou-o* (= o nó das cordas) *com muita facilidade.*
– *O prisioneiro desatou o nó das cordas facilmente* (= com muita facilidade).

Também de acordo com a condição 2), podemos reconhecer que toda a sequência *desatou o nó das cordas* é um sintagma, já que ela é substituível por uma forma verbal simples: *O prisioneiro fugiu com muita facilidade.*

O sintagma *desatou o nó das cordas* é um sintagma que contém outro, pois, como vimos acima, *o nó das cordas* também é um sintagma.

Por tudo que temos visto, percebemos que as unidades são reconhecidas por ocuparem certos **lugares** na estrutura gramatical: *ele* e *o prisioneiro* ocupam o mesmo lugar; *facilmente* e *com muita facilidade* ocupam o mesmo lugar; *desatou o nó das cordas* e *fugiu* ocupam o mesmo lugar. Por isso é que são sintagmas. Além disso, sintagmas que ocupam o mesmo lugar na estrutura classificam-se da mesma maneira: *ele* e *o prisioneiro* são sintagmas de tipo nominal (SN), *facilmente* e *com muita facilidade* são sintagmas de tipo adverbial (sadv.), e *fugiu* e *desatou o nó das cordas* são sintagmas verbais (SV).

Do que ficou dito acima tiram-se as seguintes conclusões:

- os vocábulos não formam a oração senão indiretamente; eles se associam em unidades complexas — os sintagmas — que são os verdadeiros constituintes da oração;
- um sintagma pode ser constituído por um grupo de vocábulos ou por um vocábulo simples;
- os sintagmas, assim como os morfemas e as palavras, pertencem a diferentes classes.

As classes de sintagmas

306. Em nossa descrição da sintaxe do português trabalharemos com cinco classes de sintagmas: o **sintagma nominal** (SN), o **sintagma verbal** (SV), o **sintagma adjetival** (sadj.), o **sintagma adverbial** (sadv.) e o **sintagma preposicional** (sprep.). Essa é uma classificação ao mesmo tempo mórfica, baseada na classe de palavra que tipicamente preenche o sintagma, e funcional, por dizer respeito à posição do sintagma na estrutura da frase.

Os sintagmas podem ser básicos ou derivados. Chamam-se *básicos os sintagmas formados por uma classe de palavra apta a constituir por si só o respectivo sintagma*. São básicos, portanto, o SN formado de substantivo ou pronome substantivo, o sadj., formado por adjetivo, e o sadv., formado por advérbio. Chamam-se *derivados os sintagmas criados por meio de transposição* (v. §§404-410). Os sintagmas preposicionais são sempre sintagmas derivados, visto que só podem ser formados pela adição de uma preposição a outro sintagma. Eles se formam regularmente na língua para as mesmas funções dos sintagmas adjetivais e dos sintagmas adverbiais.

O Objeto da Sintaxe

307. Nos §§303-304 foi utilizado um poema de Manuel Bandeira para a ilustração do conceito de oração; para ilustrar o conceito de período e para demonstrar o conceito de sintagma, no entanto, utilizamos uma unidade isolada. O uso de períodos isolados e independentes, embora seja um procedimento comum na análise da estruturação sintática, só se justifica como recurso didático. A comunicação linguística se faz por meio de textos, e esses não são simples conjuntos de frases soltas e independentes. Um exame, mesmo superficial, das orações que ocorrem no poema de Manuel Bandeira mostra que a compreensão do significado da maioria delas depende do contexto (cf. [água, comida e carinhos] *Foram cuidados em vão*; *Quebraram-lhe* [= (d)o pardalzinho] *a asa*; e *O corpo* [do pardalzinho] *Sacha enterrou/No jardim.*).

308. A sintaxe é responsável, ao lado da morfologia e do léxico, por parte fundamental da organização do significado das frases (cf. o conceito de **competência léxico-gramatical**, §77), mas alguns aspectos desse significado estão fora de seus limites, como se viu acima. A *sintaxe diz respeito aos mecanismos gramaticais que estruturam internamente o período a partir das palavras*, mas não pode fornecer uma explicação, por exemplo, para o entendimento de que, na sétima oração, o sintagma *o corpo* equivale, de fato, a *o corpo do pardalzinho*. Esta informação está no texto, como parte da **competência pragmático-textual** (v. §78), mas fora da oração.

Os mecanismos gramaticais a que nos referimos no parágrafo acima como constitutivos da sintaxe compreendem:

- a escolha da unidade — palavra ou sintagma — de acordo com sua classe ou subclasse.

Assim, pode-se dizer *O <u>pardalzinho</u> morreu*, mas não *O <u>em vão</u> morreu* — pois essa posição tem de ser ocupada por um substantivo; pode-se dizer *O corpo Sacha enterrou <u>no</u> jardim*, mas não *O corpo Sacha enterrou <u>com</u> o jardim* — pois só a preposição *em* pode introduzir o complemento do verbo *enterrar.*

- a posição de cada unidade — palavra ou sintagma — na construção da unidade do nível superior.

Assim, pode-se dizer *O corpo Sacha enterrou no jardim* ou *Sacha enterrou o corpo no jardim*, mas não *No enterrou jardim Sacha corpo o*.

- a forma morfossintática dos vocábulos adequada à relação que se estabelece entre eles.

Assim, pode-se dizer *Foram cuidados em vão*, mas não *Foi cuidados em vão*; pode-se dizer *Quebraram-lhe a asa*, mas não *Quebraram-no a asa*.

- a substituição de unidades por alguma palavra ou por sua ausência, sem prejuízo para o entendimento da frase.

Assim, diante da frase *Luís colhia as laranjas e seu irmão encaixotava*, atribui-se ao segundo verbo o mesmo complemento — laranjas — do primeiro.

A Ordenação dos Sintagmas na Construção do Enunciado

309. Vimos no §305 que a mobilidade no interior da oração ou período é uma característica de certos sintagmas. Nas descrições da sintaxe do português sempre há referência à "colocação dos termos" e a conceitos como "ordem direta" (cf. *Eu cuido da minha vida*") e "ordem inversa" (cf. *Da minha vida cuido eu*).

A posição de um constituinte na frase pode estar sujeita a regras estritamente gramaticais (p. ex., é obrigatória a posição do artigo antes do substantivo; o pronome pessoal oblíquo tônico vem necessariamente após a preposição), ou a fatores gramaticais combinados com motivações discursivo-textuais diversas, como a topicalização (v. §365), a focalização (v. §366), a natureza da informação e a continuidade temática do discurso (v. exemplos a seguir).

310. Vamos nos limitar aqui a algumas observações sobre fatores textuais que condicionam o posicionamento dos sintagmas no **início de um período**. Essa posição é geralmente ocupada por um dos seguintes termos:

a) o sujeito da oração, nas frases declarativas introdutoras de informação nova, como a que inicia um texto;

b) qualquer sintagma que sirva de tópico ao enunciado, em geral contendo uma informação disponível no contexto do discurso ou aí mencionada, caso em que reaparece para efeito de encadeamento textual;

c) o adjunto adverbial de oração, que exprime um quadro de referência mental (ponto de vista, campo temático, modalidade) em relação ao qual se deve considerar a validade do conteúdo da oração principal.

Vamos acompanhar no trecho seguinte o papel dos constituintes que ocupam a primeira posição nos períodos:

> *O Rio de Janeiro e a Baixada Fluminense* (1) *vão ganhar, nos próximos quatro anos, pelo menos 12 novos shoppings. Até 2001*

> (2), *segundo dados da Federação das Indústrias do Estado do Rio de Janeiro (Firjan), serão investidos quase US$ 893 milhões na construção e ampliação de shoppings no estado.*
>
> *A reboque desses investimentos* (3), *vem a valorização dos imóveis residenciais. Casas e apartamentos localizados próximo aos futuros shoppings* (4) *podem ficar entre 15% e 50% mais caros, num período de dois a três anos, segundo corretores e construtores. Com os novos centros comerciais* (5), *essas áreas ganham mais segurança, melhorias em infraestrutura urbana e um trânsito maior de pessoas.*
>
> *As áreas mais beneficiadas* (6) *serão a Baixada Fluminense e a Zona Oeste do Rio, que devem ganhar, cada uma, três novos shoppings. E é justamente nas áreas mais carentes* (7) *que o impacto é maior.*
>
> — *Se a região tem poucas opções de lazer, compras e serviços* (8), *a valorização provocada pelo shopping tem um efeito muito maior — explica o diretor-presidente da corretora.* (*O Globo*, 11.7.99)

Os termos assinalados como 1, 4 e 6 são especificados como o item a); 2, 5 e 8 são especificados como c); 3 e 7 são casos típicos de b).

Os Processos Sintáticos: Subordinação e Coordenação

311. Palavras, sintagmas, orações se conectam no discurso em virtude de variadas relações semânticas, algumas vezes intuídas pelo locutor/receptor, graças a fatores extralinguísticos, outras explicitadas por uma gama de meios formais: concordância nominal e verbal, preposições, conjunções, pronomes etc. Intuídas ou explícitas, essas conexões se estabelecem tanto no interior do período (conexões sintáticas), como no interior do texto (conexões textuais). Quando se passam no interior do período, essas conexões se classificam em três tipos fundamentais: **justaposição**, **subordinação** e **coordenação**. Dois ou mais constituintes do enunciado se dizem unidos por justaposição quando não há qualquer marca formal — concordância, palavras gramaticais — dessa união. As palavras gramaticais que servem de instrumento a estes processos são os conectivos.

Os conectivos são, portanto, de duas espécies: conectivos de coordenação e conectivos de subordinação. Os conectivos de coordenação, chamados **conjunções coordenativas** ou simplesmente **coordenantes**, servem para ligar duas ou mais unidades — palavras, sintagmas, orações — que tenham a mesma natureza gramatical ou a mesma função sintática. Os conectivos de subordinação, isto é, preposições, conjunções subordinativas e pronomes relativos, servem para criar estruturas sintaticamente distintas das unidades ou construções que introduzem.

312. A união sintática de dois sintagmas ou de duas orações pode ainda ser expressa por um *par de palavras ou locuções que separadamente assinalam cada um dos termos conectados*. É o que se passa com a construção *tanto eu quanto ele*, comparada a *eu e ele*. Trata-se da *correlação*, processo usual na linguagem da argumentação utilizado para dar idêntico realce às unidades conectadas. A maior parte das palavras gramaticais que a realizam é emprestada de outras classes, como os advérbios *tanto* e *quanto*, *mais* e *também*. A correlação é um expediente retórico, de rendimento enfático no discurso, e não um processo sintático distinto da coordenação e da subordinação.

313. Os conectivos de coordenação jamais podem ocorrer no início de um período; o lugar deles é no ponto em que uma unidade coordenada termina e a seguinte começa. Já os conectivos de subordinação pertencem à unidade ou construção que eles iniciam. Por isso, se esta unidade ou construção puder ser deslocada dentro do período, o conectivo de subordinação, que a introduz, acompanha-a obrigatoriamente. Isto jamais acontece com o conectivo de coordenação, cujo lugar é necessariamente **entre** as unidades coordenadas. Por sua vez, os conectivos da correlação podem ou não pertencer às unidades que introduzem. Vamos exemplificar estas características:

> *Era evidente que o estacionamento estava lotado.*
> *Que o estacionamento estava lotado era evidente.*

Nos exemplos acima o conectivo *que* está **soldado** à construção, por isso ele a acompanha se ela se desloca. Isto é uma prova de que se trata de um conectivo de subordinação.

Por outro lado, uma oração iniciada por *mas* não pode se deslocar para o início do período levando consigo o conectivo. Vejamos:

> *A greve terminou, mas os ônibus ainda não voltaram a circular.*
> * *Mas os ônibus ainda não voltaram a circular, a greve terminou.*

Este fato é uma prova de que *mas* é um conectivo de coordenação, e de que a oração *Os ônibus ainda não voltaram a circular* é coordenada.

Acompanhemos agora o comportamento dos conectivos *de* e *ou*:

> *Aceito um pedaço desse bolo.*
> *Desse bolo aceito um pedaço.*

Aceito uma fruta ou um sorvete.
**Ou um sorvete aceito uma fruta.*

Os exemplos acima revelam que *de*, deslocado junto à construção que ele introduz, é um conectivo de subordinação, e que *ou*, não deslocável, é um conectivo de coordenação.

Por outro lado, os exemplos a seguir:

Esse peixe está mais *morto* do que *vivo.*
Tanto *o padre* quanto *o sacristão deram boas gargalhadas.*
Ele não só *a abraçou,* mas ainda *lhe deu um beijo.*

ilustram a estruturação correlativa da subordinação (primeiro exemplo) e da coordenação (exemplos seguintes). No primeiro, os termos sublinhados se conectam por meio de *mais*, que se une a *morto*, e de *do que*, que se une a *vivo*; no segundo, por meio de *tanto*, que se une a *o padre*, e de *quanto*, que se une a *o sacristão*; no terceiro, por meio de *não só*, que se une a *a abraçou*, e de *mas também*, que se une a *lhe deu um beijo*.

Classes de Palavras segundo a Distribuição Sintática

314. As palavras podem ocupar na estrutura da oração ou do sintagma cinco posições características, que identificaremos com os seguintes rótulos: **núcleo**, **adjacente**, **coordenante**, **subordinante** e **demarcador**.

Núcleo

Ocupam a posição de *núcleo todas as classes de palavra que podem ocorrer como constituinte único de um sintagma básico*: o substantivo (núcleo do SN), o verbo (núcleo do SV), o adjetivo (núcleo do sadj.), os pronomes substantivos (núcleos do SN) e o advérbio (núcleo do sadv.). Por equivalerem a enunciados, também as interjeições se incluem na classe dos núcleos.

Adjacente

O conceito de adjacente é necessariamente relativo ao de núcleo. *Adjacente é todo termo cuja ocorrência está vinculada à do núcleo da construção.* Os adjetivos, por exemplo, são adjacentes na estrutura do sintagma nominal, ainda que sejam nucleares na estrutura do sintagma adjetival. Os advérbios são adjacentes na estrutura do sintagma verbal e do próprio enunciado, embora sejam nucleares na construção do sintagma adverbial. Quando ocorrem na órbita do sintagma nominal, são adjacentes os artigos, os numerais e os pronomes demonstrativos, possessivos e indefinidos.

Coordenante (ou conjunção coordenativa)

Chamam-se *coordenantes as palavras gramaticais que servem para unir palavras, sintagmas e orações da mesma categoria ou função*. Os coordenantes se posicionam entre as unidades ligadas e não participam da estrutura de nenhuma delas. São coordenantes típicos as conjunções coordenativas *e*, *ou* e *mas*.

Subordinante

Chamam-se *subordinantes as palavras gramaticais que introduzem sintagmas e orações junto aos quais passam a formar novos sintagmas distribucionalmente distintos das unidades a que se juntaram*. Os subordinantes, portanto, diferentemente dos coordenantes, servem para caracterizar a classe desses sintagmas que passam a integrar. Desempenham esse papel as classes tradicionalmente identificadas como preposições (capazes de originar sintagmas adjetivais e adverbiais derivados); conjunções integrantes, ou nominalizadores (que precedem orações na formação de sintagmas nominais derivados); conjunções adverbiais (que precedem orações na formação de sintagmas adverbiais derivados); pronomes relativos e advérbios relativos (que introduzem orações convertidas em sintagmas adjetivais derivados); pronomes interrogativos e advérbios interrogativos (que introduzem orações convertidas em sintagmas nominais derivados).

Demarcador

Assim como os adjacentes e os subordinantes, os *demarcadores acompanham outras construções, mas, diversamente daqueles, não tomam parte no sintagma que acompanham*. Demos-lhes o nome de "demarcadores" porque, do ponto de vista distribucional, seu lugar é no limite dos sintagmas, sem contudo uni-los como fazem os coordenantes. São exemplos de demarcadores os advérbios *até* e *exceto* nas frases *Até eu faria esse gol* e *O restaurante serve almoço das 12 às 15h exceto aos domingos*.

Substantivo, **verbo**, **adjetivo**, **numeral**, **pronome**, **artigo**, **advérbio**, **preposição**, **conjunção subordinativa**, **conjunção coordenativa** e **interjeição** são classes de palavras que exprimem, como se viu nos §§144 e seguintes, modos de simbolizar ou significar nossa relação com o mundo através da língua que aprendemos e falamos. Essas classes fazem parte do sistema de categorias a que nos referimos no §6, onde se lê que "o mundo experimentado pelo homem não entra em sua consciência de forma bruta e caótica, mas estruturado por meio de categorias da linguagem, isto é, sob a forma de conhecimento".

O Período Simples

315. Conforme vimos nos §§303-304, o período é a maior unidade da estrutura gramatical. Chama-se simples quando é constituído de uma só oração (*O pardalzinho nasceu livre*) e composto quando é formado de duas ou mais orações (*O pardalzinho nasceu livre, mas morreu numa gaiola*).

Também já está claro que a oração é necessariamente formada por um verbo, o qual serve de eixo ao qual se prendem os demais constituintes. Na oração *O pardalzinho nasceu livre*, tanto o sintagma nominal *o pardalzinho* quanto o sintagma adjetival *livre* completam a oração através do verbo, ao qual se unem. Outro seria o significado da oração se disséssemos *O pardalzinho livre nasceu.*

Sujeito e Predicado

316. Divide-se tradicionalmente a oração em dois constituintes, um SN e um SV, conforme vimos no §304. O SN tem a função de sujeito, e o SV tem a função de predicado. Sujeito e predicado são, portanto, considerados termos essenciais da oração. Entretanto, se quisermos ser mais precisos, devemos dizer que somente o predicado é essencial, pois pode haver orações sem sujeito, formadas por verbos impessoais (*Choveu durante a noite toda*; *Havia duas maçãs na fruteira*), mas não pode haver orações sem predicado.

Para conferir o que acabamos de dizer, bastaria tentar "ler" o poema de Manuel Bandeira suprimindo os verbos: teríamos uma enumeração de seres e objetos, mas não fatos, pensamentos, raciocínio.

O Verbo e a Enunciação

317. O predicado é a parte fundamental da oração e seu núcleo estruturante, graças à presença e à versatilidade mórfica e sintática do verbo. Nele se concentram, por essa versatilidade mórfica, os conteúdos enunciativos necessariamente presentes no período:

- a referência ao sujeito, formalmente expressa pela flexão número-pessoal do verbo (v. §§268-270);
- a atitude do enunciador e a localização do conteúdo do verbo na linha do tempo, formalmente expressas pela flexão modo-temporal (v. §§268-270);
- a natureza da duração do processo verbal, ora expressa cumulativamente pelas desinências verbais das formas do pretérito do modo indicativo (processo concluído x processo não concluído) (v. §§268-270), ora manifesta nos verbos auxiliares (v. §§356-357).

Concordância Verbo-Sujeito

318. O verbo se flexiona para concordar com o número e a pessoa do sujeito (1ª, 2ª e 3ª pessoas, no singular ou no plural), como na distinção entre *eu trabalho/tu trabalhas/você trabalha/ele trabalha/nós trabalhamos/vós trabalhais/vocês trabalham/eles trabalham*.

Regra Geral

O verbo apresenta-se no número e pessoa atribuídos ao núcleo do sintagma nominal sujeito da oração.

> *A maioria das pessoas* imagina *que o importante, no diálogo,* é *a palavra*. (N. Rodrigues, 1996)
>
> *Cada um de nós* tem *na memória da vida que vai sobrando seu caminhão de lixo*. (R. Braga, 1963)
>
> Chegaram *às mãos do ministro da Defesa [...] os projetos de lei que mudam o Código Brasileiro de Aeronáutica.* (*Época*, 6.12.99)

O verbo vai à primeira pessoa do singular se seu sujeito é ou pode ser representado pelo pronome *eu*.

O verbo vai à segunda pessoa do singular se seu sujeito é ou pode ser representado pelo pronome *tu*.

O verbo vai à terceira pessoa do singular se seu sujeito é ou pode ser representado pelos pronomes *ele/ela/você*.

O verbo vai à primeira pessoa do plural se seu sujeito é ou pode ser representado pelo pronome *nós*.

O verbo vai à segunda pessoa do plural se seu sujeito é ou pode ser representado pelo pronome *vós*.

O verbo vai à terceira pessoa do plural se seu sujeito é ou pode ser representado pelos pronomes *eles/elas/vocês*.

> *A industrialização acelerada e a urbanização rápida (= elas)* tendem *(...) a quebrar a relativa homogeneidade da classe média*. (L.M. Schwarcz, 1998)

Obs.: Se o sujeito da oração é o pronome relativo *que*, o verbo varia de acordo com o número e a pessoa do antecedente do pronome.

> *Chegaram às mãos do ministro da Defesa [...] os projetos de lei que* mudam *o Código Brasileiro de Aeronáutica.* (*Época*, 6.12.99)

Neste exemplo, já que o antecedente do *que* é projetos, o verbo ocorre na terceira pessoa do plural.

319. O verbo vai à terceira pessoa do singular se:

- o núcleo do seu sujeito está no singular, representado por um substantivo, um pronome de 3ª pessoa ou um pronome de tratamento:

  O vento soprava *forte.*
  Alguém esqueceu *um chapéu na sala.*
  Vossa Excelência governa *o maior país deste continente.*

- seu sujeito é uma oração substantiva:

  Até hoje não se sabe *o que realmente aconteceu em 31 de agosto de 1983, quando dois caças da URSS derrubaram com mísseis o Boeing 747 da Korean Airlines.* (*O Globo*, 12.12.99)

  Faz *parte de um certo modelo brasileiro negar e camuflar o conflito antes mesmo que ele se apresente de forma evidente.* (L.M. Schwarcz, 1998)

- a oração não tem sujeito:

  Trata-*se de um capital político imenso mas instável e perigoso, como todos os analistas do conceito reconhecem.* (L.M. Schwarcz, 1998)
  Há*, no Congresso, mais de cem projetos de combate à pobreza.* (M.M. Alves, *O Globo*, 5.12.99)
  Fazia *meia hora que eu vinha obsessivamente repetindo, de esquina em esquina, a mesmíssima pergunta.* (N. Rodrigues, 1996)

- a indeterminação do sujeito da oração vem expressa pelo pronome *se:*

  Assim como se nasce *poeta, arquiteto, flautista ou domador, Clementino teria nascido barbeiro de necrotério.* (N. Rodrigues, 1983)

Regras especiais

320. Sujeitos ligados por *nem* levam o verbo ao plural — na primeira pessoa, se um deles é o pronome *eu*:

Nem eu nem você podemos sair daqui agora.

e na terceira pessoa nos demais casos:

Nem ela nem a irmã sabiam *o que estava acontecendo.*
Só a morte arrancou o segredo que nem o pai, nem o filho contariam *jamais.* (N. Rodrigues, 1983)
O que eu dizia é que nem Roda Viva nem Rei da Vela conseguiram *a homenagem de uma incompreensão.* (N. Rodrigues, 1983)

321. Sujeitos ligados por *ou:*

O verbo que tem sujeitos ligados por *ou* segue as mesmas regras válidas para as construções com *nem* enunciadas acima. Quando os sujeitos unidos por *ou* são da terceira pessoa, o verbo tende a ocorrer no plural se o *ou* exprime inclusão, equivalente a "tanto uma coisa quanto outra":

> *Trocar subitamente o dia pela noite ou deixar de fazer refeições nas horas costumeiras* interferem *na digestão, na respiração e na renovação celular.* (*O Globo*, 31.10.99)
> *O autoritarismo ou a crueldade dos pais evidentemente não* são *suficientes para explicar o fato.* (M. Priore, 1997)
> *O castigo violento ou até mesmo o chamado crime passional contra a mulher — real ou supostamente — infiel* eram *comumente perdoados pelas autoridades da lei.* (M. Priore, 1997)

Todavia, há exemplos com verbo no singular:

> *O relato dos cronistas nos exibe um quadro em que a menina ou a mulher candidata ao casamento* é *extremamente bem cuidada.* (M. Priore, 1997)
> *A mistura ou quase indefinição de espaços entre o trabalho e a vida privada (...)* parece *ter se mantido nas margens urbanas das grandes cidades.* (N. Sevcenko, 1998)

322. O verbo ocorre no singular se o sujeito, mesmo composto, é formado de substantivos no singular que sejam correferenciais ou tenham significado equivalente:

> *O educador e autor de vários livros sobre o tema [autocontrole alimentar]* esteve *no Rio na semana passada para uma série de palestras.* (*O Globo*, 31.10.99)
> *Todo conhecimento, toda ciência, toda tecnologia se* baseia *no conhecimento de relações entre causas e efeitos.* (R. Alves, 1981)

323. Se o sujeito é formado por expressão partitiva do tipo "a maioria dos candidatos", o verbo concorda ordinariamente com o núcleo sintático da construção:

> *Uma parte dos bois* ficou *ilhada depois da enchente.*
> *A maioria dos candidatos* obteve *menos de dez votos.*
> *A maior parte de vocês* receberá *o convite em casa.*
> *A maioria das mulheres* vivia *relações conjugais consensuais, sem uma presença masculina efetiva no lar.* (N. Sevcenko, 1998)
> *Grande parte dos telespectadores* conhece *as convenções dramáticas das novelas em detalhe...* (L.M. Schwarcz, 1998)

Como opção estilística faz-se a concordância com o substantivo (núcleo referencial) que, no plural, denota o conjunto:

> *Pelo menos um terço dos vestibulandos* entregaram *a prova em branco.*
> *Neste terremoto político, que teve seu epicentro em Paris,* tiveram *papel de destaque um número enorme de escritores e intelectuais* (*JB*, 9.10.99)
> *A maioria das máquinas apreendidas, procedentes da Espanha e dos Estados Unidos,* entraram *regularmente no Brasil.* (*JB*, 9.10.99)
> *Parte expressiva de nossos jovens, amontoados em bairros de periferia, sentem-se continuamente ameaçados.* (*JB*, 8.11.99)

No exemplo seguinte, dois predicados coordenados, um com verbo no singular e outro no plural, referem-se ao mesmo sujeito formado por expressão partitiva (*uma série de postais se integrava/configuravam-se*):

> *Uma série de postais se* integrava *num tempo que poderia ser denominado de futuro do presente, isto é,* configuravam-*se em imagens que deveriam ser consumidas como o novo cenário da cidade remodelada.* (N. Sevcenko, 1998)

Observa-se a mesma oscilação da regra quando o núcleo do sujeito é um substantivo numeral no singular:

> *No início de abril, um milhão de pessoas se* reúne *em frente à Igreja da Candelária, no Rio de Janeiro, e no encerramento da campanha, outro milhão* volta *a se reunir na Praça da Sé.* (*O Globo*, 12.12.1999)

Também variável é a concordância quando a parte se acha no plural e o conjunto é designado pelo pronome *nós*:

> *Muitos de nós* acompanhamos (*ou* acompanharam) *o debate pela televisão.*

324. Se o SN sujeito é quantificado por expressão de porcentagem, o verbo vai regularmente à terceira pessoa do plural:

> *Em 1996, 70 % do capital proveniente dos Estados Unidos e Japão para investimento na Comunidade Europeia* acabaram *na Grã-Bretanha.* (*O Globo*, 12.12.1999)
> *Estima-se que, em 1920, 35% dos habitantes da capital* haviam *nascido no exterior.* (N. Sevcenko, 1998)

> *Apesar de 89% dos brasileiros* dizerem *haver preconceito de cor contra negros no Brasil, só 10% admitem tê-lo.* (L.M. Schwarcz, 1998)

Mas o verbo pode, opcionalmente, ficar na terceira pessoa do singular se o substantivo que denota a coisa quantificada estiver no singular:

> *Até os anos 40 cerca de 30 % do seu corpo funcional [do Mappin, loja de departamentos de São Paulo]* era *composto de empregados aparentados*. (N. Sevcenko, 1998)

Conteúdo e Emprego dos Tempos e Modos do Verbo

325. Remetemos o leitor para os §§250-258, onde conceituamos as categorias gramaticais de tempo, modo e aspecto. Vamos retomar essas análises aqui de forma esquemática.

Os tempos expressos pelas variações do verbo não correspondem necessariamente às épocas designadas em nosso dia a dia como **presente, passado** e **futuro**. Em primeiro lugar, é preciso observar que as épocas a que as formas verbais se referem são sempre relativas a um ponto de referência, mas esse ponto nem sempre é o **agora** em que se fala ou se escreve; muitas vezes esse ponto é o passado, outras vezes é o futuro. Por isso distinguimos três variáveis no estudo do tempo verbal:

- o momento da enunciação (ME), ou seja, o **aqui** e **agora** do ato de falar ou de escrever;
- o ponto de referência (PR), isto é, o "lugar" da linha do tempo em relação ao qual se situa o fato expresso pelo verbo;
- o intervalo de tempo (IT), ou seja, o segmento da linha do tempo no qual o fato expresso pelo verbo é situado em relação ao ponto de referência.

Vimos que o modo, por sua vez, é a expressão das atitudes do enunciador mediante a variação mórfica do verbo. O indicativo é o modo pelo qual os fatos são concebidos como existentes por si mesmos; o subjuntivo é o modo em que se expressam conteúdos dependentes da subjetividade do enunciador ou do sentido do verbo da oração principal ou da estrutura da frase; o modo imperativo corresponde à forma que o verbo assume para figurar exclusivamente na frase com que o enunciador dá uma ordem ou formula um pedido.

326. O ponto de referência (PR) pode ser o presente (Pre), o passado (Pass) ou o futuro (Fut), e o intervalo de tempo (IT) pode ser anterior, simultâneo ou posterior ao PR, qualquer que seja este. A estas três variáveis deve-se acrescentar uma quarta, que diz respeito à conclusão ou inconclusão (concluído x não concluído) do processo denotado pelo verbo. Trata-se do aspecto verbal (v. §§257-258).

Tudo isso significa que, teoricamente, há nove possíveis posições para IT: anterior, simultâneo ou posterior ao presente; anterior, simultâneo ou posterior ao passado; e anterior, simultâneo ou posterior ao futuro. Acontece que não temos na língua portuguesa formas distintas para essas nove noções. Como o ato de falar ou escrever se passa necessariamente no momento da enunciação, que é sempre presente, este e os demais pontos de referência se superpõem e se confundem, de sorte que certas formas passam a ser polivalentes.

Tempos do Indicativo (formas simples)

Presente

327. DMT = não há; DNP = *-o* na primeira do singular e geral nas demais pessoas. Representa o fato como não concluído e o situa num intervalo de tempo simultâneo ou posterior a Pre.

Eu moro nesta rua.
Esta palavra se escreve com "j".
Eles voltam amanhã.

Pretérito perfeito

328. DMT = não há; DNP = no singular, primeira pessoa *-i*, segunda *-ste*, terceira *-u*; no plural, primeira pessoa *-mos*, segunda pessoa *-stes*, terceira pessoa *-ram*. Representa o fato como concluído e o situa num intervalo de tempo anterior a Pre ou a Fut.

Eu morei nesta rua.
Eles voltaram ontem.
Eles saberão que eu estive aqui.

Pretérito imperfeito

329. DMT = *-va-* na primeira conjugação e *-ia-* na segunda e na terceira; DNP = geral. Representando o fato como não concluído, situa-o num intervalo de tempo simultâneo a Pass ou ainda anterior a Fut.

Eu morava nessa rua.
Ele saberá que eu estava aqui.
Ele perguntou se nós vivíamos aqui.

Pretérito mais-que-perfeito

330. DMT = *-ra-*, átono em cinco das seis pessoas, *-re-*, átono na segunda pessoa do plural; DNP = geral. Representa o fato como concluído e o situa num intervalo de tempo anterior a Pass.

Perguntei-lhe se ele enviara todas as cartas.
Fomos informados de que, dias antes, o ministro pusera o cargo à disposição do presidente.

O pretérito mais-que-perfeito simples é uma forma restrita aos usos formais da língua escrita. Na língua escrita informal e na fala só se emprega a forma composta (*tinha comprado* em vez de *comprara*). A passagem seguinte apresenta um estilo semiformal, que combina harmoniosamente os dois usos:

Em novembro de 1521, (...) Cristóvão Jaques partia de Lisboa para sua segunda viagem ao Brasil. Desta vez, sua missão era explorar o grande estuário que Estêvão Fróis e João de Lisboa haviam descoberto sete anos antes e no qual Juan Dias Solis, morrera de forma tão trágica, em janeiro de 1516. (E. Bueno, 1999)

Futuro do presente

331. DMT = *-re-*, tônico, na primeira pessoa do singular e na primeira e segunda pessoas do plural, *-ra-* nas demais; DNP = *-i* na primeira pessoa do singular e geral nas demais. Representa o fato como não concluído e o situa num intervalo de tempo posterior a Pre (modalidade asseverativa ou categórica) ou simultâneo a Pre (modalidade hipotética ou dubitativa):

Eles saberão que eu estive aqui. (posterior, categórico)
Os trabalhadores não pagarão essa dívida. (posterior, categórico)
Quem estará acordado a esta hora?? (simultâneo, dubitativo)

Futuro do pretérito

332. DMT = *-ria-* em cinco das seis pessoas, *-rie-* na segunda pessoa do plural; DNP = geral. Representa o fato como não concluído e o situa num intervalo de tempo posterior a Pass (categórico), simultâneo a Pass (possível) ou, relativamente a um universo hipotético, num intervalo de tempo simultâneo a Pre:

O ministro comunicou ao presidente que renunciaria ao cargo. (posterior, categórico)
Recebi um telegrama avisando que os móveis chegariam hoje. (posterior, categórico)
Imaginei que eles estariam me esperando para o jantar. (simultâneo a Pass, possível)
Quem estaria acordado àquela hora? (simultâneo a Pass, possível)
Se seus credores lhe pagassem o que lhe devem, ele ficaria rico. (simultâneo a Pre, hipotético)

Obs. 1: Os conteúdos expressos acima pelas formas do futuro do presente e do pretérito ganham — ou podem ganhar —, nos registros menos formais em geral (incluindo a maioria dos usos falados) outra expressão: os conteúdos categóricos são regularmente expressos pelas locuções com *ir + infinitivo*, e os conteúdos hipotéticos ou dubitativos tendem a ser expressos pelo verbo auxiliar *poder*:

> *Os trabalhadores não vão pagar essa dívida.* (categórico)
> *Recebi um telegrama avisando que os móveis iam chegar hoje.* (categórico)
> *Quem pode estar acordado a essa hora?*
> *Quem podia estar acordado àquela hora?*
> *Se seus credores lhe pagassem o que lhe devem, ele podia ficar rico.*

Obs. 2: Como se deduz de sua utilização frequente, nos registros formais, para a representação de situações prováveis ou hipotéticas, as formas do futuro do presente e do pretérito expressam muitas vezes conteúdos puramente modais, responsáveis pela sinonímia entre *Quem estará acordado a essa hora?* e *Quem pode estar acordado a essa hora?*. Por outro lado, o distanciamento instituído pela adoção do ponto de referência Pass favorece sua utilização como meio de expressão do fictício/imaginário (Cf. o uso que de "aí eu era...", "aí eu vinha...", "aí você me apanhava em casa" no discurso do "faz de conta" e da representação de situações hipotéticas). Por força desse distanciamento, formas do futuro do pretérito podem ser duplamente modalizadoras da **hipótese**, oferecendo-se como opção ao futuro do presente para intensificar a expressão da dúvida. Comparem-se:

> *Quem estará ouvindo rádio a essa hora da madrugada?*
> *Quem estaria ouvindo rádio a essa hora da madrugada?*

Tempos do indicativo (formas compostas)

Pretérito perfeito

333. Distintamente da forma simples, a forma composta retrata o processo verbal como fato que se consuma (concluso) e se repete (iterativo) ou prossegue com regularidade num intervalo de tempo anterior a Pre. Trata-se, portanto, de uma forma peculiar.

> *Tenho viajado pouco nos últimos meses.*
> *O jardineiro tem molhado as plantas todas as manhãs.*
> *Tem chovido sem parar nos últimos cinco dias.*

Pretérito mais-que-perfeito

334. Tem o mesmo conteúdo da forma simples: representa o fato como concluído e o situa num intervalo de tempo anterior a Pass.

> *Perguntei-lhe se ele tinha enviado todas as cartas.*
> *Fomos informados de que, dias antes, o ministro tinha posto o cargo à disposição do presidente.*

Futuro do presente

335. Representando o fato como concluído, situa-o num intervalo de tempo anterior a Fut (atitude de certeza), ou anterior a Pre (atitude de cisma/hipótese/dúvida).

> *Amanhã, a esta hora, eles já terão embarcado para a Europa.* (anterior a Fut)
> *Nem quero pensar no que as crianças terão feito com a pobre tartaruga.* (anterior a Pre)
> *Quem terá escrito essa carta?*

Tais construções são usuais nos monólogos e no chamado discurso indireto livre. Compare-se o último exemplo com *Quem escreveu esta carta?*, forma apta à expressão de uma pergunta dirigida a um interlocutor (discurso direto).

Futuro do pretérito

336. Representando o fato como concluído, situa-o num intervalo de tempo anterior a Pass ou a Pre. No primeiro caso, equivale ao pretérito mais-que-perfeito composto; no segundo, ao futuro do presente composto. Em qualquer destes casos, portanto, ocorre a neutralização das respectivas oposições temporais, em favor de uma intensificação do conteúdo modal de hipótese.

> *A companhia aérea informou que àquela hora todos os passageiros já teriam deixado o aeroporto.*
> *Não imagino quem teria escrito essa carta.*

No primeiro exemplo, o futuro do pretérito denota o mesmo intervalo de tempo de *tinham deixado*; no segundo, equivale temporalmente a *terá escrito*:

> *Não imagino quem terá escrito essa carta.*

Tempos do Subjuntivo (formas simples)

337. As formas do modo subjuntivo não são autônomas para situar o conteúdo do verbo na linha do tempo. Dizemos *Peço-lhe que me ajude se você puder* e *Pe-*

di-lhe que me ajudasse se ele pudesse, empregando as formas *ajude* e *puder*, presente e futuro do subjuntivo, por exigência do ponto de referência presente (Pre) de *peço*, e *ajudasse* e *pudesse*, pretérito imperfeito do subjuntivo, por exigência do ponto de referência passado (Pass) representado por *pedi*.

Presente

338. DMT = *-e-* na primeira conjugação, *-a-* na segunda e na terceira; DNP = geral. Representando o fato como não concluído, situa-o num intervalo de tempo simultâneo ou posterior a Pre.

> *Acredito que eles conheçam os donos da casa.* (simultâneo a Pre, possível)
> *Ela quer que nós a acompanhemos.* (posterior a Pre, possível)

Pretérito imperfeito

339. DMT = *-sse*; DNP = geral. Representando o fato como não concluído, situa-o num intervalo de tempo simultâneo ou posterior a Pass (universo possível), ou ainda, relativamente a um universo hipotético, num intervalo de tempo simultâneo a Pre.

> *Ela quis que nós a acompanhássemos.* (posterior a Pass, possível)
> *Acreditávamos que eles conhecessem os donos da casa.* (simultâneo a Pass, possível)
> *Se seus credores lhe pagassem o que lhe devem, ele ficaria rico.* (simultâneo a Pre, hipotético)

Futuro

340. DMT = *-r-*; DNP = geral em quatro das seis pessoas, *-es* na segunda do singular, *-des* na segunda do plural. Representando o fato como não concluído, situa-o num intervalo de tempo simultâneo ou posterior a Pre.

> *Voltem sempre que vocês desejarem.* (posterior a Pre)
> *Quem não souber o caminho deve aguardar o guia.* (simultâneo a Pre)

Tempos do subjuntivo (formas compostas)

Pretérito perfeito

341. Representando o fato como concluído, situa-o num intervalo de tempo anterior a Pre ou a Fut.

Todas as pessoas que tenham recebido uma senha serão atendidas ainda hoje. (anterior a Pre)
Espero que os ingressos não tenham se esgotado quando chegar a nossa vez. (anterior a Fut)

Pretérito mais-que-perfeito

342. Representando o fato como concluído, situa-o num intervalo de tempo anterior a Pass ou a Pre.

Todas as pessoas que tivessem recebido uma senha seriam atendidas ontem mesmo. (anterior a Pass)
Esperava que os ingressos não tivessem se esgotado quando chegasse a nossa vez. (anterior a Pre)

Futuro

343. Representando o fato como concluído, situa-o num intervalo de tempo anterior a Pre ou a Fut. Tem, portanto, o mesmo conteúdo temporal do pretérito perfeito, do qual se distingue apenas pelo contexto sintático. Repete-se aqui a mesma variação já descrita entre o presente e o futuro do subjuntivo simples (v. §§338 e 340).

Se eles não tiverem enchido (= caso eles não tenham enchido) *o tanque, podem ficar sem combustível no caminho*. (anterior a Pre)
Quando você tiver localizado (= tão logo você tenha localizado) *todas as notas fiscais, vamos iniciar o relatório com a prestação de contas*. (anterior a Fut)

O modo imperativo

344. Chama-se **frase imperativa** (cf. §300) a espécie de frase com que o enunciador formula uma ordem ou pedido diretamente a quem deve executá-lo (*Sumam daqui!*, *Por favor, volte mais tarde.*, *Abençoai este lar.*). Por **modo imperativo** entende-se, porém, apenas a forma especial do verbo empregada **exclusivamente** numa frase imperativa. Esta conceituação limita a classificação de modo imperativo ao chamado imperativo afirmativo nas formas correspondentes a *tu* e *vós*, cujo quadro desinencial é: DMT = *zero*; DNP = *zero* na 2ªp. sing., *-i* ou *-de* na 2ªp. pl. As formas restantes — incluindo as do chamado **imperativo negativo** — não lhe são exclusivas, mas "emprestadas" do modo subjuntivo.

345. O imperativo é forma de uso restrito e atualmente esporádico no português do Brasil, por força da especificidade de uso dos pronomes *tu* e *vós*, cujos papéis na interlocução são amplamente desempenhados por *você* e *vocês* — salvo no extremo sul do país e em algumas áreas do nordeste em que o tratamento *tu* é usual. As formas pronominais e verbais da segunda pessoa do singular, tão comuns na língua da poesia e dos diálogos, seja das narrativas seja dos textos dramáticos do século XIX para trás, persiste, no entanto, nos textos de poetas modernos de todas as regiões do país como um traço da tradição da poesia lírica de língua portuguesa. São exemplares estes conhecidos versos de Carlos Drummond de Andrade:

> *Não faças versos sobre acontecimentos.*
> *Não há criação nem morte perante a poesia.*
> ....
> *Penetra surdamente no reino das palavras.*
> ....
> *Chega mais perto e contempla as palavras.*

(C.D. Andrade, 1973)

O Verbo e as Estruturas do Predicado

346. No poema de Manuel Bandeira pudemos reconhecer nada menos que três tipos estruturais de predicado, de que são exemplos: (1) *O pardalzinho morreu*, (2) *A casa era uma prisão*, (3) *Sacha lhe deu uma casa*. Em (1) há apenas um sintagma (*o pardalzinho*) ligado ao verbo (*morrer*), e que lhe serve de sujeito; em (2) há dois sintagmas (*a casa*, *uma prisão*) relacionados pelo verbo (*ser*), que exprime uma identidade entre os dois; em (3) há três sintagmas (*Sacha*, *lhe*, *uma casa*) relacionados pelo verbo (*dar*).

A comparação dos três tipos estruturais destacados acima nos ensina que existem diferentes classes sintáticas de verbo. Provisoriamente distinguiremos quatro dessas classes:

- verbos que recusam sintagmas nominais (*chover, amanhecer, trovejar*) — impessoais intransitivos;
- verbos que se constroem com apenas um sintagma na função de sujeito (*morrer, nascer, chegar, surgir, correr, brilhar*) — pessoais intransitivos;
- verbos que se constroem com dois sintagmas, um na função de sujeito e outro na função de complemento, este algumas vezes facultativo (*acompanhar, resumir, gostar, escrever, concordar*) — transitivos diretos e transitivos relativos;
- verbos que se constroem com três sintagmas, um no papel de sujeito e dois no papel de complemento (*dar, entregar, oferecer, chamar, nomear, transformar*) — bitransitivos.

O primeiro grupo dos verbos impessoais revela-se bem pequeno quando o comparamos com os demais grupos. De fato, a grande maioria dos verbos constrói-se com pelo menos um SN. Se um verbo forma uma oração ao lado de um SN, a regra é que esse SN seja o sujeito da oração; as exceções a essa regra são representadas por verbos como *haver*, *fazer* e *ser* nas seguintes frases: *Havia duas maçãs na fruteira*, *Faz dois anos que eles se casaram* e *São dez de março*.

347. Está visto, portanto, que o verbo ocupa o centro da construção da oração, e que à volta dele — como se dele irradiassem — existem posições estruturais a serem preenchidas pelos sintagmas. A classe e o conteúdo desses sintagmas dependem do verbo, que os seleciona. Um verbo como *dizer*, por exemplo, é construído obrigatoriamente com dois SNs e opcionalmente com três SNs (*Manuel (1) disse um segredo (2) a Maria (3)*). Por sua vez, esses SNs não são de livre escolha: o SN sujeito (1) refere-se necessariamente a um ser humano, o SN objeto (2) refere-se necessariamente a uma mensagem verbal, e o terceiro SN (3), opcional, refere-se normalmente também a um ser humano. Chamamos de *valência* de um verbo ao *conjunto das posições estruturais que irradiam desse verbo*, como o conjunto (1, 2, 3) relativo ao verbo *dizer*.

Sujeito, Complemento e Adjunto

348. Ao apresentar acima o conceito de valência, observamos que certas palavras ocorrem como que relacionadas a outras com as quais formam estruturas completas. Vimos isto a propósito do verbo *dizer* (*Manuel (1) disse um segredo (2) a Maria (3)*). Alguns adjetivos e substantivos também podem ser caracterizados como portadores de valência. É o caso do adjetivo *útil*. (*O sapo (1) é útil ao ecossistema (2)*). Estes constituintes que preenchem as posições estruturais que irradiam do predicador (1, 2 e 3 em relação ao predicador *dizer*; 1 e 2 em relação ao predicador *útil*) são argumentos desses predicadores. *O argumento que mantém com o verbo uma relação de concordância* (1) é o *sujeito* desse verbo, e os demais (2 e 3), seus complementos. O enunciado é, porém, lugar de outros constituintes que se anexam à oração, ao predicado e aos argumentos sem que pertençam à valência de verbos, adjetivos ou substantivos. São os **adjuntos**, termos sintaticamente periféricos, o que não quer dizer que sejam supérfluos ou irrelevantes para a atividade discursiva.

349. Segundo uma nomenclatura que remonta à primeira metade do século, complementos são termos "necessários" ou **integrantes**, e adjuntos são termos "opcionais" ou **acessórios**. Na oração *Sacha lhe deu uma casa*, os sintagmas *lhe* e *uma casa* são estruturalmente necessários à construção do predicado, pois compõem a valência do verbo *dar*; por isso, são termos integrantes ou **complementos**. Por outro lado, nas orações *O pardalzinho nasceu livre* e *A alma voou para o céu dos passarinhos*, os sintagmas *livre* e *para o céu dos* *passarinhos* não são estruturalmente necessários, mas opcionais; por isso, são termos acessórios ou **adjuntos**.

Funções Semânticas do Sujeito

350. Cada sintagma nominal que se vincula a um verbo não só trava com ele uma relação sintática, mas ainda recebe dele um papel semântico a desempenhar. Verbos transitivos que denotam ação envolvendo um sujeito e um objeto referentes a seres animados atribuem ao primeiro o papel de agente e ao segundo, o de paciente, como em *O cão perseguiu o gato* e *O gato perseguiu o cão*, em que *cão* e *gato* trocam de papéis semânticos com a troca de funções sintáticas. Esta é a estrutura modelo da chamada **voz ativa** (v. §353), a que corresponde a construção passiva em que os sintagmas nominais têm a função sintática alterada sem que se alterem seus papéis semânticos (cf. *O gato foi perseguido pelo cão* e *O cão foi perseguido pelo gato*).

351. É comum, porém, que um verbo transitivo de ação tenha por sujeito qualquer substantivo que, por não se referir a um ser animado, não desempenhe o papel de "agente" (cf. *A chuva alagou a cidade, A pedra está bloqueando a entrada do túnel, A corrente do relógio feriu meu pulso, Este elevador transporta vinte pessoas de cada vez, O cofre guardava os documentos mais preciosos*). Certos verbos transitivos tomam parte em construções cujo sujeito, mesmo animado, não é o agente, mas o ser afetado pelo acontecimento a que a frase se refere (cf. *Pedro quebrou o braço numa queda, O cachorro feriu a orelha no arame farpado, O canário está mudando as penas*). Nestes casos, o ser afetado pela ação denota o todo (*Pedro, cachorro, canário*), e o objeto ou paciente da ação denota a parte (*braço, orelha, penas*) — relação que é extensiva a qualquer coisa (*O carro furou o pneu, O sapato gastou a sola, O livro manchou a capa, A máquina rebentou a correia*).

Uma análise dos papéis semânticos do sujeito que procurasse discriminar todas essas sutilezas jamais seria exaustiva e pulverizaria nosso assunto. O que está claro é que o sujeito não se caracteriza por seu papel semântico na frase, mas por ser um lugar sintático de preenchimento obrigatório junto aos verbos pessoais, apto, portanto, a abrigar qualquer noção compatível com o conteúdo do verbo em questão. Um detalhe, contudo, há de merecer atenção especial por sua relevância em certas decisões discursivas do enunciador. Referimo-nos à classe de verbos que admitem um ser humano como sujeito.

352. Uma interessante particularidade desses verbos é a possibilidade de seu sujeito não vir materialmente representado na frase (*Quebraram-lhe a asa, Acordar cedo faz bem à saúde*); vir indicado pela palavra *se* (*Precisa-se de pedreiros*); ser silenciado pela utilização de um substantivo no lugar do verbo (*O roubo* *da carga surpreendeu a polícia*, em que se silencia o sujeito de *roubar*); ou ainda vir representado por substantivos ou pronomes sem referência concreta no mundo real. Este último caso é usual no discurso em que se representam situações imaginárias (cf. *Se uma pessoa quer ajudar a gente, nós aceitamos*, *Quando você pensa que chegou a sua vez, aí vem um cara e diz que as senhas acabaram*).

Estes são exemplos de meios que a língua oferece para indeterminar, dissimular ou mesmo ocultar a identidade do ser humano a que o sujeito da oração se refere. Muitas vezes, a finalidade do enunciador é dar ao que diz um certo tom genérico e de neutralidade; outras vezes o ocultamento da identidade tem um viés malicioso. No uso mais coloquial, as construções com *se* dão lugar aos enunciados com um *você* indeterminado (cf. o exemplo acima). Nos casos exemplificados por *Quebraram-lhe a asa* e *Precisa-se de pedreiros*, a análise oficial manda que se classifique o sujeito da oração como **indeterminado**.

Vozes do Verbo

353. Vimos nos §§350 e 352 que o verbo pode atribuir diferentes papéis semânticos a seu sujeito — agente, paciente, instrumento, lugar, neutro —, em virtude de tão só da natureza de sua significação. Outras vezes, porém, esses papéis são indicados pela estrutura sintática do predicado, como em *Antônio retirou-se da sala* e em *Antônio foi retirado da sala pelos policiais*. Dá-se o nome de *voz* ou *diátese à estruturação do predicado por meio da qual se indica o papel semântico do sujeito*. Em *Os policiais retiraram Antônio da sala*, a voz se chama **ativa**, visto que o sujeito *os policiais* tem o papel de agente; já em *Antônio foi retirado da sala pelos policiais* a voz se chama **passiva**, visto que o sujeito *Antônio* tem o papel de paciente por força da construção "ser + particípio" (foi retirado); e em *Antônio retirou-se da sala*, a voz se chama **média** ou **reflexa**, visto que, por força da construção do predicado, o sujeito *Antônio* denota um indivíduo que ao mesmo tempo produz e recebe a ação de *retirar*. A voz ativa corresponde à forma não marcada desse subsistema (cf. exemplos do §343), ao passo que a voz passiva é marcada pela combinação de "*ser* + adjetivo participial", e a voz reflexiva é marcada pela ocorrência do pronome reflexivo.

354. A voz reflexa apresenta três subtipos: a) reflexa com agente determinado (*Antônio retirou-se da sala*, *Inscrevi-me em dois concursos*), b) reflexa com agente indeterminado (*Aceita-se aterro*, *Ainda não se emitiram os recibos*) e c) reflexa sem agente (*A praia estende-se por cinco quilômetros*, *Alegro-me com essa notícia*). O pronome reflexo apresenta uma forte tendência à cristalização junto a vários verbos, caso em que deixa de haver **voz reflexa** — um conceito sintático — e se origina a classe dos **verbos pronominais** — que é um conceito morfológico: *comportar-se, pronunciar-se, arrepender-se, queixar-se, sair-se* (*Os meninos comportaram-se muito bem, Tu não te arrependes do que fizeste?, Não me saí bem nessa prova*). Em outros casos, porém, uma vez que a construção pronominal coexiste com a construção sem o pronome, pode-se falar em semicristalização. É o que se passa com *alegrar-se, indignar-se, aborrecer-se* — verbos de sentimento —, e *estender-se, estreitar-se, romper-se, iluminar-se* — verbos de movimento ou de mudança de estado. A semicristalização é característica das construções em que o sujeito participa do processo verbal, mas não o deflagra. Por isso as chamamos de **reflexas sem agente**.

Consideramos passíveis de classificação quanto à voz ou diátese, portanto, apenas as construções do predicado em que figure verbo transitivo direto.

Predicado Verbal e Predicado Nominal

355. Introduzimos acima o conceito de **valência** como um princípio explicativo das diversas estruturas do predicado e, consequentemente, da oração. Veremos agora que não somente verbos fazem exigência sobre a espécie de sujeito que recebem. Outras classes de palavras, integrantes do predicado, podem exercer esse controle. Chamaremos de *predicador* ao *constituinte do predicado que controla a espécie de sujeito*. Dá-se o nome de **argumentos** do predicador aos constituintes que preenchem essas posições estruturais. *Chover*, por exemplo, é um predicador que exige sujeito zero e recusa objeto; *perguntar* é um predicador que exige sujeito humano. Se, no entanto, o predicado é formado de um verbo como *ser* ou *estar*, a seleção do sujeito não é controlada por estes verbos — já que admitem qualquer tipo de sujeito —, mas por outro constituinte, que pode ser um adjetivo ou um particípio (*O sapo é útil ao ecossistema, As frutas são/estão maduras, Os animais foram/estão domesticados*), um sintagma nominal (*Meu tio é arquiteto*) ou um sintagma adjetival derivado (*Os móveis são de madeira maciça, Os operários estão de férias*). Nestes exemplos a função de predicador compete aos constituintes sublinhados, pois são eles, e não os verbos, que guardam com o sujeito a necessária relação de compatibilidade.

Quando a seleção do sujeito é controlada por um predicador verbal — verbo transitivo, como *perguntar*, ou intransitivo, como *chover* —, o predicado classifica-se como **predicado verbal**:

> *Choveu durante a noite.*
> *Paulo perguntou o nome de sua professora.*

Se, entretanto, a seleção do sujeito — mesmo quando o sujeito é zero — é controlada por um predicador não verbal, o predicado classifica-se como **predicado nominal**:

As frutas estão maduras. (cf. frutas maduras)
Os móveis são de madeira maciça. (cf. móveis de madeira maciça)
Meu tio é arquiteto. (cf. tio arquiteto)
Os operários estão de férias. (cf. operários de férias)
Os animais foram domesticados. (cf. animais domesticados)
São dez horas. (sujeito zero)

Os verbos que *fazem exigência quanto à espécie de sujeito da respectiva oração* se chamam *verbos predicadores*; por sua vez, os verbos que não fazem essa exigência e obrigatoriamente introduzem predicadores verbais (infinitivo, gerúndio e particípio) e não verbais (SN, sadj., sadv., sprep.) se chamam instrumentais.

Verbos Instrumentais: Auxiliares e de Ligação

356. Mostramos acima que existem na língua vários verbos que não fazem qualquer exigência quanto à espécie do sujeito da respectiva oração. São típicos dessa ampla classe os verbos *poder, começar* e *estar*, que figuram nos seguintes exemplos:

A pedra pode rolar / A pedra começa a rolar / A pedra está rolando.
O vento pode soprar / O vento começa a soprar / O vento está soprando.
Paulo pode jogar / Paulo começa a jogar / Paulo está jogando.
Pode trovejar muito forte / Começou a trovejar muito forte / Está trovejando muito forte.

Tal característica dá a esses verbos uma extraordinária versatilidade, habilitando-os à significação de conteúdos que os predicadores verbais (*rolar, soprar, jogar, trovejar*) não exprimem por si mesmos. Nos exemplos acima, esses conteúdos dizem respeito à atitude do enunciador — *poder* — e a determinadas fases do processo — *começar* e *estar*. Se alguma exigência se faz sobre a classe e o conteúdo do sujeito, essa exigência não se deve aos verbos *poder, estar* e *começar*, mas aos verbos *rolar, soprar, jogar* e *trovejar*.

Esses verbos tomam parte na estrutura do predicado sem que, entretanto, sejam os próprios predicadores; mais exatamente, a função deles é exprimir as quatro noções gramaticais próprias do predicado: a **pessoa** do sujeito, o **tempo** em que se situa o fato referido pela oração, o **modo** ou atitude do enunciador em relação ao fato, e o **aspecto** ou natureza da duração desse fato. Por essa razão, a gramática tradicional os chama de **verbos auxiliares**. O papel de predicador fica, assim, a cargo de um verbo no infinitivo ou no gerúndio, conforme se vê nos exemplos acima.

Os verbos auxiliares que *contribuem para a expressão do aspecto* se classificam como *auxiliares aspectuais* (*começar a*, *pôr-se a*, *acabar de* seguidos de infinitivo, *estar*, *ficar*, *viver* seguidos de gerúndio etc.), e os que *expressam as atitudes do enunciador* se chamam *auxiliares modais* (*poder*, *dever*, *ter de*, *ir*, seguidos de infinitivo).

357. A outra subclasse de verbos instrumentais compreende os verbos impropriamente chamados de **verbos de ligação** pela tradição gramatical. Assim como os auxiliares, esses verbos não fazem qualquer exigência quanto à classe e ao conteúdo do sujeito da respectiva oração — visto que esse sujeito pode ser zero, donde a impropriedade do rótulo "de ligação" —, e contribuem para a expressão da modalidade (*ser* e *parecer*) e do aspecto (*estar*, *ficar*, *tornar-se*, *continuar*, *permanecer*, *começar*, *acabar*, *virar*, *passar a*). Distintamente, porém, dos verbos auxiliares, os verbos de ligação introduzem um predicador não verbal, que pode ser um SN, um sadj., um sadv. ou um sprep.

Os verbos *ser* e *parecer* distinguem-se pela modalidade que expressam: as atitudes de **certeza** *versus* **hipótese** na representação dos conteúdos do enunciado (*Este mar é traiçoeiro* / *Este mar* parece *traiçoeiro; A assinatura no cheque* é *sua* / *A assinatura no cheque parece sua*).

Já os demais verbos distinguem-se quanto ao aspecto, isto é, pela representação da estrutura interna dos eventos ou estados que denotam. Por exemplo, dado o contexto "as águas do rio ______ turvas", a escolha de *estar*, *ficar*, *andar*, *continuar* ou *começar* permite representar o estado *turvas* sob cinco aspectos: momentâneo, resultativo, durativo, permansivo ou inceptivo.

Verbos Predicadores Transitivos e Intransitivos

358. Tradicionalmente se reconhecem duas subclasses de verbos predicadores: transitivos e intransitivos. Esta distinção, contudo, só é aplicável com segurança a grupos de verbos que se situam nos extremos de uma escala: em uma ponta encontram-se verbos como *brilhar* e *nascer* — os intransitivos — que recusam objeto direto (*As estrelas brilham*, *Os cachorrinhos nasceram*), na outra se situam verbos como *anular*, *conter* e *depender* — os transitivos —, que se constroem obrigatoriamente na presença de um objeto (*O juiz anulou o gol*, *Este frasco contém veneno*, *Os operários dependem desse emprego*).

Na faixa que se estende entre os extremos se situa a grande maioria dos verbos, na qual se destacam as subclasses representadas por *ler* e *comprar*, *entornar* e *ferver*. *Ler* e *comprar* pertencem a uma ampla subclasse de verbos transitivos cujo complemento pode estar implícito:

Meu avô dispensa os óculos quando lê.
Há pessoas que compram compulsivamente.

ou explícito:

Meu avô lê jornal sem os óculos.
Minha vizinha comprou os ingressos.

Entornar e *ferver* pertencem a uma outra subclasse, a dos verbos que vêm acompanhados de um argumento que denota o "objeto transformado" pelo processo verbal, quer na posição de objeto:

O garçom entornou cerveja na camisa do freguês.
A cozinheira não ferveu o leite.

quer na posição de sujeito:

A cerveja vai entornar.
O leite ferveu rapidamente.

A ocorrência de complemento junto a verbos como *ler* e *comprar*, evidenciando sua transitividade, parece às vezes explicar-se melhor como expressão de uma necessidade comunicativa do enunciador, que pode escolher entre duas coisas: referir-se tão só ao processo verbal (*Meu avô dispensa os óculos quando lê*, *Há pessoas que compram compulsivamente*) ou especificar o objeto da ação (*Meu avô lê jornal sem óculos*, *Minha vizinha comprou os ingressos*). O verbo é transitivo nas duas frases e aceita o mesmo sujeito em ambas; a diferença fica por conta do caráter opcional do objeto. Trata-se, portanto, de verbos transitivos de objeto opcional.

Distinta é a situação dos verbos *ferver* e *entornar*. Neste caso, a construção com verbo transitivo atribui ao sujeito, necessariamente, o papel semântico de "agente" ou "causador" (*O garçom* (agente) *entornou a cerveja*), ao passo que a construção de verbo intransitivo elimina qualquer referência ao agente ou causador e põe no lugar sintático do sujeito o termo que denota o objeto transformado (*A cerveja entornou*, *O leite ferveu*). Trata-se, portanto, de verbos com dupla especificação sintática: transitivos, com sujeito agente ou causador; intransitivos, com sujeito paciente.

Verbos Transitivos Diretos e Transitivos Relativos

359. Chamam-se *transitivos relativos* os *verbos que regem o complemento* (objeto ou complemento relativo) *através de uma preposição obrigatória selecionada pelo próprio verbo:*

Os operários dependem desse emprego.
Os rebeldes resistiram ao ataque aéreo.
Eles insistiram em voar de asa delta.

Chamam-se *transitivos diretos* os *verbos que regem o complemento* (objeto direto) *sem o auxílio de preposição:*

O garçom entornou a cerveja.
Convidei vários colegas para um jantar.
Recebam meus cumprimentos.

Esses complementos podem ter a forma de um pronome pessoal, que será oblíqua tônica em face da preposição obrigatória de um verbo transitivo relativo:

Eles dependem de mim.
Os rebeldes resistiram a ele.
Vocês podem confiar em nós.

e oblíqua átona quando se unir diretamente ao verbo:

O garçom entornou-a (= a cerveja).
Convidei-os (= vários colegas) para um jantar.
Recebam-nos (= os cumprimentos).

Obs.: Alguns verbos transitivos diretos apresentam uma variante transitiva relativa responsável por efeitos estilísticos especiais. Estão nesse caso verbos que significam "ingestão" de parte de um todo (*Recuso-me a beber dessa água*, *Ainda não comi desse bolo de chocolate*), ou "apropriação rápida" (*sacar do revólver, puxar de um canivete*), e o verbo esperar (cf. *Esperei você /por você durante uma hora*).

O Objeto Direto

360. Por ser um argumento do verbo assim como o sujeito, o objeto direto se relaciona semanticamente com o verbo transitivo por meio de certos recursos sintático-formais bem característicos: a) se o verbo aceita sujeito e objeto direto, o primeiro precede o verbo e o segundo ocorre após o verbo; em *Luís respeitava o irmão mais velho*, fica claro que *Luís* é o sujeito e *o irmão mais velho* o objeto graças à posição que estes termos ocupam em relação ao verbo; b) nas variedades formais da língua, a regência do verbo transitivo impõe ao pronome pessoal que lhe serve de objeto as formas oblíquas átonas: *o, a, os, as, me, te, se, nos, vos* (*Luís o respeitava*); c) quando o verbo transitivo aceita a forma passiva com auxiliar *ser*, o sintagma que funciona como objeto passa a ser sujeito da frase (*O irmão mais velho era respeitado por Luís*).

Do ponto de vista sintático, destacam-se duas subclasses de verbos transitivos diretos: a) verbos cujo objeto é um SN básico, isto é, formado obrigatoriamente de substantivo ou pronome substantivo (*vender, comprar, cortar, consertar, enviar* etc.); b) verbos cujo objeto pode ser uma oração transposta pelos nominalizadores *que* e *se* (*dizer, deixar, saber, sentir, pedir, prometer* etc.).

361. As relações semânticas que se estabelecem entre o objeto e o sujeito do verbo transitivo são variadas e heterogêneas. Adotamos aqui nove tipos, consoante a classificação proposta por Cano Aguilar para a língua espanhola:

a) **verbos de ação resultativa**: *fazer, construir, organizar, imaginar, acarretar, provocar* (um acidente);

b) **verbos de objeto afetado**: *destruir, desfazer, alegrar, confortar, emocionar, eleger, cortar, secar, utilizar, quebrar, queimar, esfarelar, espichar, enfraquecer, engordar*;

c) **verbos de movimento**: *pôr, levar, conduzir, levantar, dirigir, trazer, remeter, arrancar, remover, expulsar*;

d) **verbos com objeto de extensão ou escala**: *atravessar, percorrer, subir* (uma escada), *abraçar, presidir, contornar, ocupar, preencher, inundar, medir 1* (*ele mediu um terreno*), *medir 2* (*o terreno mede 160 m^2*), *valer* (*o carro vale uma fortuna*), *durar* (*a viagem durou 80 dias*);

e) **verbos de posse**: *ter, possuir, ganhar, deixar* (= abandonar), *tomar, perder, manter, conservar, guardar, deter, colher, receber, aceitar, adotar, adquirir*;

f) **verbos de atitude**: *permitir, impedir, consentir, deixar* (= permitir), *proibir, obrigar, decidir, tentar, provocar* (uma pessoa), *evitar, estimular, incentivar*;

g) **verbos de percepção**: *aprender, entender, ver, ouvir, escutar, sentir* (o cheiro), *degustar, perceber, contemplar, examinar, saber, conhecer, esquecer, provar* (uma bebida), *descobrir, lamentar*;

h) **verbos de vontade, emoção, sentimento**: *sentir* (saudade, raiva), *ter* (nojo, piedade), *querer, temer, esperar* (= ter esperança), *estimar, desdenhar, apreciar, amar, odiar, padecer, sofrer*;

i) **verbos de comunicação verbal**: *dizer, declarar, autorizar, informar, divulgar, contar* (uma história), *ordenar, perguntar, responder, prometer, explicar, avisar, negar, silenciar, denunciar, noticiar, exigir, pedir, mandar.*

Adjunto Verbal e Complemento Predicativo

362. A valência de muitos verbos transitivos compreende duas posições estruturais no predicado: uma ocupada pelo objeto (sublinhado) e outra ocupada por um sintagma (sem grifo) cujo conteúdo referencial é parte necessária do significado total do predicado, como ponto limite do processo. Este sintagma pode ser um **adjunto verbal** (de direção, limite ou origem), como nos exemplos a-f), ou um **complemento predicativo**, como nos exemplos g-l):

a) *Antônio vendeu a bicicleta* a um amigo.
b) *Pedro levou o carro* a uma oficina.
c) *Laura colocou a boneca* na caixa.
d) *A vítima queixou-se do policial* ao delegado.
e) *O menino jogou uma pedra* no crocodilo.
f) *Ele arrancou a filha* dos braços da mãe.
g) *A bruxa transformou o príncipe* em um sapo.
h) *O ministro nomeou a prima* sua secretária.
i) *O motorista convidou o passageiro* a sair do carro.
j) *O alfaiate mandou o freguês* vestir o paletó.
k) *O mágico deixou as crianças* encantadas.
l) *Vimos o piloto* saltar de paraquedas.

Os termos sem grifo em a) e d), referentes a seres humanos, são tradicionalmente chamados de objeto indireto, classificação habitualmente justificada com a possibilidade de substituí-los pelo pronome pessoal átono *lhe*. Por três razões preferimos abandonar o rótulo "objeto indireto", optando pela atribuição às unidades deste tipo da função de **adjunto verbal**:

- os autênticos complementos verbais regidos por preposição são identificados em nossa análise como *complementos relativos*, designação que os distingue do complemento não preposicionado — o objeto direto;
- os pronomes átonos a que tradicionalmente se atribui a função de objeto indireto — *me, te, lhe, nos, se, lhes* — referem-se necessariamente a seres humanos. Desse modo, somos obrigados a atribuir diferentes funções aos termos sublinhados em a) e b), o que nos parece incoerente;
- a possibilidade de se agregar a maioria desses pronomes a qualquer verbo, independentemente da predicação deles — haja vista a ocorrência de construções como *Sou-lhe grato, A sorte há-de me sorrir, Cortaram-lhe as asas, O sucesso nos subiu à cabeça, Estes brincos vão te ficar bem* — indica que eles não são selecionados pelo verbo, a exemplo do que acontece com os complementos.

Os termos sublinhados em g-l) se chamam complementos predicativos porque correspondem a "predicadores" na construção oracional; entre eles e os objetos do verbo — sublinhados — há uma relação de compatibilidade semântica equivalente à do predicado com o sujeito (cf. *O príncipe/virou um sapo; A prima do ministro/tornou-se sua secretária; O passageiro/saiu do carro; O freguês/vestiu o paletó; As crianças/ficaram encantadas; O piloto/saltou de paraquedas*).

Predicadores Não Verbais

363. Os predicadores não verbais vêm introduzidos pelos verbos instrumentais tradicionalmente conhecidos como *de ligação* e podem significar **atributo** (predicadores atributivos), **identidade** (predicadores identificativos) ou **situação** (predicadores situacionais). Eles também funcionam como complementos predicativos.

Atributo

Esse é o significado típico do complemento predicativo representado por adjetivos, por locuções adjetivas, por pronomes e numerais adjetivos, e por substantivos e expressões substantivas com função qualificadora:

As águas do rio estão turvas.
Estes sapatos são meus.
As fases da lua são quatro.
Todos os atletas são muito jovens.
Esse vigia é uma mosca morta.
O relógio parece de ouro.
Estes meninos viraram fãs do poeta.
O atleta acabou vencido pelo cansaço.

Identidade

Esse é o significado típico do predicador expresso por sintagma nominal com função referenciadora. Essa espécie de predicador caracteriza-se ainda pela possível permuta de posição com o SN sujeito:

Meu vizinho é o síndico do prédio. (cf. O síndico do prédio é meu vizinho)
Esse menino é o caçula da família. (cf. O caçula da família é esse menino)
Nossa esperança é que eles estejam bem. (cf. Que eles estejam bem é nossa esperança)
O autor dessa história parece Machado de Assis. (cf. Machado de Assis parece o autor dessa história)
Meu relógio é o (relógio) que está na gaveta. (cf. O relógio que está na gaveta é o meu (relógio))

Situação

Chamamos de situacionais os complementos predicativos que denotam a situação, no tempo ou no espaço, do objeto ou evento designado pelo sujeito da frase:

A recepção será no clube.
A recepção será no sábado.

A recepção será aqui.
A recepção será amanhã.
A feira era aos domingos.
O laço é no pescoço; a flor, no cabelo.
São dez horas.
Era tarde.
Era no Natal de 1990.

Construção Sintática e Papéis Semânticos: O Conceito de *Correspondência*

364. Muitas vezes duas ou mais frases são sinônimas ou quase sinônimas apesar de suas diferenças aparentes. Nesses casos, é comum que seus constituintes sejam basicamente os mesmos, desempenhem as mesmas funções semânticas — como agente, paciente, instrumento, lugar etc. —, mas ocorram em diferentes posições e até estejam desempenhando diferentes funções sintáticas. Duas ou mais frases assim caracterizadas estão numa relação de **correspondência**.

Correspondência bilateral ou perfeita

Em *O corpo Sacha enterrou no jardim* e *Sacha enterrou o corpo no jardim*, temos a mesma estrutura realizada por meio de construções diferentes. Por serem duas formas de realizar as mesmas relações léxico-sintáticas no domínio de uma oração, estas duas construções apresentam **correspondência bilateral** ou **perfeita**.

Dois períodos acham-se em relação de correspondência se:

- partilham fundamentalmente o mesmo vocabulário;
- possuem significados afins;
- suas diferenças estruturais são regulares e sistemáticas.

No exemplo apresentado acima, a única diferença entre as duas construções está na posição do sintagma **o corpo**. Em muitos casos, porém, a diferença entre duas construções correspondentes pode estar em que uma construção apresenta um elemento que falta à outra, como em *A alma, essa voou para o céu dos passarinhos*, que é uma variante de *A alma voou para o céu dos passarinhos*.

Fenômenos que diferem frases correspondentes

365. Topicalização
Um sintagma é topicalizado ao ser deslocado de sua "posição neutra" para o início da frase:

a) (1) *O corpo Sacha enterrou no jardim.* (cf. (2) *Sacha enterrou o corpo no jardim.*)
b) (1) *Com esse vestido, você vai arrasar na festa.* (cf. (2) *Você vai arrasar na festa com esse vestido.*)
c) (1) *De bobo ele não tem nada.* (cf. (2) *Ele não tem nada de bobo.*)
d) (1) *Lindas, essas rosas que você comprou.* (cf. (2) *Essas rosas que você comprou são lindas.*)
e) (1) *Andar de bicicleta eu não sei.* (cf. (2) *Eu não sei andar de bicicleta.*)

Obs.: Se o elemento que se quer topicalizar vem normalmente na primeira posição — que é o caso do sujeito —, ele pode ser retomado por um vocábulo (pronome cópia) na estrutura da oração:

f) (1) *A alma, essa voou para o céu dos passarinhos.* (cf. (2) *A alma voou para o céu dos passarinhos.*)
g) (1) *Essa bicicleta, ela é minha salvação quando o trânsito está engarrafado.* (cf. (2) *Essa bicicleta é minha salvação quando o trânsito está engarrafado.*)

Este recurso é comum na língua coloquial (cf. ex. f) e pode ser empregado até mesmo se o elemento topicalizado vem preposicionado em sua posição neutra:

h) (1) *Esse marceneiro, acho que tenho o telefone dele.* (cf. (2) *Acho que tenho o telefone desse marceneiro.*)

366. Focalização

Um sintagma se diz focalizado quando o recurso que o destaca na frase é o verbo *ser*, combinado ou não com *que*:

a) (1) *As laranjas que colhi é que estão doces.* (cf. (2) *As laranjas que colhi estão doces.*)
b) (1) *Foi o cachorro que assustou os passarinhos.* (cf. (2) *O cachorro assustou os passarinhos.*)
c) (1) *Eles querem é aumento de salário.* (cf. (2) *Eles querem aumento de salário.*)

367. Deslocamento de unidade interrogativa

a) (1) *Você fala quantas línguas?* (cf. (2) *Quantas línguas você fala?*)
b) (1) *A avenida Rio Branco fica onde?* (cf. (2) *Onde fica a avenida Rio Branco?*)

c) (1) *Você saiu com quem ontem à noite?* (cf. (2) *Com quem você saiu ontem à noite?*)

368. Deslocamento de pronome átono

a) (1) *Eles saíram sem despedir-se.* (cf. (2) *Eles saíram sem se despedir.*)
b) (1) *Assim, vocês estarão prestigiando-nos* (cf. (2) *Assim, vocês estarão nos prestigiando.*)

Estes quatro grupos de exemplos têm duas características em comum: 1) as frases (1) e (2) diferem apenas quanto à ordenação de seus elementos, e se equivalem quanto à estrutura; 2) a existência da construção (1) implica a existência de (2) e vice-versa. São casos de correspondência bilateral ou perfeita.

Correspondência unilateral ou imperfeita

369. Há correspondência unilateral entre duas construções se a construção (2) pressupõe a existência da construção (1), mas a existência de (1) não implica necessariamente a possibilidade de (2). Quando isso acontece, a estrutura da frase também pode se alterar, como ocorre com o tipo mais comum dessa espécie de correspondência em português: a relação entre as formas passiva e ativa das frases. Com efeito, a toda construção passiva corresponde uma construção ativa, mas a existência da construção ativa não garante a existência da correspondente passiva. Compare as construções (1) e (2) dos grupos A e B abaixo:

Grupo A:

(1) *Um vendaval destelhou as casas da região.*
(2) *As casas da região foram destelhadas por um vendaval.*

(1) *Uma vegetação rasteira ocupa um terço da propriedade.*
(2) *Um terço da propriedade é ocupado por uma vegetação rasteira.*

(1) *O fogo consumirá essas madeiras em poucas horas.*
(2) *Essas madeiras serão consumidas em poucas horas pelo fogo.*

Grupo B:

(1) *Essa medida significava um corte de 20% nos salários.*
(2) * *Um corte de 20% nos salários era significado por essa medida.*

(1) *Minha irmã tem olhos castanhos.*
(2) * *Olhos castanhos são tidos por minha irmã.*

(1) *O valentão levou uma surra.*
(2) * *Uma surra foi levada pelo valentão.*

O Sintagma Nominal: Estrutura e Funcionamento

370. O *sintagma nominal* é uma *construção cujo núcleo é ocupado por um substantivo ou por um pronome substantivo.* Os exemplos a seguir ilustram algumas de suas formações típicas:

a) *O* macaco *comeu uma* banana.
b) *Seu* irmão *levou meu* chapéu.
c) *Algum* amigo *seu levou aqueles meus outros dois* chapéus *de palha.*
d) *Dois* cavalos *não são capazes de comer tanto* capim.
e) *As* casas *de pedra são* construções *coloniais.*
f) *Visitamos a modesta* casa *do artista.*
g) Antônio *reconheceu o* homem *que o assaltou.*
h) *A* metade *dos habitantes consome diariamente cem* quilos *de carne.*
i) Nós *procuramos o pedreiro, mas não* o *encontramos.*

Nestes exemplos, o SN está sublinhado e seu núcleo aparece sem grifo. Os constituintes adjacentes ou são adjuntos — como todos os que acompanham o núcleo do SN nos exemplos a-g) —, ou são complementos — como os constituintes *dos habitantes* e *de carne* do exemplo h).

371. Tomando-se o substantivo como centro da construção, nota-se que à sua esquerda ocorrem artigos (em a)), pronomes possessivos (em b)), pronomes indefinidos, demonstrativos e numerais (em c) e d)) e adjetivos (em f)); à sua direita posicionam-se pronomes possessivos (em c)), sintagmas preposicionados (em c), e), f) e h)), adjetivos (em e)) e orações adjetivas (em g)). Em g) e i), há SNs constituídos exclusivamente pelos núcleos *Antônio*, *nós* e *o*.

Esses vários constituintes estão sujeitos a regras que definem a coocorrência e o posicionamento relativo deles na estrutura do SN. Demonstrativos e artigos definidos, por exemplo, jamais coocorrem, mas uns e outros podem acompanhar os possessivos (cf. *os meus amigos/aqueles meus amigos*). Deixaremos provisoriamente de lado os adjetivos e locuções adjetivas, os sintagmas introduzidos por preposição e as orações adjetivas, e nos deteremos nos adjacentes posicionados antes do substantivo, e que obrigatoriamente desempenham, segundo nossa tradição descritiva, a função de **adjunto adnominal**.

Na grade abaixo, eles são especificados por traços morfossintáticos e semântico-discursivos, que recebem os seguintes rótulos e respectivas abreviaturas:

Traços morfossintáticos:

- **variável em número** (var. n): indica que a unidade em questão se flexiona em número para concordar com o núcleo do SN;
- **variável em gênero** (var. g): indica que a unidade em questão se flexiona em gênero para concordar com o núcleo do SN;
- **plural** (pl): indica que a unidade em questão combina com substantivo no plural mesmo que não se flexione;
- **singular** (sing): indica que a unidade em questão combina com substantivo no singular mesmo sem se flexionar.
- **subordinante** (subte): indica que o SN introduzido pela unidade em questão integra uma oração subordinada.

Traços semântico-discursivos:

- **focalizador** (foc): confere ao SN relevância especial na sua relação com o restante do enunciado;
- **dêitico** (deit): informa que o que o substantivo significa tem alguma relação com as pessoas do discurso;
- **identificador** (id): informa que o conceito, objeto ou ser designado pelo substantivo é conhecido do interlocutor ou faz parte da situação comunicativa;
- **vinculativo** (vinc): informa que a relação mencionada em "Deit" significa "vínculo ou posse";
- **remissor** (rem): assinala um segmento do texto cuja informação deve ser compreendida em conexão com outra presente no texto ou na memória do interlocutor;
- **indefinido** (indef): informa que o que o substantivo significa tem uma referência imprecisa;
- **quantificador** (quant): representa a quantidade do conceito, ser ou objeto designado pelo substantivo;
- **qualificador** (qual): representa o tipo ou qualidade do conceito, ser ou objeto designado pelo substantivo;
- **interrogativo** (int): informa que o que o substantivo significa é foco de uma pergunta.

	var. n	var. g	pl	sing	foc	deit	ident	vinc	rem	indef	quant	int	qual	subte
O	+	+	+	+	–	–	+	–	+	–	–	–	–	–
Este	+	+	+	+	–	+	+	–	+	–	–	–	–	–
Esse	+	+	+	+	–	+	+	–	+	–	–	–	–	–
Aquele	+	+	+	+	–	+	+	–	+	–	–	–	–	–
Meu	+	+	+	+	–	+	+	+	–	–	–	–	–	–
Teu	+	+	+	+	–	+	+	+	–	–	–	–	–	–
Seu (você)	+	+	+	+	–	+	+	+	–	–	–	–	–	–
Seu (dele)	+	+	+	+	–	+	+	+	+	–	–	–	–	–
Nosso	+	+	+	+	–	+	+	+	–	–	–	–	–	–

	var. n	var. g	pl	sing	foc	deit	ident	vinc	rem	indef	quant	int	qual	subte
Vosso	+	+	+	+	–	+	+	+	–	–	–	–	–	–
Tal	+	–	+	+	–	–	+	–	+	–	–	–	+	–
Outro	+	+	+	+	–	–	–	–	+	–	–	–	–	–
Mesmo	+	+	+	+	+	–	–	–	+	–	–	–	–	–
Próprio	+	+	+	+	+	–	–	–	+	–	–	–	–	–
Demais	–	–	+	–	–	–	–	–	+	–	–	–	–	–
Muito	+	+	+	+	–	–	–	–	–	+	+	–	–	–
Pouco	+	+	+	+	–	–	–	–	–	+	+	–	–	–
Bastante	–	–	–	+	–	–	–	–	–	+	+	–	–	–
Tanto	+	+	+	+	–	–	–	–	+	+	+	–	–	–
Tamanho	+	+	+	+	–	–	–	–	+	+	+	–	–	–
Quanto	+	+	+	+	–	–	–	–	–	+	+	+	–	+
Mais	–	–	+	+	–	–	–	–	+	+	+	–	–	–
Menos	–	–	+	+	–	–	–	–	+	+	+	–	–	–
Algum	+	+	+	+	–	–	–	–	–	+	+	–	–	–
Nenhum	+	+	+	+	–	–	–	–	–	+	+	–	–	–
Qualquer	+	–	+	+	–	–	–	–	–	+	–	–	+	–
Vários	–	+	+	–	–	–	–	–	–	+	+	–	–	–
Diversos	–	+	+	–	–	–	–	–	–	+	+	–	–	–
Inúmeros	–	+	+	–	–	–	–	–	–	+	+	–	–	–
Um	+	+	+	+	–	–	–	–	–	+	+	–	–	–
Todo	+	+	+	+	–	–	–	–	–	+	+	–	–	–
Cada	+	+	–	+	–	–	–	–	–	+	–	–	–	–
Certo	+	+	+	+	–	–	–	–	–	+	–	–	+	–
Qual	+	–	+	+	–	–	–	–	–	+	–	+	+	+
Que	–	–	+	+	–	–	–	–	–	+	–	+	+	+
Cujo	+	+	+	+	–	–	–	+	+	–	–	–	–	+
Um	–	+	–	+	–	–	–	–	–	–	+	–	–	–
Meio	–	+	–	+	–	–	–	–	–	–	+	–	–	–
Dois	–	+	+	–	–	–	–	–	–	–	+	–	–	–
Três	–	–	+	–	–	–	–	–	–	–	+	–	–	–
Duzentos	–	+	+	–	–	–	–	–	–	–	+	–	–	–
Primeiro	+	+	+	+	–	–	–	–	+	–	–	–	–	–
Ambos	–	+	+	–	–	–	+	–	+	–	+	–	–	–

Estrutura formal e função referencial do SN

372. O sintagma nominal refere-se a conteúdos de consciência cujos objetos podem ser entidades reais ou imaginárias, concretas ou abstratas. A unidade léxica que as representa, e com a qual o predicador mantém uma relação de compatibilidade semântica, constitui seu núcleo referencial, mas pode ou não constituir seu núcleo sintático. Nos exemplos a seguir o núcleo referencial, sublinhado, coincide com o núcleo sintático do SN.

Os galos cantavam na madrugada.
Duas pedras rolaram do morro.
O gato bebeu muito leite.

O lobisomem rondava minha fazenda.
Uma saudade imensa corroía o coração.

Nos exemplos que se seguem, porém, o núcleo sintático está sublinhado, enquanto o núcleo referencial ocorre sem destaque dentro de um sprep.

Duas das pedras rolaram do morro.
O gato bebeu a metade do leite.
Derramei um copo de vinho.

Funções Sintáticas e Semânticas dos Termos Adjacentes no SN

373. A unidade léxica que representa o núcleo referencial do SN está sujeita a três tipos de modificação: a **determinação**, a **qualificação** e a **explicitação**.

A determinação

374. A **determinação** é expressa por todas as palavras de nossa matriz — os **determinantes** — ocupantes da porção do SN que precede seu núcleo. A determinação pode ser **quantitativa** (quantificadores indeterminados, artigo indefinido e numerais), **dêitica** (pronomes possessivos de 1ª e 2ª pessoas e demonstrativos em geral), **identificadora** (artigo definido), **vinculativa** (pronomes possessivos de 3ª pessoa e relativo *cujo*, sempre com função anafórica), **remissiva** (artigo definido e pronomes demonstrativos com função anafórica, e os pronomes indefinidos *outro*, *mesmo*, *demais*, *mais*, *menos* e *tal*), **qualitativa** (pronomes indefinidos *certo*, *determinado*, *qual* e *qualquer*), e **focalizadora** (pronomes indefinidos *próprio* e *mesmo*).

Determinação quantitativa

375. A quantificação pode ser universal, global, dual ou parcial. A quantificação é **universal** quando vem expressa pelo quantificador todo/toda/todos/todas. No singular, *todo* tem sentido universal se incide diretamente sobre o substantivo (*todo homem é mortal*), mas significa "inteiro" (quantificação *global*), se o substantivo é precedido de artigo (*todo o grupo*, *todo o céu*, *toda a sala*, *todo um conjunto de questões*). No plural, *todo* precede obrigatoriamente artigo definido ou pronome demonstrativo e é sempre quantificador universal (*todos os homens*, *todas essas abelhas*). A quantificação **dual** é expressa pelo pronome *ambos*, que ocorre necessariamente seguido de artigo definido ou pronome demonstrativo no plural (*ambos estes países, ambas as mãos*).

Diz-se **parcial** a quantificação expressa pelos demais quantificadores. A quantificação parcial pode ser **absoluta** — quando o determinante incide diretamente sobre o substantivo quantificado (*dois cavalos*, *vários livros*, *pouca luz*) —, ou **partitiva** — quando a parte quantificada é extraída de um todo expresso por SN precedido por *de* ou, mais raramente, *(d)entre* (*vários dos candidatos desistiram*, *três das embarcações afundaram*, *alguns de* (ou *dentre*) *vocês precisam ficar aqui*, *pouco do leite pôde ser aproveitado*). Na quantificação partitiva, são diferentes o núcleo referencial e o núcleo sintático do SN.

O quantificador universal *todos*, o quantificador global *todo*, o quantificador dual *ambos* e os substantivos e pronomes que expressam quantificação partitiva são, por si mesmos, núcleos de um sintagma nominal; os sintagmas *todas as casas*, *todo o estoque* e *ambos os olhos* analisam-se como:

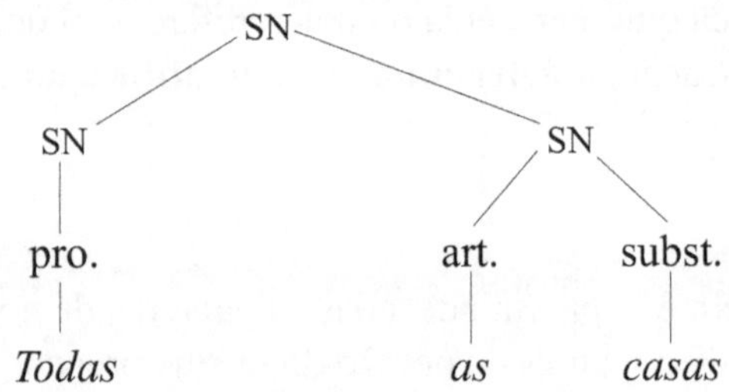

Por sua vez, sintagmas nominais como *um pedaço de pão*, *duas dúzias de laranjas*, *muitos dos soldados* e *vários de nós*, em que o núcleo referencial e o núcleo sintático não coincidem, se analisam como:

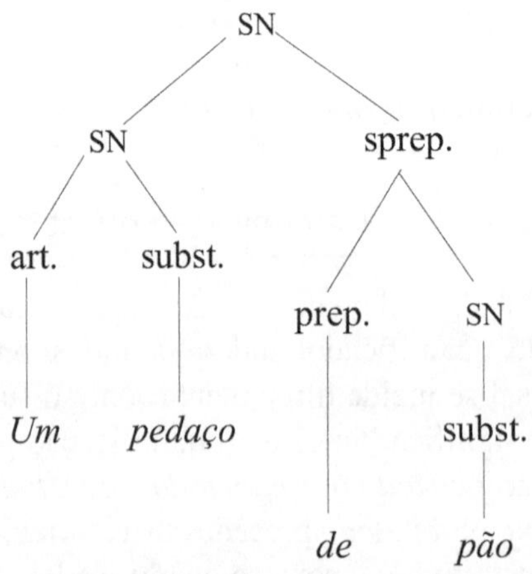

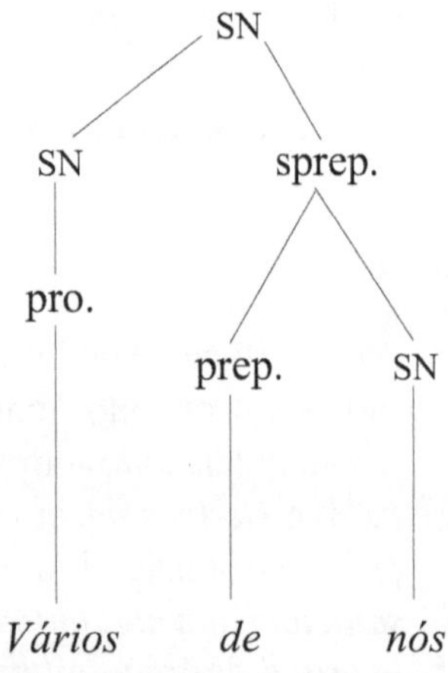

Lembre-se, por fim, a possibilidade da ocorrência de expressões estimativas como *quase*, *nada mais que*, *nada menos que*, *pelo menos*, *até*, *aproximadamente*, *perto de*, *cerca de* antes do quantificador ou do sintagma nominal partitivo: *quase a metade dos candidatos, nada menos que trinta pessoas, até quarenta alunos por sala, pelo menos um terço dos pães, cerca de cinquenta operários*. Esses constituintes são advérbios (*até, quase, aproximadamente*) ou locuções adverbiais (*pelo menos, nada menos que, cerca de, perto de*).

Determinação remissiva: *outro* e *mesmo*

376. Os pronomes *mesmo* e *outro* empregam-se no discurso em virtude de uma atitude comparativa por parte do enunciador, que tem sempre em mente uma base referencial comum às porções de sentido consideradas: a identidade total se exprime com *mesmo*, a parcial com *outro*. Assim, quando dizemos *O ministério usou o mesmo slogan da campanha anterior*, não só classificamos as mensagens das duas campanhas como *slogan*, como dizemos que o ministério usou na segunda campanha uma mensagem idêntica à primeira. Em contrapartida, se dizemos que *o ministério usou na segunda campanha outro slogan*, apenas reafirmamos o gênero — *slogan* —, propriedade partilhada pelos elementos em causa, e introduzimos a novidade (o conteúdo) na espécie. Ambos os enunciados baseiam-se num ato de comparação.

Mesmo e *outro* integram o complexo sistema de meios referenciais do discurso e constituem instrumentos de coesão textual e de coerência conceptual (cf. §64). Ambos servem para retomar porções de sentido (anáfora) ou antecipar porções de sentido (catáfora) na cadeia do discurso, razão por que lhes chamamos **determinantes remissivos**.

Outro pode significar *semelhante, análogo, adicional* (valor de inclusão: outro 1), ou *diferente, oposto, alternativo* (valor de exclusão: outro 2). Uma frase como *Traga outra cerveja* é ambígua, pois tanto pode significar *Traga mais uma cerveja* (outro 1) quanto *Traga uma cerveja de tipo ou marca diferente da anterior* (outro 2).

Mesmo assinala no discurso o fenômeno da coincidência referencial, e significa o oposto de *outro 2*. Seu mecanismo referencial apresenta dois subtipos, que vamos chamar **correferência sintética** — se os elementos cuja identidade se declara estão unidos numa só função sintática (*Você e eu não assistimos ao mesmo filme, Meu pai deu a mim e a meus irmãos a mesma educação*) — e **correferência analítica** — se esses elementos estão distribuídos em sintagmas distintos, ainda que desempenhando a mesma função (*Você não assistiu ao mesmo filme que eu, O TRE dispôs do mesmo tempo dos outros tribunais regionais para organizar o pleito* (*JB*, 21.10.94)).

Determinação focalizadora: *próprio* e *mesmo*

377. Como determinante, *próprio* acrescenta ao enunciado uma tomada de posição do enunciador a respeito da relevância do que está dizendo (*O próprio* *prefeito supervisionou os trabalhos de socorro aos flagelados*). A intenção do enunciador é **impressionar** o interlocutor. Com esse mesmo viés, emprega-se o pronome *mesmo* posposto ao substantivo (*O prefeito mesmo supervisionou os trabalhos de socorro aos flagelados*). Trata-se de unidades que servem aos propósitos argumentativos do discurso, já que, por meio deles, o enunciador expressa, sobre o fato relatado, uma avaliação que espera ver compartilhada pelo interlocutor. Uma frase sem *próprio* tende a ser neutra; com *próprio* expressa sentimentos de simpatia ou de repulsa. Assim é que, ao dizer *O prefeito supervisionou os trabalhos de socorro aos flagelados*, o enunciador reporta o fato de forma neutra; ao introduzir, porém, o determinante *próprio* (ver acima), o enunciador agrega à frase um tom de simpatia pelo gesto do prefeito. É notável ainda o valor adicional de posse expresso por *próprio* quando o SN exerce funções diferentes da de sujeito da frase (*Ele pagou a conta do próprio bolso, Ele ofereceu o próprio casaco para agasalhar a criança*).

Determinação dêitica e remissiva: os demonstrativos

378. No §245 vimos que os pronomes demonstrativos servem para localizar, em relação às pessoas do discurso, os objetos (seres, coisas e noções) que entram no conteúdo de nosssos enunciados. É o seguinte o quadro-resumo padrão (exclusivo da modalidade escrita formal):

	Masculino		Feminino		Neutro
	singular	plural	singular	plural	
1ª pessoa	este	estes	esta	estas	isto
2ª pessoa	esse	esses	essa	essas	isso
3ª pessoa	aquele	aqueles	aquela	aquelas	aquilo

O contexto de localização pode ser:

- o espaço-tempo físico-social-cronológico de comunicação;
- o próprio texto em construção.

A situação típica do primeiro contexto é a do discurso falado, no qual o instante e o espaço da enunciação são comuns ao enunciador e ao destinatário. Nesse caso, são grandes as chances de os demonstrativos desempenharem função **dêitica**. Já a situação típica do segundo contexto é a da modalidade escrita, espaço de comunicação em que prevalece a função anafórica ou **remissiva** dos demonstrativos.

O quadro-resumo acima é mais teórico do que real, visto que a distinção entre *este/esse*, mesmo na língua escrita formal, só se observa com rigor quando é necessário deixar clara a referência a um objeto situado no âmbito do enunciador (*este*) por oposição ao que se situa no âmbito do interlocutor (*esse*), como no seguinte trecho de uma carta de Mário de Andrade a Graça Aranha:

> *Graça Aranha, sei que se queixa dos modernistas de São Paulo terem se afastado de você. Como esses lamentos* [= os lamentos do interlocutor] *não trazem endereço nem assinatura e não sei que ouvidos os escutam, esta* [= a carta que o enunciador escreve] *vai aberta.* (G. Koifman, 1985)

Usualmente, portanto, enunciador e ouvinte/leitor constituem um só âmbito — o da interlocução —, por oposição a um segundo — o da terceira pessoa, externo à interlocução. A perda da distinção entre *este* e *esse* é compensada, na fala, pelo reforço dos advérbios *aqui* e *aí*, respectivamente (*Esta/essa camisa aqui é minha, a sua é essa/esta aí no seu armário*).

No discurso planejado, e especialmente na modalidade escrita, os demonstrativos participam da chamada função textual da linguagem, exprimindo relações coesivas, como se demonstra nos seguintes trechos:

> *A história da nossa imprensa só pode ser bem compreendida sob a divisão em duas fases, a artesanal e a industrial, esta peculiar ao desenvolvimento das relações capitalistas no Brasil. A do cinema deve relegar ao plano pioneiro, a uma espécie de proto-história, tudo o que, aqui, antecedeu a fase do desenvolvimento das relações capitalistas. Requer esse desenvolvimento um nível mais avançado do que aquele exigido pela imprensa, para mudar sua qualidade e passar à segunda fase.* (N.W. Sodré, 1978)

> *Os que acompanharam o Modernismo como forma (...) apenas estabeleceram contraste formal com os ditos passadistas: enquanto estes se aferravam à sonoridade vocabular, à ênfase retórica, que tomavam como literatura, aqueles apressavam-se no culto à piada, na pedrada pedestre, na simples negação.* (N.W. Sodré, 1978)

Na primeira passagem, o demonstrativo *este* deixa claro que o enunciador se refere a *(fase) industrial*, antecedente imediato, e não a *(fase) artesanal*; o demonstrativo *esse* — que poderia ser também *este* — está retomando um tópico que acabou de ser mencionado no texto (= *desenvolvimento*), e que, por isso, é mantido no âmbito da interlocução. Por sua vez, *aquele* (= aquele nível) refere-se a uma noção que, por já fazer parte do conhecimento do leitor, está fora do âmbito da interlocução.

Na segunda passagem, o jogo dos demonstrativos assinala, pela localização no espaço da página, o contraponto entre os seguidores (= aqueles) e os não seguidores (= estes) do Modernismo.

Determinação vinculativa: os possessivos

379. Nos §§243-244 dissemos que "os pronomes ditos possessivos expressam um vínculo qualquer, constante ou eventual, entre o objeto ou assunto de que se fala e cada uma das pessoas do discurso." Este vínculo pode ser de **posse** (*meu relógio*, isto é, "o relógio que me pertence"), de **origem** (*nossa cidade*, isto é, "a cidade em que nós vivemos"), de **uso** (*minha sala*, isto é, "a sala em que estudo"; *meu ônibus*, isto é, o "ônibus que costumo pegar"), de **parentesco** (*meus tios*), de **autoria** (*meu discurso*, isto é, "o discurso que proferi"), de **compromisso** (*sua missão*, isto é, "a missão que foi confiada a você"), de **afetividade** (*meu clube*, isto é, "o clube pelo qual eu torço"), de **grupo social** (*meus clientes*, isto é, "os clientes a quem presto serviços profissionais"; *nossos professores*, isto é, "os professores que nos ensinam" — se dito pelos alunos — ou "os professores que trabalham na escola que eu dirijo" — se dito pelo diretor), e assim por diante. Esta lista é interminável e pode abarcar, ainda, praticamente todos os conteúdos expressos pela relação sujeito-predicado (eu passeei > meu passeio, eu caí > minha queda, eu gaguejo > minha gagueira, eu odeio > meu ódio, eu sou feliz > minha felicidade, eu fui derrotado > minha derrota, eu sou inocente > minha inocência).

Determinação vinculativa: o relativo *cujo*

380. Exclusivas das variedades formais da língua, as formas *cujo/cuja/cujos/cujas* são as únicas que o pronome relativo apresenta na posição de determinante. Seu valor semântico é equivalente ao dos pronomes possessivos, mas do ponto de vista sintático é um conectivo de subordinação como os demais pronomes relativos, originando, no papel de transpositor, sintagmas adjetivos oriundos de orações. *Cujo* vem imediatamente seguido do substantivo ou de grupo nominal formado por adjetivo + substantivo (*A árvore cujo tronco apodreceu* (cf. seu tronco), *O problema cuja solução encontrei* (cf. sua solução), *Os sinais cuja origem investiguei* (cf. sua origem)), *O pintor cujas famosas telas reproduzi* (cf. suas famosas telas)).

Qualificação e explicitação

381. A **qualificação** particulariza ou restringe a significação do substantivo, e é expressa pelos sintagmas adjetivais pospostos ao núcleo do SN na função de modificador. Têm função qualificadora as partes sublinhadas nos seguintes sintagmas nominais: *chapéus <u>de palha</u>, as casas <u>de pedra</u>, construções <u>coloniais</u>* e *o homem <u>que o assaltou</u>*.

A **explicitação** revela uma característica tomada como inerente ao objeto denotado pelo substantivo, uma espécie de "propriedade" — e não de "qualidade" — que de antemão se associa a ele. Têm função explicitadora as partes sublinhadas nos seguintes sintagmas: *os negros olhos da princesa, o macio pelo da pantera, as modernas instalações do cinema, as brancas barbas do profeta.* Esta espécie de atributo é conhecida nos estudos tradicionais como **epíteto**. Sobre o sintagma adjetivo e sua posição no SN, vejam-se os §§390-392.

A Função Explicitadora do Substantivo e o Aposto

382. Os exemplos abaixo ilustram o *processo* conhecido como *aposição, por meio do qual o núcleo primário ou fundamental de um* SN (*romance, número, planeta, cidades, doutor, igreja*) *vem acompanhado de um segundo* SN, *seu núcleo secundário,* (*Vidas Secas, vinte, Vênus, Friburgo e Teresópolis, Fernando, Candelária*), *que particulariza a referência classificatória do primeiro*:

> *O romance Vidas Secas é da autoria de Graciliano Ramos.*
> *O número vinte é par.*
> *O planeta Vênus é a estrela mais brilhante.*
> *Visitamos as cidades de Friburgo e Teresópolis.*
> *O doutor Fernando está de férias.*
> *Eles se casaram na Igreja da Candelária.*

Nestes exemplos, o aposto individualiza ou particulariza a referência do SN, cujo núcleo primário tem função classificatória, visto que apenas serve para enquadrar o objeto da referência (*Vênus, vinte, Fernando, Candelária*) numa classe genérica (*planeta, número, doutor, igreja*). Por ser também núcleo na construção, o aposto pode dispensar o núcleo primário e constituir por si só o SN. Comparem-se as frases acima com suas variantes em que o aposto — núcleo secundário — substitui o SN maior: *Vinte é par, Visitamos Friburgo e Teresópolis, Fernando está de férias, Vênus é a estrela mais brilhante, Eles se casaram na Candelária.*

Nesses exemplos, o aposto, de caráter eminentemente descritivo, serve aos propósitos da função informativa da linguagem. No uso coloquial, e com efeito de sentido próprio da função emotiva, é comum o emprego de um aposto — ou epíteto — antecipado, usualmente de conteúdo depreciativo, anexo ao SN base por meio de preposição:

> *A boba da Lucinha ainda acreditou nessa lorota.*
> *O sonso do seu primo pensa que somos idiotas.*
> *O diabo da dúvida atormentava o marinheiro.*

Outra variedade de aposição baseia-se na correferência dos sintagmas, como em *Graciliano Ramos, autor de Vidas Secas, nasceu em Alagoas* uma vez que os termos *Graciliano Ramos* e *autor de Vidas Secas* referem-se ao mesmo indivíduo. A correferência garante a manutenção do valor referencial do enunciado com qualquer dos dois sintagmas no papel de núcleo primário, esteja ou não seguido do núcleo secundário. Ao passar a núcleo primário do sintagma, o substantivo comum ocorre precedido de artigo:

> *O autor de Vidas Secas, Graciliano Ramos, nasceu em Alagoas.*
> *O autor de Vidas Secas nasceu em Alagoas.*
> *Graciliano Ramos nasceu em Alagoas.*

O aposto serve, portanto, para:

- reiterar, por força de algum interesse ou necessidade discursiva, a identidade de um ser ou objeto (aposto explicativo — ap. expl.);
- introduzir um comentário com que se avalia ou se esclarece uma informação (aposto atributivo — ap. at.);
- particularizar a referência genérica de um substantivo (aposto especificativo — ap. esp.);
- detalhar (aposto enumerativo — ap. en.) ou sintetizar (aposto recapitulativo — ap. rec.) o conteúdo do SN fundamental.

A funcionalidade destes tipos é comprovada nos seguintes trechos tomados aos discursos jornalístico e ensaístico:

> *O mais antigo instrumento musical capaz de ainda ser tocado foi descoberto na China por uma equipe internacional de pesquisadores. O instrumento, uma flauta de 22 centímetros de comprimento* [ap. expl.], *é feito de osso de uma ave chinesa, a garça-de-crista-vermelha* [ap. expl.]. *A flauta, feita há nove mil anos, tem sete orifícios e é capaz de produzir sons elaborados, o que surpreendeu os cientistas* [ap. at.]. (*O Globo*, 23.9.99)

> *O Brasil vai virar o século amargando um desempenho macroeconômico ainda pior do que o registrado nos anos 80, período que passou à História como a década perdida* [ap. at.]. (*JB*, 10.10.99)

> *Uma simples técnica de controle biológico que utiliza o coco, fruta abundante e barata das zonas tropicais* [ap. expl.], *poderia se converter em uma alternativa contra a malária, doença endêmica em muitas partes do mundo* [ap. expl.]. (*JB*, 2.8.99)

> *O consumo frequente de cebola pode reduzir o risco de osteoporose, doença que atinge um terço das mulheres após a menopausa* [ap. at.]. (*O Globo*, 23.9.99)

> *Até fins do século passado os rapazes e moças se cobriam da cabeça aos pés, evitando sair nos horários mais ensolarados, a fim de preservar um tom pálido, macilento, funéreo, sinal de distinção daqueles que não precisavam trabalhar sob o sol* [ap. at.]. (N. Sevcenko, 1998)

> *A obsessão pela ideia de modernização produziu duas palavras essenciais no vocabulário da segunda metade do século* XX: *perestroika (algo como reconstrução ou reestruturação) e glasnost (transparência).* (*O Globo*, 12.12.99)

No trecho acima, as formas sublinhadas, apostos enumerativos, vêm seguidas por apostos explicativos, colocados entre parênteses.

> *Olho para trás e fico espantado com a quantidade de coisas que fui recolhendo no caminho, meus suvenires de viagem* [ap. at.]: *um jeito de sorrir, um suspiro conformado, uma voz forte no momento de perigo* [ap. en.]. (M. Falabella, *O Globo*, 2.9.99)

> *Os demais grão-duques e barões da República, como os governadores* [ap. expl.] *Mário Covas, Tasso Gereissati e Jarbas Vasconcelos* [ap. esp.], *estavam todos* [ap. rec.] *lá, com uma multidão de deputados, senadores e ministros.* (M.M. Alves, *O Globo*, 2.9.99)

Pronomes que Funcionam como SN

383. Pessoais, possessivos e demonstrativos. A classe dos tradicionalmente chamados pronomes pessoais é a única que apresenta formas distintas para três grupos de funções:

a) pronomes retos (*eu, tu, você, ele/ela, nós, vós, vocês, eles/elas*);
b) pronomes oblíquos átonos (*me, te, o/a, lhe, se, nos, vos, os/as, lhes*).
c) os oblíquos tônicos (*mim, ti, si, ele/ela, comigo, contigo, consigo, nós, conosco, vós, convosco, eles/elas*)

As formas do grupo a) servem às funções de sujeito e de predicativo; as formas do grupo b) servem às funções de complemento do verbo (objeto direto, objeto indireto e adjunto adverbial); as formas do grupo c) servem às funções de complemento precedido de preposição.

As formas *ele/ela/eles/elas/nós/vós* servem, no registro formal, tanto às funções de a) como às de c). No registro informal, *ele/ela/eles/elas* cumprem os papéis sintáticos dos três grupos. A forma oblíqua átona da terceira pessoa, *o*, emprega-se sem marca de gênero e número, no registro formal, para substituir sintagmas nominais derivados por transposição de orações e sintagmas adjetivais (*Perguntei-lhe se gostaria de nos acompanhar, mas ele não o* (= nos acompanhar) *quis*; *Estes vinhos são muito apreciados nessa região, e o* (= apreciados) *são com todo o merecimento*).

Entre os demonstrativos, preenchem o lugar de um SN as formas neutras *isto*, *isso* e *aquilo*. Por sua vez, os possessivos só equivalem a SNs em certos usos estereotipados (*Como vão os seus*?, isto é, "seus familiares"; *O meu está garantido*, isto é, "o meu sustento", "a minha parte").

384. Indefinidos. São eles: *alguém, ninguém, nada, tudo, algo, cada um, qualquer um, cada qual, que, o que, quem, quem quer que, o que quer que* e *quanto* (*Ele comeu tudo, Nada lhes faltará, Não conheço ninguém, Algo está errado, Alguém abriu a porta, Cada qual levou seu travesseiro, Qualquer um pode participar do concurso, Não sabíamos que fazer, Não sabíamos o que fazer, Quem viver verá, Quem quer que viva verá, Já sabemos quanto vamos gastar*).

385. Quantificadores. São eles: *todo*, *toda*, *todos*, *todas* e *ambos*. Podem ocorrer antepostos a outro SN (*toda ela*, *todos nós*, *ambas as mulheres*, *todo esse trabalho*), a que servem de aposto. Daí a possibilidade das construções *Todos os passageiros se salvaram*, *Os passageiros se salvaram todos*, *Os passageiros todos se salvaram*; *Todas as roupas estão molhadas*, *As roupas estão todas molhadas*; *Ambas essas palavras são escritas com x*, *Essas palavras são ambas escritas com x*.

386. Remissores. O pronome *outros*, como núcleo de um SN, vem sempre precedido de *os*, substituindo a forma desusada *outrem* (*Não faça aos outros o que você não quer que lhe façam*).

Colocação dos Pronomes Pessoais Átonos

387. A colocação dos pronomes pessoais átonos está condicionada a fatores de três ordens: sintática, prosódica e sociocomunicativa.

Do ponto de vista prosódico, é necessário considerar o padrão determinante da distribuição dos acentos de intensidade e como os vocábulos inacentuados se subordinam aos que contêm sílaba tônica para a formação dos vocábulos fonológicos (cf. §§108-112).

Do ponto de vista sociocomunicativo, é relevante considerar a relação entre os fatores discursivos (condições e situação do discurso), a variedade de língua utilizada e a seleção e posicionamento dos pronomes átonos.

Na variedade culta da língua, adquirida por força da educação formal veiculada na instituição escolar, quer nas condições que requerem discurso planejado, quer nas condições da conversação formal, empregam-se todos os pronomes átonos, com exceção da forma da segunda pessoa do plural — *vos* — exclusiva de usos muito restritos. Nos registros mais informais, porém, como a conversação descontraída de pessoas íntimas, mesmo os falantes mais escolarizados tendem a substituir as formas oblíquas átonas *o, a, os, as* por *ele, ela, eles, elas,* quando relativas à pessoa de quem se fala, e por *te* (mais raramente *lhe*), *você, vocês*, quando relativas ao interlocutor, aproximando-se assim do sistema vigente nas demais variedades, que, adquiridas sem a intervenção da escola, não conhecem aquelas formas átonas.

O fator prosódico é seguramente o mais complexo. Notemos inicialmente que a próclise do pronome é a posição mais favorecida pelo ritmo da frase no português do Brasil, onde a raridade das formas *o, a, os, as* — mas não das formas *-lo, -la, -los, -las* — é responsável por uma situação peculiar: os pronomes átonos mais comuns são iniciados por uma consoante — *me, te, lhe, se* (reflexivo). A posição proclítica em que ordinariamente são colocados favorece o relevo fonético desses pronomes, tornando-os semitônicos. Nas frases coloquiais *Me larga*, *Te peguei*, *Se manda daqui*, fica nítida a pronúncia semitônica dos pronomes. Não é outra a razão do conhecido hábito brasileiro de "começar frase com pronome átono", fato que em épocas não tão remotas causava horror aos gramáticos puristas.

A adoção da ênclise do pronome em certas situações de fala ou em certos textos (*Refiro-me, Envio-te, Retire-se*) é um traço do formalismo exigido pelos princípios do contrato de comunicação — fator sociocomunicativo, portanto —, e não um imperativo gramatical. Por sua vez, são anômalos, se não irreais, inícios de frases como *O convidei* e *As espero*, porque as formas átonas *o, a, os, as* não pertencem ao registro de língua — o uso corrente mais espontâneo — em que se pratica a próclise do pronome no começo de frase.

Do ponto de vista sintático, é necessário considerar três aspectos:

- se o pronome átono está atrelado a uma forma verbal simples ou a uma locução verbal;
- se o pronome é complemento/parte integrante do verbo, ou se, na forma de *se*, participa de uma construção indeterminadora do agente/sujeito;
- se há alguma particularidade sintagmática ou morfossintática que imponha um posicionamento único do pronome.

Integrando-se estes três fatores, podemos considerar fundamentais as regras abaixo.

Pronomes atrelados à forma simples do verbo

388. Distinguiremos seis casos:

a) a colocação do pronome antes do verbo — próclise — é a posição mais comum quando alguma outra palavra precede imediatamente esse mesmo verbo:

Os donos da casa me convidaram.
Nós o estimamos muito.
Não te peço nada.
Quando lhe ofereci ajuda, ele recusou.
O ônibus que nos transportou era confortável.
Nunca se sabe o dia de amanhã.

b) a colocação do pronome antes do verbo é, porém, obrigatória na variedade culta se a palavra que o precede imediatamente tem valor negativo:

Não te peço nada.
Ninguém nos viu.
Nada o consolava naquela hora.
Nunca se sabe o dia de amanhã.

ou é um conectivo de subordinação:

Quando lhe ofereci ajuda, ele recusou.
O ônibus que nos transportou era confortável.

c) as formas *-lo, -la, -los, -las*, variantes de *o, a, os, as*, são necessariamente enclíticas ao infinitivo e às formas terminadas em *-s* e *-z:*

Vim aqui para convidá-lo.
Não é justo acusá-la sem provas.
Visitamo-lo assim que ele deixou o hospital.

d) as formas *-no, -na, -nos, -nas*, também variantes de *o, a, os, as* e exclusivas dos registros formais, são necessariamente enclíticas às formas verbais terminadas por vogal ou ditongo nasais:

Levem-nas com vocês.
Os soldados trouxeram-no à presença do rei.

e) quando a forma verbal está no futuro do presente ou do pretérito, coloca-se o pronome em próclise:

A corrente marinha nos arrastará.
Eu lhe escreverei assim que puder.
Se ele não confessasse, os policiais o torturariam.

f) as frases do item e), que já estão sujeitas aos princípios sociocomunicativos próprios do registro formal, apresentam variantes em um registro ainda mais formal. Trata-se da colocação do pronome em mesóclise, obrigatória se o verbo inicia a frase:

A corrente marinha arrastar-nos-á.
Escrever-lhe-ei assim que puder.
Se ele não confessasse, os policiais torturá-lo-iam.

Pronomes átonos atrelados às sequências de "verbo finito + infinitivo, gerúndio ou particípio"

389. Distinguiremos quatro casos:

- as formas átonas *me, te, lhe, se, nos, lhes*, complementos do verbo, ocorrem normalmente proclíticas ao verbo principal, que pode ser um infinitivo, um gerúndio ou um particípio:

Eles vão se arrepender.
Nós devíamos nos prevenir.
Passei a me interessar pela música barroca.
Vocês não podem me acusar.
Ele veio se arrastando.
Estamos nos preparando para o torneio.
Eles tinham se preparado para o torneio.
Temos nos visto pouco ultimamente.
Cada aspecto da vida privada das famílias devia se processar em seu espaço correto... (N. Sevcenko, 1998)
Não podemos nos contentar em ser escolhidos como plataforma de exportação de grandes multinacionais. (*JB*, 12.12.99)

A ênclise ao gerúndio ou ao infinitivo denota um maior formalismo de expressão:

Ele veio arrastando-se.
Passei a interessar-me pela música barroca.
Vocês não podem acusar-me.
Os resultados das reformas de Antônio Prado acabaram assemelhando-se aos obtidos na mesma década no Rio de Janeiro. (N. Sevcenko, 1998)

Nas formas compostas do verbo, esses pronomes podem estar proclíticos ao verbo principal no particípio, colocação usual em todas as variedades do português do Brasil (*Tinham me convidado, Ele tem se dedicado*). Nos registros mais formais, e em especial na variedade escrita, marca-se com hífen a ênclise do pronome ao verbo auxiliar (*Tinham-me convidado, Ele tem-se dedicado*). A próclise ao verbo auxiliar — atípica nas variedades do português brasileiro — tem feitio arcaizante, mas é utilizada para produzir efeito irônico com a camuflagem de estilo solene, como na seguinte passagem de uma crônica de João Ubaldo Ribeiro: *O telefone, se bem que eu costume fugir dele para poder trabalhar, também me tem rendido momentos singulares.* (J.U. Ribeiro, *O Globo*, 5.12.99)

- as formas *o, a, os, as*, típicas dos registros formais, ocorrem proclíticas ao verbo em forma finita, se este não vier seguido de preposição:

Nós a devíamos prevenir.
Nós a devíamos ter prevenido.
Vocês não o podem acusar.
Eu os estou preparando para o torneio.
Nós não as tínhamos convidado.
O autor [Neil Postman] *sustenta que assim como a prensa tipo-*

gráfica criou a infância, a mídia eletrônica a está destruindo. (R. Zappa, *JB*, 4.12.99)
A morte desta semana em Brasília foi de um homem que brigava pelo seu emprego. Um emprego garantido a teria evitado. (L.F. Veríssimo. *O Globo*, 5.12.99)

ou enclíticas ao gerúndio:

Eu estou preparando-os para o torneio.

- as formas *-lo, -la, -los, -las*, variantes das precedentes, são necessariamente enclíticas ao infinitivo:

Eu vou convidá-lo.
Nós não podemos acusá-la sem provas.
Nós devíamos tê-la prevenido.
Temos de vendê-lo urgentemente.
Devíamos reparti-las com os empregados.
Passei a admirá-lo ainda mais.

- quando o pronome átono é o *se* indeterminador do sujeito ou o *se* apassivador, seu posicionamento na locução verbal tem particularidades que o distinguem dos demais. Em primeiro lugar, essa forma de indeterminação do agente (construção com *se* apassivador) ou do sujeito (construção com pronome indeterminador *se*) só é encontrada na variedade culta da língua (cf. § 354b). Como índice de indeterminação, também é usual em fórmulas estereotipadas de placas anunciativas, nas quais o verbo, sempre na 3ª p. sg., inicia a frase:

Aceita-se aterro.
Vende-se ovos.
Conserta-se televisão.

Esse fator sociocomunicativo explica a ostensiva ocorrência da ênclise. Por outro lado, se o pronome *se*, quer na função indeterminadora do sujeito quer no papel de pronome apassivador, vem integrado numa sequência de "verbo finito + forma verbal no infinitivo, gerúndio ou particípio", é ao redor do verbo finito que o pronome se coloca, ora proclítico ora enclítico, segundo as regras que enunciamos para a forma verbal simples:

Devia-se esperar que a chuva passasse.
Não se deve jogar lixo na via pública.
Começou-se a plantar soja aqui no início da década.
Tinha-se publicado o edital em vários jornais.
Estava-se discutindo futebol naquela hora.

O Sintagma Adjetival: Estrutura e Funcionamento

390. O sintagma adjetival pode ser **básico** ou **derivado**. Diz-se básico quando seu núcleo é um adjetivo, precedido ou não de advérbio de intensidade (*as árvores (mais) antigas*). Alguns adjetivos, assim como certos verbos, ocorrem seguidos de complemento preposicionado (*As crianças são dependentes de seus pais*). O sintagma adjetival diz-se derivado quando assume a forma de um sintagma preposicionado (*um anel de ouro, as árvores da rua*) ou de uma oração convertida em sadj. por meio de um pronome relativo (*as árvores que eu plantei*).

A posição do adjetivo no SN

391. Incorporado ao sintagma nominal, o adjetivo exerce, sintaticamente, a função de adjunto adnominal, e, do ponto de vista semântico, serve para delimitar, graças ao seu papel restritivo, uma parcela da significação ampla de um substantivo: as expressões *rosas vermelhas*, *sapatos velhos* e *mulher magra* significam, respectivamente, delimitações da significação ampla dos substantivos *rosas*, *sapatos* e *mulher*. Nem sempre, porém, o adjetivo cumpre essa função restritiva e delimitadora. Observemos o que fazem os adjetivos *longos* e *velhos* nas seguintes construções: *os sapatos velhos da rainha* e *os dedos longos do pianista*. Se considerarmos que a rainha também possui sapatos novos ou apenas usados, o adjetivo *velhos* cumprirá um papel delimitador, e a expressão se referirá a uma parte dos sapatos. Dificilmente, entretanto, faríamos uma leitura delimitadora do adjetivo *longos*, numa referência à distinção entre dedos longos e dedos curtos. Aquela expressão nos diz que *todos* os dedos do pianista são longos. Esta percepção não se deve a nenhum fator sintático, mas a certos condicionamentos discursivos que ainda não compreendemos muito bem.

É certo, porém, que a colocação do adjetivo antes do substantivo produz efeitos distintos em cada frase. Não há alteração do sentido em *os longos dedos do pianista*; em *os velhos sapatos da rainha*, porém, *velhos* passa a qualificar a totalidade dos sapatos. *Longos*, nas duas posições, e *velhos*, anteposto ao substantivo, têm papel não restritivo, ou melhor, são explicitadores.

O papel restritivo do adjunto adnominal só se manifesta, portanto, quando ele se pospõe ao substantivo. Anteposto, o adjetivo tem sua função restritiva esvaziada, e assume plenamente o potencial afetivo-conotativo de seu caráter puramente explicitador, como se viu em *os velhos sapatos da rainha* e *a modesta casa do artista*. Essa característica semiótica do adjetivo anteposto — ou epíteto — revela que, de fato, a qualidade por ele expressa nessa posição é irrelevante para a compreensão do objeto ou conceito denotado pelo substantivo. Eis por que adjetivos que não têm esse potencial — como os adjetivos de sentido meramente descritivo, como por exemplo *mensal*, *parlamentar*, *asiático*, *colonial*, *têxtil* — jamais se posicionam antes do substantivo. São anômalas construções como **mensal boletim*, **parlamentar discurso*, **asiático território*, **coloniais casas* e **têxtil indústria*.

392. Por sua vez, a presença de dois ou mais adjetivos referidos ao mesmo substantivo na composição do SN está sujeita a certas regras de colocação. Os tipicamente descritivos se colocam imediatamente após o substantivo, e os que possuem potencial afetivo-conotativo se colocam antes do substantivo ou após o adjetivo descritivo (cf.: *uma operação policial gigantesca, uma gigantesca operação policial*, mas não * *uma operação gigantesca policial; duas casas coloniais confortáveis, duas confortáveis casas coloniais*, mas não **duas casas confortáveis coloniais*).

Também se pospõem obrigatoriamente ao substantivo os adjetivos a que se siga um complemento: *os pássaros úteis à lavoura*, *dois atletas confiantes na vitória*, mas não **dois confiantes na vitória atletas* ou **os úteis à lavoura pássaros*.

Sintagmas adjetivais derivados por meio de preposição

393. Ocorrem obrigatoriamente após o substantivo: *casa de tijolos*, *bola de borracha*, *café com leite*, *terra sem lei*, *cesto de lixo*, *viagem pelo Nordeste*. A coocorrência de sintagma adjetival básico e sintagma adjetival derivado modificadores do mesmo substantivo — *um carro de passeio italiano* — está condicionada à estruturação do significado do SN. Enquanto *carro italiano de passeio* varia livremente com *carro de passeio italiano*, o mesmo não acontece com *um pedaço de cabrito assado* e *um pedaço assado de cabrito*, já que *um pedaço de cabrito assado* tem duas leituras — [um pedaço] [de cabrito assado] e [um pedaço de cabrito] [assado], ao passo que *um pedaço assado de cabrito* só admite a segunda leitura.

O sadj. nas funções predicativas

394. Fora do domínio do SN, o sintagma adjetivo desempenha funções predicativas, isto é, passa a referir-se a um SN por intermédio de um verbo. É necessário distinguir, neste caso, o papel do adjetivo como complemento predicativo, quando ele é um constituinte obrigatório do SV, como em:

As árvores são antigas.
O anel era de ouro.
O café estava muito quente.
As portas vão ficar sem tranca.

de seu papel como adjunto predicativo, quando é sintaticamente opcional e, beneficiado pela versatilidade posicional, expressa uma circunstância na qual ou em virtude da qual se desenrola o processo significado pelo verbo da oração principal:

> *Os peixes foram devolvidos ainda vivos ao rio.* (circunstância de modo)
> *Desfalcado de seu goleador, o time não conseguiu sair do zero a zero.* (circunstância de causa)

Sintagmas adjetivais derivados por meio de pronome relativo (orações adjetivas)

395. Ocorrem obrigatoriamente após o substantivo ou pronome a que se referem:

> *as casas que o engenheiro construiu*
> *o menino cujo pai é pintor*
> *dois amigos que me visitaram*
> *alguém em quem possamos confiar*

Se no SN coocorrem adjetivos, sintagmas adjetivais derivados por preposição e orações adjetivas, estas sempre virão na última posição: *os carros de passeio italianos que vi na exposição*, mas não **os carros que vi na exposição* de passeio italianos ou **os carros de passeio que vi na exposição italianos*.

Para o detalhamento das orações adjetivas, ver os §§420-424.

O Sintagma Adverbial: Estrutura e Funcionamento

396. As frases abaixo contêm, sublinhadas, as três formações típicas do sintagma adverbial (sadv.):

> a) *Vamos passar a noite aqui.*
> b) *Vocês estão andando muito depressa.*
> c) *A garrafa de cachaça circulava de mão em mão.*
> d) *Vocês estão completamente enganados.*
> e) *Ela estava surpreendentemente calma.*
> f) *Os invasores desocuparam a fazenda espontaneamente.*
> g) *Essa derrota deixou a equipe muito abatida.*
> h) *Naturalmente, ela ainda não tinha visto o mar de perto.*
> i) *Como você pode ver, desisti de viajar.*
> j) *Procure se alimentar mesmo que não sinta fome.*
> l) *Esse inseto é conhecido popularmente como "joaninha".*

m) *Sinceramente, não confio nesse governo.*
n) *Meu pai comprou apenas os livros de português e de história.*
o) *Pelo menos uma parte do dinheiro foi recuperada.*
p) *Ao longo do Império, sobretudo na segunda metade do século XIX, os capoeiras foram elementos indispensáveis nos pleitos eleitorais das cidades do Nordeste.* (N. Sevcenko, 1998)
q) *Eles trabalhavam na escola e conheciam, portanto, a diretora.* (v. §402)
r) *Com a ampliação da gama de produtos dirigidos às crianças, cresceu igualmente o espaço a elas destinado nos supermercados e lojas de departamento.* (*JB*, 10.10.99)

Aqui, *muito*, *ainda*, *não*, *depressa*, *supreendentemente*, *naturalmente*, *completamente*, *espontaneamente*, *popularmente*, *sinceramente*, *igualmente*, *sobretudo*, *portanto* e *apenas* são **advérbios**; *de perto*, *de mão em mão* e *pelo menos* são **locuções adverbiais**; *como você pode ver* e *mesmo que não sinta fome* são **orações adverbiais**.

Propriedades sintáticas dos sintagmas adverbiais

397. Um advérbio ou um sintagma adverbial é necessariamente constituinte de uma estrutura maior, cujo núcleo acompanha como termo adjacente. Do ponto de vista sintático, um advérbio ou um sintagma adverbial desempenha cinco subfunções conforme a estrutura maior que integram:

- **adjunto oracional**: constituinte do período ou enunciado, adjacente a uma oração (como nos exemplos h) (*naturalmente*), i), j) e m) acima);
- **adjunto verbal**: constituinte do SV, adjacente ao verbo (como nos exemplos a), b) (*depressa*), c), f) e h) (*ainda*, *não*, *de perto*) acima);
- **adjunto secundário**: constituinte do sadj. e do sadv., adjacente ao adjetivo ou a outro advérbio, intensificando-os (como nos exemplos b) (*muito*), d) e g) acima), modalizando-os (exemplo e) ou delimitando o alcance de sua referência (exemplo l);
- **adjunto livre**: adjacente a qualquer espécie de sintagma, serve para particularizar uma informação em nome de um propósito argumentativo ou enfático do enunciador (como nos exemplos n), o) e p) acima);
- **adjunto conjuntivo**: adjacente ao SV, estabelece algum tipo de relação lógica com a parte precedente do enunciado (como nos exemplos q) e r) acima).

Propriedades semânticas dos sintagmas adverbiais

398. Adjuntos oracionais. A posição típica do adjunto oracional é o início do enunciado, como ilustram os exemplos h), i) e m) acima. Por ser um constituinte do próprio enunciado, e não da oração, o adjunto oracional tem uma grande mobilidade, podendo ocorrer, ainda, no final do enunciado ou na fronteira de sintagmas, como entre o sujeito e o predicado, ou entre o verbo e seu complemento. Vejam-se as seguintes variações de m):

Eu sinceramente não confio nesse governo.
Eu não confio, sinceramente, nesse governo.
Eu não confio nesse governo, sinceramente.

A importância do adjunto oracional para o sentido do enunciado está em que, por meio dele:

- o enunciador retrata o grau de seu comprometimento com a verdade do fato expresso na oração (*Ninguém atende o telefone. Provavelmente/Com certeza, eles estão viajando; Evidentemente, contra esses fatos não há argumentos*);
- o enunciador define o ponto de vista ou domínio de conhecimento do qual depende a validade do conteúdo da oração (*Biologicamente/Em termos biológicos, estes insetos pertencem à mesma família; Segundo o Velho Testamento, o homem e a mulher viviam inocentes no Paraíso*);
- o enunciador exprime o efeito psicológico que o conteúdo da oração lhe causa (*Felizmente/Por sorte, o menino se escondeu dos ladrões no cesto de roupas; Para nossa surpresa, ele abriu mão do prêmio*).

Para a análise dos adjuntos oracionais representados por orações subordinadas, leiam-se os §§427-435.

399. Adjuntos verbais. Chamamos adjunto verbal à função do sintagma adverbial que pertence ao sv. Esse lugar restringe sua mobilidade no interior da oração. Pode-se perceber a diferença entre o adjunto oracional e o adjunto verbal comparando o funcionamento do advérbio *normalmente* — que pode ser uma coisa ou outra — nas seguintes frases:

Normalmente, as aulas começam em março.
Ele caminhou normalmente pelo quarto.

A primeira pode ser parafraseada por *É normal que as aulas comecem em março*, em que o adjetivo *normal* qualifica o fato expresso na proposição *As aulas começam em março*. Aí temos um adjunto oracional. Já na segunda frase, a qualidade expressa no adjetivo caracteriza a ação de caminhar. Trata-se de um adjunto verbal.

Semanticamente, o adjunto verbal pode referir-se ao significado do verbo como:

- uma característica da ação ou do agente (**adjuntos verbais de modo e de intensidade**): *Ele caminhava normalmente pelo quarto, A estrela brilhava intensamente, Chovia torrencialmente, Ele dirige perigosa-*

mente, Ela trabalhava assim, Ela chorou muito, Agiu como um cavalheiro; Voltou sem o chapéu;

- uma época ou um lugar reconhecíveis pelos interlocutores relativamente ao momento ou ao espaço em que acontece a enunciação (**adjuntos verbais dêiticos de tempo e de lugar**): *Chegam hoje, Estão dormindo agora, Voltarão amanhã, Foram contratados ontem, Aguardem aqui, Trabalhamos lá, Desçam daí*;
- uma época ou um lugar reconhecíveis pelos interlocutores relativamente a um ponto de referência instaurado no próprio discurso ou texto (**adjuntos verbais textuais de tempo e de lugar**): *aí, aqui, então, ainda, já, depois, antes, logo, nesse instante, naquela época, em outro lugar*;
- uma época ou um lugar indefinidos, percebidos como polos de um ponto de referência arbitrário partilhado pelos interlocutores (**adjuntos verbais polares de tempo e de lugar**): *acordamos cedo/tarde, já/ainda, Moravam longe/perto, acima/abaixo, dentro/fora*;
- a duração do processo verbal (**adjuntos verbais aspectuais**): *Chorava frequentemente, Chegou de repente, Aparecia aqui raramente, Caminhava de vez em quando, Procurava sempre os amigos*;
- a causa ou a coparticipação (companhia, meio, instrumento) no processo verbal (**adjuntos verbais de causa e de coparticipação**): *Morreu de velhice, Quebrou com o peso da carga, Acordou com o ronco da máquina; Saiu com os amigos, Entrou na garagem com uma motocicleta, Veio de ônibus, Desceu de paraquedas, Trocou a bicicleta por um cavalo, Comprou os livros por vinte reais, Pagou a dívida com o próprio trabalho, Cortou a corda com o canivete, Ele foi agredido a socos*;
- o termo, a direção ou a finalidade do processo verbal (**adjuntos verbais de direção e de finalidade**): *Caíram no chão, Pôs os livros na estante, Chocou-se contra o muro, Chegaram à cidade, Voltaram para casa, Apontavam para as estrelas, Devolveram a bolsa à mulher, Fizeram uma festa para nós, Recolheram donativos em benefício dos flagelados*.

400. Adjuntos secundários. São todos de conteúdo avaliativo, podendo exprimir:

- **intensidade**: *muito largo, um pouco longo, fraco demais, bastante longe, demasiadamente rápido, tão tarde*;
- **limitação a um campo de conhecimento, de atividade etc.**: *matematicamente correto, tecnicamente perfeito, profissionalmente oportuno, artisticamente pobre*;
- **apreciações subjetivas diversas**: *assustadoramente profundo, admiravelmente afinado, sedutoramente elegante, antipaticamente sério*;
- **semelhança**: *machadianamente irônico, romanticamente sonhador, maquiavelicamente astuto, burguesmente feliz*.

401. Adjuntos livres (focalizadores). Situados quase sempre na órbita do SV, esses adjuntos acompanham qualquer espécie de sintagma, que põem em destaque e sobre o qual incidem semanticamente, de sorte que o enunciado que os contém é envolvido em relações com algum outro enunciado ou informação latente. Em enunciados como *Eles trouxeram apenas os agasalhos*, *Gastão não pagava sequer cafezinho*, e *Vim aqui unicamente para cumprimentá-lo*, os adjuntos *apenas*, *sequer* e *unicamente* também introduzem no discurso juízos de valor sobre certas situações ou fatos e implicam outros enunciados: *Eles não trouxeram tudo que precisam*, *É normal as pessoas pagarem cafezinho*, *Não tenho outro objetivo aqui*.

402. Adjuntos conjuntivos. É conjuntiva, ou conectiva, a função dos sintagmas adverbiais utilizados como recurso de coesão textual. Esses sintagmas pressupõem alguma porção de sentido precedente no discurso ou texto, em relação à qual a porção a que eles se unem expressa:

- uma conclusão, uma inferência, um resultado (*portanto, pois, por isso, por conseguinte, em consequência*);
- uma oposição ou ressalva (*contudo, entretanto, todavia, não obstante, porém, na verdade, por outro lado, em compensação, apesar disso, ainda assim*);
- uma retificação (*na verdade, ou melhor, (ou) por outra, pelo contrário, aliás*);
- uma confirmação (*com efeito, efetivamente, realmente, de fato*);
- uma paráfrase ou explicitação (*noutras palavras, isto é, a saber, quer(o) dizer, ou seja, em suma, enfim, por exemplo*);
- um acréscimo ou adição (*além do mais, além disso, igualmente, também, inclusive, outrossim*).

O Período Composto

403. Vimos nos §§303-304 que o período — ou enunciado — é a unidade máxima da estrutura gramatical, formada de uma oração — **período simples** —, ou de duas ou mais orações — **período composto**. A estrutura típica da oração, por sua vez, consiste na articulação de dois constituintes, um SN na função de sujeito e um SV na função de predicado. Tanto na fala como na escrita, é comum que as orações ocorram postas lado a lado no período e unidas por uma relação de sentido que pode nos parecer natural por motivos variados, como nos exemplos abaixo, em que (1) e (2) são orações:

a) *Está tudo normal com o avião* (1); *fiquem tranquilos* (2).
b) *Talvez a greve tenha terminado* (1); *os ônibus voltaram a circular* (2).
c) *O feirante desmontou a barraca* (1); *não havia mais fregueses* (2).
d) *O porteiro falou claro* (1); *o estacionamento está lotado* (2).
e) *Eu estava muito cansado* (1); *dormi imediatamente* (2).

Em a), (1) expressa um fato que serve de justificativa para a recomendação expressa em (2); em b), (1) contém uma conclusão hipotética baseada no fato expresso em (2); em c), (2) representa a causa do fato expresso em (1); em d), (2) exprime o conteúdo da fala do porteiro; por fim, em e), (2) exprime uma consequência de (1).

Nestes exemplos, a relação de sentido não vem expressa por qualquer palavra especial, mas é facilmente deduzida pelo leitor ou ouvinte de acordo com seu conhecimento da realidade. Chama-se *justaposição* a este *processo de construção do período composto cujas orações vêm combinadas sem que qualquer palavra as ligue.* Podemos, no entanto, usar palavras que explicitem em cada caso essa relação:

a.1) *Está tudo normal com o avião; portanto, fiquem tranquilos.*
b.1) *Talvez a greve tenha terminado, pois os ônibus voltaram a circular.*
c.1) *O feirante desmontou a barraca porque não havia mais fregueses.*
d.1) *O porteiro esclareceu que o estacionamento estava lotado.*
e.1) *Eu estava tão cansado, que dormi imediatamente.*

Nos §§311-313, identificamos como **conectivos** essas palavras gramaticais que servem para ligar constituintes da oração ou as próprias orações. Em a.1) e b.1), temos coordenação; em c.1) e d.1), subordinação; e em e.1), correlação.

Os Subordinantes e o Processo de *Transposição*

404. Os subordinantes, conectivos de subordinação (cf. §§311-313), apresentam duas características básicas:

- pertencem às unidades que introduzem;
- servem de marca formal da classe dessas unidades.

Assim é que, no período *O muro de pedra que meu vizinho construiu balança quando o vento sopra muito forte* as unidades *de pedra, que meu vizinho construiu* e *quando o vento sopra muito forte* vêm introduzidas por conectivos de subordinação: *de* (preposição), *que* (pronome relativo) e *quando* (conjunção). *De pedra* e *que meu vizinho construiu* exercem a mesma função (cf. *o muro de pedra // o muro que meu vizinho construiu*); mas enquanto *de pedra* é um sintagma preposicional — a preposição é sua marca formal —, *que meu vizinho construiu* é um sintagma adjetivo cuja marca é o pronome relativo *que*. Quanto a *quando o vento sopra muito forte*, trata-se de um sintagma adverbial, cuja marca é a conjunção *quando*.

Nestes três casos, os conectivos uniram-se a outras unidades para formar unidades novas e de classe diferente: *pedra* é uma unidade nominal, *de pedra* é um sintagma preposicional; *meu vizinho construiu o muro* é uma oração, *que meu vizinho construiu* é um sintagma adjetival; *o vento sopra muito forte* é uma oração, *quando o vento sopra muito forte* é um sintagma adverbial.

Chamamos de *transposição ao processo pelo qual se formam sintagmas derivados de outras unidades, as quais podem ser sintagmas básicos ou orações*. Os intrumentos da transposição — o *de*, o *que* e o *quando* dos nossos exemplos — chamam-se **transpositores**.

A transposição é um processo gramatical, e os transpositores são unidades pertencentes a uma lista finita, por meio das quais se obtém, todavia, um número infinito de construções a serviço da expressão dos conteúdos que o ser humano é capaz de comunicar e de compreender.

Para melhor esclarecer esse fato, vamos recordar o que dissemos a respeito dos processos de formação de palavras. Aprendemos, por exemplo, que a possibilidade de unir um sufixo a um verbo permite a criação e a compreensão de um grande número de substantivos que tenham em comum a ideia expressa no sufixo. Se este sufixo for *(d)or*, por exemplo, podemos ter *corredor*, *comprador*, *pichador*, *ralador*, *secador*, *abridor* etc. Estes substantivos significam pessoas que praticam (três primeiros exemplos) ou objetos com que se pratica (três últimos exemplos) a ação expressa pelo verbo. Podemos usar o mesmo processo derivacional um número ilimitado de vezes e produzir um número ilimitado de substantivos.

A transposição tem essa mesma capacidade. O número de orações da língua a que podemos juntar *quando* ou *embora* para criar sintagmas adverbiais é infinito, assim como é infinito o número de orações aptas a receber um *que* como o do exemplo acima. A transposição constitui, portanto, um mecanismo que permite expandir infinitamente os enunciados, mediante a utilização de um número limitado de meios — os transpositores — e de um número limitado de relações semânticas fundamentais.

Espécies de transpositores

405. Preposições. Funcionam como transpositores quando originam sintagmas (sintagmas preposicionais) que ocupam o mesmo lugar dos sintagmas adjetivais (cf. *leite sem gordura/leite magro*; *noite de lua/noite enluarada*; *café com açúcar/café doce*; *viajar com os amigos/viajar acompanhado*) e dos sintagmas adverbiais (*moravam nesta casa/moravam aqui*; *acordavam ao meio-dia/acordavam tarde*; *misturou a massa com as mãos/misturou a massa manualmente*).

406. Conjunções adverbiais (ou *conjunções*). Juntam-se a orações para formar sintagmas adverbiais:

Ela interrompeu a viagem porque as crianças ficaram doentes.
Se o sapato estiver apertado, calce uma sandália.
O muro de pedra balança quando o vento sopra muito forte.

407. Conjunções integrantes (ou *nominalizadores*). Juntam-se a orações para formar sintagmas nominais:

Ela descobriu que os bem-te-vis faziam o ninho na amendoeira. (cf. Ela descobriu o lugar dos ninhos)
Ainda não verifiquei se as torneiras estão fechadas. (cf. Ainda não verifiquei a situação das torneiras)

408. Pronomes relativos. Introduzem orações que funcionam como sintagmas adjetivais:

Ainda não usei os sapatos que comprei no Natal. (cf. Ainda não usei os sapatos comprados no Natal)
A loja recusou as mercadorias cujas embalagens estavam rasgadas.

409. Advérbios interrogativos e pronomes indefinidos. Introduzem orações que ocupam o lugar de sintagmas nominais:

O guarda multou quem estacionou sobre a calçada. (cf. O guarda multou os carros estacionados na calçada)
Ela quis saber quanto custavam os brincos de ouro. (cf. Ela quis saber o preço dos brincos de ouro)
É admirável como a aranha constrói a teia. (cf. É admirável a construção da teia pela aranha)

410. Desinências aspectuais. São o *-r*, o *-ndo* e o *-do*, formadoras, respectivamente, do infinitivo, do gerúndio e do particípio dos verbos (cf. §§443-447).

Orações Subordinadas

411. Chamam-se *orações subordinadas as unidades ou sintagmas formados por meio da combinação de um transpositor e uma oração*. Tradicionalmente as orações subordinadas são distribuídas em três subclasses:

- **orações subordinadas substantivas**, que desempenham funções próprias do substantivo;
- **orações subordinadas adjetivas**, que desempenham funções próprias do adjetivo;
- **orações subordinadas adverbiais**, que desempenham funções próprias do advérbio.

Orações Subordinadas Substantivas

412. Características formais: podem vir anunciadas por um transpositor e apresentar o verbo em forma finita — **orações desenvolvidas** — (*Ela descobriu que os bem-te-vis faziam o ninho na amendoeira*), ou apresentar o verbo no infinitivo — **orações reduzidas** — (*Eles preferiram voltar da festa a pé*).

413. Características funcionais: exercem as mesmas funções que o sintagma nominal é capaz de exercer, a saber: **sujeito** (oração subjetiva), **objeto direto** (oração objetiva direta), **complemento relativo** (oração completiva relativa), **complemento predicativo** (oração predicativa), **complemento nominal** (oração completiva nominal) e **aposto** (oração apositiva).

Orações subjetivas

414. Distinguiremos os seguintes tipos:

I — Desenvolvidas, introduzidas pelos nominalizadores *que* e *se*:

- com predicados do tipo "É possível que + oração":

É possível que Pedro e Ana tenham viajado.
Parecia evidente que eles não devolveriam o dinheiro.
Não é justo que eles ganhem mais do que nós.
É verdade que as praias da ilha vão ser despoluídas?
Não ficou claro se os trabalhadores terão reajuste salarial este mês.
É incrível que mais uma vez um patrimônio público tenha sido destruído pelo fogo. (*JB*, 14.2.98)

- com predicados do tipo "acontece que + oração":

Acontece que nem todos os empregados tinham carteira assinada.
Consta que o Novo Código de Trânsito já está em vigor.
Não parece que eles tenham pressa desse serviço.

- com verbos na voz passiva:

É sabido que o homem não conviveu com os dinossauros.
Foi noticiado que as moedas antigas sairão de circulação.
Não se pode permitir que os deputados nomeiem seus próprios parentes.
Estava previsto que o avião da FAB abasteceria duas vezes durante o percurso. (*O Globo*, 14.2.98)

II — Desenvolvidas, introduzidas por pronomes indefinidos ou advérbios interrogativos:

> *Quem gosta de cinema não pode perder esse filme.*
> *Quem nasce na Guatemala chama-se guatemalteco.*
> *O que cai na rede é peixe.*
> *Ainda não foi definido quantas cidades o governador vai visitar.*
> *Já está decidido quando serão as próximas eleições para prefeito.*
> *Quem já acumula hoje aposentadoria com cargo público tem direito adquirido.* (*O Globo*, 14.2.98)

Orações objetivas diretas

415. Distinguiremos os seguintes tipos:

I — Desenvolvidas, introduzidas pelos nominalizadores *que* ou *se*:

- complementos de verbos transitivos que expressam atitude, verbalmente manifesta ou não (*pedir, declarar, proibir*):

> *Júlia pediu que a acompanhássemos até a estação.*
> *O Prefeito declarou que concluirá todas as obras até o fim de seu mandato.*
> *O serviço de meteorologia anunciou que as chuvas de janeiro causarão transtornos à cidade.*
> *O porteiro permitiu que várias pessoas entrassem na festa sem convite.*
> *O IBAMA proibiu que os turistas visitassem a reserva marinha.*
> *Vários banhistas evitaram que o filhote de baleia encalhasse na praia.*
> *Perguntei ao guarda se podemos estacionar deste lado da rua.*

- complementos de verbos transitivos que expressam percepção intuitiva, sensorial ou intelectual (*saber, supor, perceber, descobrir, verificar, imaginar, verificar*):

> *Ela percebeu que faltavam dois pães na cesta.*
> *Observamos que o sol ainda não tinha se posto completamente.*
> *Imaginei que os gerânios estivessem florindo.*
> *Descobri que gatos e cachorros podem viver em harmonia.*
> *Os alunos não sabiam se as aulas seriam suspensas.*
> *Antes de sair, sempre verifico se todas as janelas estão fechadas.*

- com verbos transitivos que expressam vontade (*desejar, querer, esperar*):

Nós esperávamos que vocês passassem o Natal em nossa casa.
Desejei que aquela fase de adaptação fosse muito breve.
As crianças preferem que o lanche seja servido na varanda.

II — Desenvolvidas, introduzidas por pronomes indefinidos ou por advérbios interrogativos:

Encontrei quem eu estava procurando.
Não pudemos saber quantos aviões foram abatidos durante a batalha.
Eles não revelaram onde o presidente passou o fim de semana.

Orações completivas relativas

416. As orações completivas relativas servem de complemento a verbos que vêm necessariamente seguidos de preposição (*duvidar de*, *confiar em*, *insistir em*, *gostar de*, *corresponder a* etc.). Esta preposição ocorre obrigatoriamente se o complemento relativo tem como base um substantivo, um pronome ou um infinitivo:

Não duvide das minhas palavras.
Sonhei com meu pai.
Nós só confiamos em você.
Pensei em voltar mais cedo.
Eles insistiram em ficar mais tempo.

Se, entretanto, o complemento relativo é uma oração precedida do nominalizador *que*, podem ocorrer três situações distintas:

- as preposições *de* e *em* são opcionais no registro formal, e não ocorrem no uso coloquial:

Insisto em que o problema de níveis é um problema muito mais sério do que se pensa. (N. Rodrigues, 1996)
Gregório Bezerra, líder comunista pernambucano (...) lembra-se que seu patrão, um senhor de engenho que vivia em Recife, comprou uma casa com muitos cômodos." (N. Sevcenko, 1998)
Duvido (de) que eles nos encontrem aqui.
Eles insistiram (em) que estavam com a razão.
Não se esqueça (de) que amanhã é meu aniversário.
Os entusiastas do ideal científico se esquecem, muitas vezes, que não existe uma ciência, mas uma pluralidade de ciências. (M.V. Melo, 1963)

Obs.: A preposição *em* é obrigatória, contudo, junto a uma classe de verbos cujo complemento significa algo como um atributo do sujeito:

O defeito desse projeto está (reside, consiste etc.) *em que ele só beneficia os grandes latifundiários.*

- a preposição *a* permanece antes do nominalizador se o verbo é pronominal:

O treinador opôs-se a que o repórter entrevistasse os jogadores.

mas pode ser suprimida nos demais casos:

O inchaço abrupto e insalubre sofrido por São Paulo não obstou que os setores sociais mais abastados e médios fossem agregando-se (...) em novos e amplos bairros. (N. Sevcenko, 1998)

- as demais preposições desaparecem diante do nominalizador.

Ela sonhou que tinha ficado rica. (desaparecimento sistemático da preposição *com*)

Com as orações introduzidas por pronome indefinido ou advérbio interrogativo, a presença da preposição é obrigatória no registro formal:

Ele não se lembra de quantos convidados compareceram à cerimônia.
Aqui pode-se confiar em quem nos oferece ajuda.
Não gosto de como ela se refere aos meus amigos.
O prêmio pertence a quem possui o bilhete.

Orações completivas nominais

417. Uma oração nominalizada, precedida de preposição, pode servir de complemento a um substantivo abstrato, a um adjetivo ou a um advérbio, e por isso é classificada como **completiva nominal**. A preposição mantém-se no registro formal, mas é omitida no uso coloquial:

Temos certeza (de) que eles voltarão logo.
Estou desconfiado (de) que os ingressos já terminaram.
A esperança (de) que eles estejam vivos me consola.
O artigo 16 da Constituição diz que leis não podem alterar as regras eleitorais, mas há uma dúvida se essa limitação aplica-se a emendas constitucionais. (*JB*, 5.9.97)

A cada chegada da reforma à pauta de votações houve uma razão diferente para que fosse derrubada. (*JB*, 22.11.99)

Substantivos como *ideia*, *fato*, *hipótese*, *boato* servem para modalizar o conteúdo das orações completivas:

A polícia trabalha com a hipótese de que o assassino tenha entrado pela janela.
Corre um boato (de) que a empresa encerrará suas atividades antes do fim do ano.
Não nos ocorre jamais a ideia de que para nós a compreensão do fenômeno romântico se reveste de uma importância capital. (M.V. Melo, 1963)
Não deve constituir motivo de surpresa o fato de que as nossas elites jamais tenham podido transmitir ao povo as ideias que receberam da Europa. (M.V. Melo, 1963)

Orações predicativas

418. A oração nominalizada, isto é, substantiva, exerce a função de predicativo quando se relaciona ao sujeito da oração maior por meio do verbo *ser*:

Minha desconfiança é que os ingressos já terminaram.
O último boato é que a empresa encerrará suas atividades antes do fim do ano.
A hipótese da polícia é que o assassino tenha entrado pela janela.

Obs.: Estas construções apresentam um certo grau de correspondência com as exemplificadas nos §§415 e 417, devido às relações semânticas, ou mesmo morfossemânticas, entre verbos, substantivos e adjetivos (cf. *esperar/esperança/esperançoso*; *desconfiar/desconfiança/desconfiado*). É comum que a preposição selecionada pelo nome ressurja opcionalmente entre o verbo *ser* e a oração predicativa, quando aquele nome funciona como sujeito:

Minha impressão era de que os cavalos estavam dopados.
O alerta do salva-vidas foi para que os banhistas evitassem o local das pedras.
Por qualquer ângulo que se observe, a conclusão é de que o programa de privatização não avançou este ano. (*JB*, 29.11.99)
... a previsão lógica é de que o número encolha fortemente quando as empresas-espelho da telefonia fixa entrarem no mercado oferecendo aparelhos fixos... (*JB*, 29.11.99)

A versatilidade do verbo de ligação *ser* permite, até mesmo, que um grupo mais variado de estruturas participe da relação sujeito-predicativo.

> *Estas fotografias são de quando meu avô era alfaiate.*
> *O prêmio é de quem possui o bilhete.*
> *Minha maior preocupação é quando preciso dirigir à noite.*

Orações apositivas

419. Nominalizada por um *que* ou um *se*, ou sob forma infinitiva, uma oração pode servir de aposto a um sintagma nominal da oração principal:

> *Ele só pediu um favor: que o tirassem daquele hospital.*
> *A mim contaram-me o seguinte: que um grupo de bons e velhos sábios ... começaram a reunir-se todas as noites para olhar a lua.* (V. Morais, 1986)

Obs.: As orações apositivas desenvolvidas são muito menos frequentes do que as demais substantivas, e empregam-se com a intenção de dar realce à informação que elas contêm.

Orações Subordinadas Adjetivas

420. Um sintagma adjetival (sadj.) pode apresentar-se sob a forma de uma oração, que se chama, por isso mesmo, **oração adjetiva**:

> *O guarda multou os carros que estacionaram na calçada.*

No exemplo acima, a parte sublinhada é substituível por *estacionados na calçada*, e equivale, portanto, a um sintagma adjetival. *Que estacionaram na calçada* pertence a um sintagma nominal e funciona como adjunto do núcleo — *carros* — deste sintagma:

os carros que estacionaram na calçada

adjunto núcleo sintagma adjetival

O período é resultado da combinação de duas orações — (a) *O guarda multou os carros* e (b) *Os carros estacionaram na calçada* — mediante a aplicação de uma regra de transposição que converte a oração *Os carros estacionaram na calçada* no sintagma adjetival *que estacionaram na calçada.*

Como se vê, o transpositor *que* exerce aqui um duplo papel: além de substituir um sintagma nominal (que = os carros), ele converte a oração em sintagma adjetival (que estacionaram na calçada = estacionados na calçada). Esta espécie de *pronome que é ao mesmo tempo um conectivo chama-se pronome relativo.*

Que é a forma padrão do pronome relativo e praticamente a única utilizada nas variedades mais coloquiais da língua. Nas variedades formais da língua — e especialmente na língua escrita que é objeto de nossa análise — empregam-se também outras formas de relativo, pronome ou advérbio: *o qual, a qual, os quais, as quais, cujo, quem, quanto* (pronomes), *onde*, *quando* e *como* (advérbios).

421. O pronome relativo desempenha na oração transposta a mesma função sintática do sintagma nominal que foi substituído, de modo que, se esse sintagma vem precedido de preposição, esta obrigatoriamente acompanha o pronome relativo. São as seguintes as funções que o pronome relativo pode desempenhar:

- **sujeito**: *O guarda multou os carros que estacionaram na calçada.* (que = os carros);
- **objeto direto**: *As frutas que comprei na feira estão guardadas na geladeira.* (que = as frutas);
- **complemento relativo**: *Ainda não juntei todo o dinheiro de que preciso para comprar a bicicleta.* (que = todo o dinheiro);
- **complemento nominal**: *A pessoa com quem fiz o primeiro contato não trabalha mais na empresa.* (quem = a pessoa); *A velhinha ainda se recordava do nome do bombeiro por quem tinha sido salva.* (quem = o bombeiro);

Obs.: Este complemento — *pelo bombeiro* — é tradicionalmente chamado de **agente da passiva** (v. apêndice).

- **complemento predicativo**: *Ninguém se esquece do jogador extraordinário que foi Garrincha.* (que = o jogador extraordinário);
- **adjunto adverbial**: *O cofre em que ela havia guardado as joias estava vazio.* (que = o cofre); *A casa onde o escritor viveu é hoje um centro de pesquisas.* (onde = a casa); *Ficamos revoltados com o modo como ele nos tratou.* (como = o modo); *Eles embarcam na sexta-feira, quando saem de férias.* (quando = na sexta-feira);
- **adjunto adnominal**: *O carro cujo pneu estava furado continua no estacionamento.* (cujo = (d)o carro).

Obs.:

1) O pronome relativo *quem* só pode ocupar o lugar de um substantivo referente a um ser humano. Por vir sempre precedido de preposição, *quem* jamais exerce a função sintática de sujeito. Isso não o impede, contudo, de, precedido em geral pela preposição *a*, ser complemento de um verbo transitivo direto (objeto direto):

O advogado que (ou *a quem) consultei me deu esperança de ganhar esta causa.*

2) As formas *o qual*, *a qual*, *os quais*, *as quais* são escolhidas em concordância com o gênero e o número do antecedente:

Recuperei pelo menos os óculos (masc. pl.), *sem os quais* (masc. pl.) *eu não podia trabalhar.*

3) O pronome *cujo* ocorre sempre antes de um substantivo com o qual concorda em gênero e número:

O governo indenizará as famílias cujas (fem. pl.) *casas* (fem. pl.) *a enchente destruiu.*

Outras formas da oração adjetiva

422. É comum a oração adjetiva assumir a forma de um sintagma preposicional. Há dois tipos:

- a preposição introduz uma oração reduzida de infinitivo:

Já está na hora de voltarmos para casa.
Pedi emprestada ao vizinho a máquina de cortar grama.

- a preposição introduz orações iniciadas por certos pronomes e advérbios:

Estes são retratos de quando meu avô trabalhava na Bahia.
Um depoimento de quem tivesse testemunhado a briga mudaria o rumo das investigações.
Aos 25 anos, [a artista] *mergulha no trabalho com a devoção de quem sai para um retiro espiritual intensivo.* (*JB*, 14.2.98)

Orações adjetivas restritivas e explicativas

423. Chamam-se restritivas as orações adjetivas cujo conteúdo é relevante para a identificação do ser ou objeto a que se refere o antecedente do pronome relativo:

Ainda não li as cartas que recebi ontem.
O médico com quem conversei me deu boas notícias.

Nestes exemplos, as orações adjetivas (*que recebi ontem* e *com quem conversei*) chamam-se **restritivas**, porque delimitam a parte de um conjunto (conjunto de cartas, conjunto de médicos), restringindo a essa parte a referência do sintagma nominal antecedente.

Quando, entretanto, o conteúdo da oração adjetiva não contribui para essa identificação, diz-se que a oração é **explicativa** (ou melhor, **não restritiva**).

> *O diretor do hospital, com quem conversei, me deu boas notícias.*
> *Fui visitar minha mãe, que completou 70 anos.*

Nestes dois exemplos, as informações contidas nas orações adjetivas (*com quem conversei* e *que completou 70 anos*) são irrelevantes para o leitor ou ouvinte saber a quem os sintagmas nominais *o diretor do hospital* e *minha mãe* se referem, visto que cada um deles seguramente se refere a uma única pessoa.

É por esse motivo que nomes próprios e pronomes pessoais são normalmente modificados por orações explicativas:

> *Nós, que somos seus amigos, estamos aqui para lhe dar apoio.*
> *A História finalmente fez justiça a Tiradentes, que morreu por um sonho de liberdade.*

Obs.: Uma vez que se referem a entidades individuais e não a classes, os nomes próprios vêm normalmente modificados por apostos e/ou orações adjetivas explicativas, que se assemelham aos apostos. Contudo, em expressões do tipo *o Rio de Janeiro daquele tempo*, *o Alencar dos romances indianistas*, o nome próprio vem modificado por expressão de valor restritivo, que distingue o Rio de Janeiro em várias épocas, ou mais de um romancista, conforme o gênero ou estilo, em um autor só. Nesses casos, o nome próprio vem determinado por artigo definido ou pronome demonstrativo, e a oração adjetiva que o modifica tem valor restritivo.

> *O Rio de Janeiro que mostraram ao Papa era uma terra de paz.*

Conteúdos circunstanciais das orações adjetivas

424. As orações adjetivas podem apresentar cumulativamente um conteúdo circunstancial de **causa**, **concessão**, **condição**, **finalidade**, **resultado**.

- com valor concessivo: *Coitada de minha avó. (...) Logo ela, que amava tanto a vida, (...) ia morrer.* (= embora amasse tanto a vida) (P. Nava, 1973)
- com valor condicional: *Eles contratariam qualquer pessoa que lesse histórias para as crianças.* (= desde que [essa pessoa] lesse histórias para as crianças)
- com valor final: *Desde que publicou a obra, o autor reuniu material com que ampliasse a segunda edição.* (= a fim de ampliar a segunda edição)

- com valor consecutivo: *Cuidado para não fazer declarações que possam nos comprometer.* (= (tais) que possam nos comprometer)
- com valor causal: *Meu primo, que conhece bem esta cidade, pode nos servir de guia.* (= já que conhece bem esta cidade)

Orações Subordinadas Adverbiais

425. Dá-se o nome de oração adverbial ao sintagma adverbial criado por transposição de uma oração:

Eles abriram a porta silenciosamente e saíram.
Eles abriram a porta sem que pudéssemos ouvir e saíram.

As crianças acordaram tarde.
As crianças acordaram quando o almoço já estava na mesa.

Já que ocupam a mesma posição dos advérbios *silenciosamente* e *tarde*, respectivamente, as partes grifadas são sintagmas adverbiais, cuja estrutura consiste na união dos transpositores *sem que* e *quando* (conjunções adverbiais) com as orações *Nós não pudemos ouvir (algo)* e *O almoço já estava na mesa*.

As orações adverbiais funcionam principalmente como adjuntos de outras orações. Por isso, apresentam a mesma mobilidade posicional de certos adjuntos adverbiais. Comparem-se os exemplos dados acima com as seguintes variantes:

Silenciosamente, eles abriram a porta e saíram.
Sem que pudéssemos ouvir, eles abriram a porta e saíram.

Essa mobilidade é uma característica da maioria das orações adverbiais. São apenas duas as subclasses de orações adverbiais que não se deslocam:

- orações adverbiais que expressam um efeito do conteúdo da oração principal:

Fale mais alto, de modo que todos no auditório possam ouvi-lo.
O vento foi tão forte que fez a ponte balançar.

- orações que fazem par comparativo com um termo intensificado na oração principal:

O candidato vencedor obteve mais votos do que seus adversários [obtiveram] *juntos.*
A primeira semana do outono está tão quente quanto a primeira do verão [foi quente].

Os tipos referidos acima apresentam características que os distinguem do padrão de oração adverbial. Por isso, preferimos classificá-los como exemplos de correlação. (v. §312).

426. No §310 referimo-nos ao posicionamento, no período, do adjunto adverbial de oração, "que exprime um quadro de referência mental (ponto de vista, campo temático, modalidade) em relação ao qual se deve considerar a validade do conteúdo da oração principal". É a este fator que atendemos quando decidimos colocar a oração adverbial antes da principal. Comparem-se os períodos abaixo, cuja oração adverbial causal ocorre ora após a principal, ora antes dela:

Voltamos da festa a pé porque não havia mais ônibus àquela hora.
Como não havia mais ônibus àquela hora, voltamos da festa a pé.

A primeira frase poderia ser uma resposta à pergunta "Por que vocês voltaram da festa a pé?". O período começa com a informação contida na pergunta para dar, em seguida, a informação nova, isto é, a causa. Já a segunda frase indica que a inexistência de condução é uma informação implícita, conhecida, usada como justificativa de uma decisão, que é a novidade do enunciado: voltar da festa a pé.

Classificação semântica das orações adverbiais

427. De acordo com a nomenclatura oficial, existem nove subclasses semânticas de orações adverbiais: **causais**, **comparativas**, **concessivas**, **condicionais**, **conformativas**, **consecutivas**, **finais**, **proporcionais** e **temporais**. Algumas dessas subclasses, porém, nem sempre se distinguem com clareza. Efetivamente, alguns desses conteúdos podem ser entendidos como variações de um significado mais fundamental, ou até como conteúdos mistos. Os exemplos abaixo vão esclarecer melhor esses fatos.

Como não haverá mais ônibus de madrugada, voltaremos da festa a pé.
Se não houver mais ônibus de madrugada, voltaremos da festa a pé.

As duas orações sublinhadas acima expressam um conteúdo — a inexistência de ônibus — que serve de causa ou argumento para o conteúdo da oração principal — voltar da festa a pé. A diferença entre as duas está na atitude do enunciador: na primeira, a inexistência de ônibus é tratada como realidade; na segunda, como hipótese.

Observando agora o seguinte par de exemplos:

> *Quando os moradores voltaram à cidade, encontraram suas casas quase destruídas.*
> *Quando os moradores voltassem à cidade, encontrariam suas casas quase destruídas.*

percebe-se que, embora em ambos a oração em destaque expresse uma época, o conteúdo da primeira é visto como fato, enquanto o da segunda é representado como uma suposição, exatamente como no par anterior de exemplos.

Diz-se que a oração *como não havia mais ônibus de madrugada* expressa uma **causa**, e que a oração *se não houver mais ônibus de madrugada* expressa uma **condição**. Contudo, mesmo reconhecendo que as orações do segundo par de exemplos apresentam uma diferença idêntica à do primeiro par, não damos classificações diferentes para as orações iniciadas por *quando*. Dizemos que ambas são **adverbiais temporais**.

Este é um dos vários problemas que enfrentamos na classificação semântica das orações adverbiais. Acreditamos, porém, que podemos ter mais clareza sobre essa questão se reagruparmos as orações adverbiais segundo um critério que leve em conta suas afinidades de sentido. Vamos propor quatro grupos para a classificação semântica das orações adverbiais desenvolvidas, e acrescentar, aos nove tipos oficialmente estabelecidos, outros dois valores (orações locativas e orações contrastivas):

GRUPO 1: causalidade (causais, condicionais, finais, consecutivas)
GRUPO 2: situação (temporais, locativas, proporcionais)
GRUPO 3: comparação (comparativas, conformativas)
GRUPO 4: contraste (contrastivas e concessivas)

Causalidade

428. O termo *causalidade* refere-se aqui a qualquer relação de **causa e efeito** entre duas orações. Os conectivos empregados neste grupo tanto podem assinalar a causa (conectivos causais e condicionais) como o efeito (conectivos finais e consecutivos).

429. Servem para assinalar a causa:

1) As **conjunções causais** propriamente ditas:

- *porque, pois, como* e *já que*: são as mais usuais. *Porque* e *pois* introduzem a oração causal que vem após a principal; *como* introduz a oração causal que precede a principal; *já que* introduz a oração adverbial colocada antes ou depois da principal:

> *Decidimos voltar da festa a pé porque não havia mais ônibus de madrugada.*
> *Como não havia mais ônibus de madrugada, decidimos voltar da festa a pé.*

> *Já que as estradas estão interditadas, o socorro às vítimas será feito com helicópteros.*
> *O socorro às vítimas será feito com helicópteros, já que as estradas estão interditadas.*
> *Ele* [o morto] *não podia ser deixado só, pois solitário tornava-se presa fácil de maus espíritos*. (L.F. Alencastro, 1997)

Obs.: Entre as conjunções causais, apenas *porque* pode ser precedida de um vocábulo de realce, como *só, até, mesmo, justamente* etc.:

> *Decidimos voltar da festa a pé só porque não havia mais ônibus de madrugada.*
> *O socorro às vítimas será feito com helicópteros, até* (ou *mesmo*) *porque as estradas estão interditadas.*

- *visto que, visto como, uma vez que, dado que, porquanto*: são conectivos próprios dos usos formais da língua e, especialmente, da modalidade escrita:

> *O socorro às vítimas era feito através de helicóptero, visto que* (ou *visto como*) *as estradas estavam interditadas.*
> *O socorro às vítimas era feito através de helicóptero porquanto as estradas estavam interditadas.*
> *As expectativas mais otimistas no meio empresarial voltam-se agora para a próxima reunião do Comitê de Política Monetária, dado que as elevadas taxas de juros inibem a retomada das vendas*. (*JB*, 14.2.98)

Obs. 1: Posicionada antes da principal, a oração causal exprime um fato já conhecido pelo interlocutor. Sendo assim, esse tipo de causa é utilizado como uma evidência que não fica sujeita à sua contestação.

> *Uma vez que não se saneavam os problemas em sua origem, a derrubada dos cortiços e a interdição dos domicílios (...) provocaram tão somente novos deslocamentos e a formação de novos antros de miséria.* (N. Sevcenko, 1998)
> *Visto que a cidade tinha se transformado num lugar de interesse público (...), muitas pessoas tiveram de mudar não só de local de residência, mas também as formas de diversão de raízes populares e grupais.* (M. Priore, 1997)
> *Uma vez que a política é a linguagem do nosso tempo, o artista tem de sair de sua solidão criadora.* (N. Rodrigues, 1983)

Obs. 2: A diferença entre a causa propriamente dita e a condição baseia-se numa distinção de atitudes do enunciador em relação à "realidade" da informação contida na oração adverbial: a atitude de certeza se expressa com os conectivos causais (*porque, como, visto que, dado que*) e normalmente com verbos no modo indicativo; a atitude de incerteza, de suspeita, de suposição, se expressa com os conectivos de condição (*se, caso, desde que, contanto que, a menos que*), com verbos ora no modo subjuntivo, ora no modo indicativo.

Ao contrário do campo da certeza, que é objetivo, o campo da hipótese é subjetivo, amplo e difuso. Por isso, há para a expressão da hipótese uma gradação de matizes de sentido que compreendem:

– dados já conhecidos, expressos por meio do modo indicativo (*Se você sabia o caminho, por que não nos ensinou?*; *Se a casa tem três quartos, dá para abrigar todos nós.*)

– fatos possíveis/prováveis, expressos no futuro do subjuntivo (*Se você souber de alguma novidade, telefone-me.*

– fatos remotamente prováveis, expressos no pretérito imperfeito do subjuntivo (*Se eles chegassem agora, ainda conseguiriam pegar o ônibus.*)

– situações irreversíveis, expressas por meio do pretérito mais-que-perfeito do subjuntivo (*Se eles tivessem chegado cinco minutos antes, teriam pegado o ônibus.*)

2) as **conjunções condicionais**:

- *se* e *caso*: a conjunção *se* introduz geralmente um fato (real ou hipotético) ou uma premissa, a que se associa uma consequência ou uma inferência. Pode-se, assim, distinguir duas espécies de construções hipotéticas com *se*:

– aquelas que expressam a típica relação causa hipotética-efeito e apresentam correlação obrigatória entre o tempo da oração subordinada e o da principal (neste grupo, *se* é substituível por *caso*).

– aquelas que apresentam liberdade na combinação dos tempos verbais e cuja oração principal contém uma inferência do que se declara na oração subordinada.

- *desde que, contanto que, com a condição (de) que*: estes conectivos são de uso formal e, embora não tenham a variedade de sentidos expressa por *se*, possuem um valor condicional contundente e imperativo.

Vocês podem usar o salão para o ensaio, desde que deixem tudo arrumado novamente.
O senador aceitará o cargo de ministro, contanto que disponha de recursos para novos investimentos.

Para exprimir condição com a mesma contundência destes exemplos, a conjunção *se* tem de vir reforçada por palavras que acentuem sua exclusividade:

Vocês só podem usar o salão para o ensaio, se deixarem tudo arrumado novamente.
O senador aceitará o cargo de ministro somente se dispuser de recursos para novos investimentos.

- *a menos que, a não ser que*: estes conectivos anunciam a condição que tem de ser satisfeita para que se produza o contrário do que se declara na oração principal.

O senador não aceitará o cargo de ministro, a não ser que disponha de recursos para novos investimentos.
A advogada disse que seu cliente não tem nada o que fazer do ponto de vista jurídico, a menos que o laudo técnico o responsabilize nominalmente pelo desabamento do prédio. (*JB*, 19.5.98)
Com certeza até o diabo terá que reciclar sua retórica neste fim de século, a menos que depois de velho tenha virado um anarquista capaz de encantar o Terceiro Mundo. (N. Spínola, *JB*, 25.5.98)

430. A conjunção *se* pode ocorrer com todos os tempos dos modos indicativo e subjuntivo, exceto com o presente do subjuntivo; as demais conjunções condicionais só ocorrem com as formas do presente e do pretérito imperfeito do subjuntivo.

431. Construções com correlação de tempos:

- **futuro ou presente do subjuntivo + futuro do indicativo**:

Se não chover (ou *caso não chova*) *nos próximos dez dias* (fato hipotético), *haverá racionamento de energia elétrica.* (consequência)

No exemplo abaixo, a ênfase na modalização do enunciado esvazia as noções temporais e acarreta a ruptura da correlação:

Se me perguntarem onde estão os "compreensivos", eu diria que os há em todas as classes. (N. Rodrigues, 1983)

- **pretérito mais-que-perfeito do subjuntivo + futuro do pretérito composto**:

Se (ou *caso*) *os ladrões tivessem arrombado a porta* (fato hipotético), *o alarme teria disparado.* (consequência)

- **futuro do pretérito do indicativo + pretérito imperfeito do subjuntivo**:

Chamaríamos imediatamente o médico (consequência) *se* (ou *caso*) *a febre voltasse.* (fato hipotético)

- **presente do indicativo + presente do indicativo:**

> *Se o preço da carne vermelha sobe (premissa), a população passa a consumir mais frango.* (consequência habitual)
> *Se há desemprego* (premissa), *há uma grita justa e compreensível, apoiada por toda a população.* (consequência) (*O Globo*, 17.5.98)
> *Se os piratas lotam o mercado de falsificações* (premissa), *a indústria não consegue vender muito, não refaz seu caixa.* (consequência) (*Veja*, 26.11.97)
> *Se a idade traz sabedoria* (premissa), *use a sua na hora de fazer o seguro do carro.* (consequência) (Comercial de seguradora)

432. Construções sem correlação de tempos:

> *Se a luz da sala está acesa (*fato real*), alguém ainda está acordado* (inferência).
> *Se um carro perfaz um trecho de 45km em meia hora* (premissa), *ele percorre em média 1,5km a cada minuto* (inferência).

Pode-se dizer, sem correlação obrigatória,

> *Se a luz da sala <u>está</u> acesa, alguém <u>esteve</u>/<u>estava</u>/<u>ficará</u> acordado.*
> *Se um carro <u>perfez</u> um trecho de 45km em meia hora, ele <u>percorrerá</u> em média 1,5km a cada minuto.*

Obs. 1: Esta construção é usual como recurso de ironia para refutar, por meio de um disparate, uma ideia que o enunciador considera absurda.

> *Se a cidade onde você nasceu <u>lembra</u> Paris, (então) este meu fusquinha <u>é</u> uma Ferrari.*

Obs. 2: Construções hipotéticas iniciadas por *se* servem ainda para exprimir a relação entre dois conteúdos que se contrapõem mas não se anulam, funcionando o segundo como atenuação ou compensação do primeiro.

> *Se são justas as reivindicações das empregadas, também é verdade que as donas de casa não são empresas.* (*O Globo*, 17.5.98)
> *Se a década de 40 tem sido considerada aquela do boom dos apartamentos da Zona Sul, foi também a de uma verdadeira explosão de barracos nos morros de toda a cidade.* (N. Sevcenko, 1998)
> *Se há anos (o processo de liberalização mundial) chegou a ser saudado como o início de um admirável mundo novo, hoje não se*

> *fariam afirmações desse tipo com a mesma segurança.* (*Folha de S. Paulo*, 24.5.98)
> *É saudável que o novo ministro assuma com propostas que, se não resolvem o problema e até reabrem polêmicas antigas, ao menos permitem que se inicie uma reflexão mais aprofundada.* (*Folha de S. Paulo*, 12.4.98)

Às vezes essas construções vêm reforçadas por pares correlativos do tipo *por um lado... por outro*:

> *Se, por um lado, são justas as reivindicações das empregadas, por outro também é verdade que as donas de casa não são empresas.*

433. Servem para assinalar o efeito:

- as **conjunções consecutivas** (efeito lógico ou natural)

> *O vento soprou tão forte, que destelhou várias casas.*
> *Ela se vestia com tanta elegância que parecia uma princesa.*
> *Basta uma simples chuva para que do Borel desçam toneladas de lixo e areia.* (*JB*, 16.2.98)
> *A procura por comentários sobre o baile* [da Ilha Fiscal] *foi tamanha que o jornal O Paiz aumentou sua tiragem para 35 mil exemplares.* (L.F. Alencastro, 1997)

- as **conjunções finais** (efeito controlado ou intencional)

> *Para que a população pudesse assistir aos jogos, a Prefeitura instalou telões na praça.*
> *A emenda da reforma administrativa exige a aprovação de lei complementar para que seus artigos entrem em vigor.* (*O Globo*, 14.2.98)
> *Os organizadores da competição estenderam um cordão de isolamento, a fim de que os atletas pudessem chegar ao estádio sem dificuldade.*

Situação

434. Esta noção se refere às circunstâncias em que situamos o fato expresso na oração principal. As circunstâncias que se enquadram nesta categoria são **tempo**, **proporção** e **lugar**.

435. Conjunções temporais

- *quando* (= no momento/ocasião/época em que): é a mais usada e, no seu sentido próprio, serve para indicar que dois fatos coexistem no tempo.

O almoço já estava na mesa quando as crianças acordaram.
Quando vamos nos aproximando do século XIX, a cidade brasileira vai se tornando um apêndice do corpo rural: reflete a estratificação rural, mínima população fixa, uns poucos artesãos. (M. Priore, 1997)

Quando é a conjunção temporal padrão e emprega-se com uma variedade de valores que, quando necessário, são especificados por outras conjunções (*Quando* (= sempre que) *chovia, as aulas eram suspensas*, *Só saímos do cinema quando* (= depois que) *o temporal passou*).

A diversidade de conjunções adverbiais temporais permite uma grande variação da estrutura interna do tempo, que constitui o **aspecto** verbal (cf. §257): *enquanto* (simultâneo durativo), *sempre que* (simultâneo frequentativo), *assim que* e *mal* (posterior imediato), *desde que* (posterior durativo ou frequentativo), *até que* (anterior durativo ou frequentativo), *agora que* (simultâneo pontual) etc.

- *antes que* e *até que*: indicam que o fato expresso na oração principal é anterior ao fato contido na oração subordinada.

O jogo foi interrompido antes que as torcidas causassem uma tragédia. (foi interrompido = aspecto pontual)
O jogo ficou interrompido até que as torcidas se acalmassem. (ficou interrompido = aspecto progressivo)
Até que o DAC e a Infraero definam onde serão reiniciados os serviços do Santos Dumont, todos os voos continuarão a operar na ala antiga do Aeroporto Internacional. (continuarão a operar = aspecto progressivo) (*JB*, 16.2.98)
Eles me acenam de volta e ainda os vejo, pelo retrovisor, cada vez menores e menores, até que desaparecem na imensidão da estrada. (o aspecto progressivo da forma verbal *vejo* é obra do adjunto adverbial *cada vez menores*) (M. Falabella, *O Globo*, 5.6.99)

- *depois que* e *desde que*: indicam que o fato expresso na oração principal é posterior ao fato contido na oração subordinada.

Desde que perderam o ganho fácil com a inflação alta, os bancos passaram a cobrar caro pelos seus serviços. (passaram a cobrar = aspecto progressivo) (*Veja*, 4.3.98)
Estas begônias floriram depois que eu as plantei em outro lugar. (floriram = aspecto pontual)
Estas begônias voltaram a florir depois que (ou *desde que*) *eu as plantei em outro lugar.* (voltar a florir = aspecto progressivo)

- *assim que, logo que, tão logo, apenas, mal*: indicam que o fato expresso na oração principal ocorre imediatamente após o fato contido na oração subordinada.

  Eles se mudaram para a capital assim que receberam a herança.
  Mal o pai colocou o papel na máquina de escrever, o menino começou a arrastar uma cadeira.
  Assim que Suharto renunciou à presidência (...), começaram os pedidos de novas eleições. (*JB*, 26.5.98)

- *agora que*: indica que a época do fato expresso na oração subordinada é o próprio momento da enunciação.

  Agora que conhecemos o caminho, podemos voltar muitas vezes aqui.
  Agora que o comunismo perdeu seu brilho como forma de governo (...), a releitura do manifesto de Marx, Engels e Hobsbawm traz a chave de uma visão crítica porém isenta do capitalismo. (*JB*, 8.5.98)

- *sempre que, toda vez que, cada vez que*: indicam a repetição regular de um fato, que serve de referência ou motivo para a ocorrência regular de outro.

  Sempre que se faz um seguro muito grande, as seguradoras dividem o risco. (*O Globo*, 14.2.98)
  O árbitro usará um bip no braço que o avisará com um sinal sonoro ou uma vibração cada vez que o bandeirinha notar irregularidades no campo não percebidas por ele. (*Época*, 1.6.98)

- *enquanto, ao passo que, ao mesmo tempo que*: expressam basicamente a simultaneidade de dois fatos.

  O palhaço ria enquanto o circo pegava fogo.
  A televisão traz constantemente para dentro dos lares o espetáculo da desgraça no seio do povo, ao mesmo tempo que faz o contraponto mostrando cenas edificantes (M.W. Castro, *JB*, 3.8.99)
  Apesar de derrotados, os escoceses foram comemorar junto à torcida, ao passo que os brasileiros, vencedores, saíram de campo tão burocraticamente como haviam jogado. (*Folha de S. Paulo*, 24.6.98)
  Enquanto o presidente almoçava salada verde com champignon (...), os manifestantes organizavam uma passeata pelas ruas do Centro. (*JB*, 15.3.98)

Obs. 1: Por exprimir a simultaneidade de dois fatos ou ideias, as conjunções temporais *enquanto* e *ao passo que* empregam-se com valor muito semelhante ao das proporcionais (v. §436).

Obs. 2: Nesta situação de simultaneidade, frequentemente o que sobressai é o caráter contrastivo dos fatos ou ideias — também presente nos dois últimos exemplos acima —, de modo que a relação temporal se torna secundária ou mesmo se esvazia.

> *Sílvio Tendler diz que Castro Alves defendia a abolição e a República, enquanto ele luta pela distribuição de renda e pela preservação da liberdade contra o politicamente correto.* (*JB*, 16.2.98)
> *Enquanto a Espanha dobra a população com o ingresso de turistas nas temporadas (...), o Brasil recebeu apenas 2,3 milhões de estrangeiros em todo o ano de 96.* (*JB*, 16.3.98)
> *Muitos países industrializados ressentem-se por não serem dotados de reservas próprias, enquanto que vários países em desenvolvimento têm no petróleo o sustentáculo de suas economias.* (L. Coutinho, *Folha de S. Paulo*, 12.4.98)
> *No hemisfério conhecido, Europa e África ocupam sempre a metade inferior, ao passo que a Ásia se situa acima dos demais continentes.* (S.B. Hollanda, 1977)

436. Conjunções proporcionais. Denotam o desenrolar paralelo de dois fatos, entre os quais há quase sempre uma relação de causa e efeito.

- *à medida que, à proporção que, à medida em que, na medida em que*

> *Os moradores retornavam à cidade à proporção que os gafanhotos eram exterminados.*
> *A seca que castiga de forma inclemente o Nordeste é real e tende a piorar à medida que os efeitos da perda da safra se fizerem sentir nos próximos meses.* (*JB*, 9.5.98)
> *Pouco a pouco, à medida em que vão sendo retiradas as restaurações anteriores (...), vão se revelando detalhes desconhecidos.* (*JB*, 11.5.98)
> *A autoridade moral que as mulheres exerciam dentro de casa era o sustentáculo da sociedade e se fortalecia na medida em que o lar passava a adquirir um conjunto de papéis de ordem social, política, religiosa e emocional.* (M. Priore, 1997)

Obs.: Nos textos dissertativos, sobretudo com caráter argumentativo, é comum que a noção de causa-efeito sobressaia em relação à de paralelismo; nesse caso, a locução *na medida em que* passa a indicar a razão ou justificativa do que se declara na oração principal:

A maior vinculação à política mercantilista afetou a sobrevivência das línguas gerais, na medida em que implicava um aumento da participação de indivíduos de origem portuguesa e africana no conjunto da população. (L. Mello e Souza, 1997)

- *quanto mais... (tanto) mais*

Quanto mais perto da Copa chegamos, mais a Seleção de 98 fica com o jeitão da equipe de 94. (A. Nogueira, *JB*, 29.3.98)

437. Conjunções locativas. A única é *onde.*

Eles só vão armar a barraca onde não haja poluição.
Onde formos comprar os anzóis, certamente também encontraremos as iscas para a pescaria.

Obs.: Embora funcionem nestes exemplos como verdadeiras conjunções, *quando* e *onde* ainda conservam uma característica dos advérbios relativos que também podem ser: admitem uma preposição, a exemplo dos advérbios *hoje, ontem, aqui, lá* etc.

A mudança será adiada para quando meu pai puder me acompanhar. (cf. "para a ocasião em que")
Eles levaram as crianças para onde elas pudessem ter sossego. (cf. "para o lugar em que")
Moramos aqui desde quando esta estrada ainda não era asfaltada.
Eles saíram por onde entraram. (cf. "pelo lugar por onde")

Comparação (comparativas e conformativas)

438. Conjunções comparativas. O ato de comparar consiste fundamentalmente em associar duas ideias ou fatos em relação a um aspecto de referência comum. No período: *O peixe escorrega mais do que sabão*, há dois fatos — *o peixe escorrega* e *o sabão escorrega* — cujo aspecto de referência comum é a propriedade **escorregar**.

Porém, nem sempre os conteúdos envolvidos na comparação estão presentes no texto que se está produzindo. É comum que uma parte, já conhecida, esteja apenas implícita, como nesta passagem:

Ao comentar os transtornos que a Light vem provocando na vida dos cariocas, o presidente defendeu a privatização e conclamou a população a rezar a Deus para que o verão seja menos rigoroso. (*Folha de S. Paulo*, 15.2.98) em que o segundo termo da comparação é o quentíssimo verão de 1998, ocasião das constantes quedas de energia elétrica que motivaram a declaração do presidente.

Comparação intensiva e comparação assimilativa

439. Normalmente utilizamos a construção sintática da comparação para quantificar uma propriedade comum a dois ou mais objetos (**comparação intensiva**). Nesse caso tanto se pode destacar a igualdade da quantificação — expressa por meio de *tanto/tão... quanto* — como a diferença — expressa por meio de *mais/menos... do que*. Por isso a comparação pode ser:

- **de igualdade**

  O cachorro é tão esperto quanto o gato.
  O leopardo corre tanto quanto o leão.

- **de superioridade**

  O cachorro é mais esperto do que o gato.
  O leopardo corre mais do que o leão.

- **de inferioridade**

  O cachorro é menos esperto do que o gato.
  O leopardo corre menos do que o leão.

Pode acontecer, no entanto, que a comparação de igualdade não se refira à quantificação da propriedade comum aos conteúdos comparados, mas apenas à semelhança existente entre eles (**comparação assimilativa**). Essa forma de comparação é construída geralmente por meio da conjunção *como*, precedida ou não do advérbio *assim*, e expressa uma relação semântica e sintática muito próxima da coordenação aditiva — *Fernando trabalhava no corte de cana*, (assim/bem) *como a maioria dos jovens de sua idade* — e, algumas vezes, por meio das locuções *da mesma forma que* e *tanto quanto*:

> *Da mesma forma que se acabou com a escravidão por motivos econômicos, vamos ter de acabar com a ignorância para sobreviver numa economia globalizada e cada vez mais competitiva.* (G. Dimenstein, *Folha de S. Paulo*, 7.6.98)
> *Pensar na censura como solução* [para a permissividade do consumo] *é nocivo, tanto quanto achar que o mercado deve decidir a questão.* (Z. Ventura, *JB*, 6.6.98)

Hoje é comum encontrar nos terreiros de candomblé imagens de santos com nomes de orixás, da mesma forma que o atabaque e o berimbau se incorporaram às festividades católicas. (*Veja*, 1.7.98)

A presença das locuções *da mesma forma que* e *assim como* no início do período pode ser reforçada pelos advérbios *assim* ou *assim também* na oração principal:

Da mesma forma que o negro passou a ser visto como um ser a-histórico, assim também passaram a ser vistas suas manifestações, seus padrões de organização, suas velhas tradições. (N. Sevcenko, 1998)

A oração comparativa tende a ser uma construção elíptica, uma vez que as partes do significado da frase que ela e a oração principal têm em comum só vêm explícitas na principal.

Nenhum outro acontecimento científico teve tanta repercussão no ano passado quanto a clonagem de Dolly (isto é: quanto a clonagem de Dolly teve repercussão) (*Veja*, 11.2.98)
Nem todos acreditam que o risco de falta de energia seja tão baixo no próximo século quanto estima a Eletrobrás. (isto é: quanto a Eletrobrás estima que o risco de falta de energia seja baixo) (*JB*, 30.3.98)
Este mês o botijão de gás durou menos do que no mês passado. (isto é: do que durou no mês passado)
O afastamento do gramado deixou evidente que o problema do jogador era mais crônico do que supunham os leigos. (isto é: do que os leigos supunham que era crônico) (*JB*, 3.6.98)
A indústria brasileira passa por uma ducha de renovação como nunca se viu. (isto é: como nunca se viu a indústria brasileira passar por uma ducha de renovação) (*Veja*, 11.2.98)

Em muitos casos, a elipse produz uma construção análoga à de uma estrutura coordenada:

Os jornais brasileiros começaram a mudar de formato na semana passada, despertando mais discussões no meio jornalístico do que críticas dos leitores. (N. Spínola, *JB*, 11.7.99)

No último exemplo, a conexão correlativa introduz dois objetos diretos: discussões e críticas.

A elipse sistemática do segundo termo da comparação é responsável pela contiguidade da conjunção comparativa *como* e da conjunção *se*, formando a conjunção composta *como se* para indicar que o conteúdo da oração comparativa é tomado como coisa irreal ou hipotética:

> *O santo falava aos pássaros como se estes o entendessem.*
> *Passado o susto do acidente, o sapateiro voltou ao trabalho como se nada tivesse acontecido.*
> *Tudo se passa como se ele estivesse sendo impelido a atuar como porta-voz dos milhões de brasileiros destituídos que assistem seu programa.* (S. Miceli, *Folha de S. Paulo*, 12.4.98)

440. Conjunções conformativas. O valor assimilativo da conjunção *como* é o que permite estabelecer uma comparação entre dois fatos, indicando que o conteúdo de uma das orações confirma o conteúdo da outra. Com este valor, o *como* se chama conjunção conformativa, e é substituível por *conforme*:

> *A equipe conquistou o título, como* (ou *conforme*) *prometeu seu técnico.*
> *Como* (ou *conforme*) *costuma ocorrer com as celebridades genuinamente inimitáveis, Zózimo Barroso do Amaral acabou copiado no Brasil inteiro por colunistas sociais.* (M. Sá Corrêa, *Veja*, 26.11.97)
> *O papel do marido de provedor da família, com o direito a autorizar ou não o trabalho da mulher fora do lar, conforme determinavam as leis vigentes no começo do século, levou a dependência econômica da esposa a ser não apenas estimulada, mas sobretudo bem-vista.* (N. Sevcenko, 1998)

Nos registros formais, especialmente na modalidade escrita, também se empregam com este valor os conectivos *segundo* e, mais raramente, *consoante*:

> *Heitor Villa-Lobos, segundo nos informa a direção do estabelecimento, costumava hospedar-se aqui.* (J.U. Ribeiro, *O Globo*, 29.3.98)
> *Para curar-se de uma úlcera, minha tia se submeteu a uma dieta rigorosa durante dez meses, consoante lhe prescrevera o velho médico da família.*

Contraste (contrastivas e concessivas)

441. Um conectivo de contraste contribui sempre para que se afirme o contrário daquilo que seria mais plausível ou previsível para a relação entre dois segmentos de um enunciado. Vamos distinguir duas espécies de relação contrastiva: o contraste simples e a concessão.

1) **Conjunção contrastiva**

- *sem que*: estabelece-se o contraste simples por meio da conjunção *sem que* seguida de oração no modo subjuntivo ou da preposição *sem* seguida de infinitivo, ambas de valor necessariamente negativo.

> *Ele saiu da sala sem que dissesse uma única palavra.*
> *Aos oitenta anos, meu avô ainda lê sem que precise dos óculos.*
> *O policial prendeu os assaltantes sem que desse um só tiro.*
> *Eles não entraram no baile sem que fossem convidados.*
> *Eles não entrariam no baile sem que fossem convidados.*
> *Eles entrariam no baile sem que fossem convidados.*
> *Mais de um terço do que se paga com o uso do telefone vai para os cofres estaduais sem que o estado tenha, no entanto, qualquer responsabilidade, interferência ou participação nesse tipo de serviço.* (*O Globo*, 29.3.98)
> *Nessa época, o adensamento de populações nas grandes cidades ocorreu sem que houvesse uma correspondência na expansão da infraestrutura citadina e na oferta de empregos e de moradias.* (N. Sevcenko, 1998)

Obs.: Ao valor contrastivo expresso por *sem que* em cada um dos períodos acima pode associar-se um segundo valor circunstancial: de **condição** no penúltimo exemplo (= Eles não entrariam no baile se não fossem convidados), e de **concessão** no último (= Eles entrariam no baile mesmo que não fossem convidados). Estas "equivalências de significado" não são, porém, decisivas para a classificação das orações introduzidas por *sem que*, sobretudo porque elas estão sujeitas a interpretações subjetivas, como a do Professor Ulisses Infante, que considera temporal a oração destacada no seguinte exemplo:

> *Muitas águas vão rolar sem que tenhamos saído desta situação.* (U. Infante, 1995)

2) **Conjunções concessivas**. Chamamos de **concessão** à relação de sentido em que um fato ou ideia é representado como um dado irrelevante para o conteúdo do restante do enunciado, e de **concessiva** à oração que expressa o dado irrelevante, como nos enunciados abaixo.

> *O lutador derrubou todos os seus adversários, embora fosse magrinho.*
> *Embora os bombeiros agissem com rapidez, o incêndio ameaçava destruir toda a floresta.*

> *Embora as aves da China não estejam mais proibidas, os consumidores continuam optando por produtos importados com medo da gripe do frango.* (*JB*, 10.2.98)

No primeiro exemplo, o aspecto físico do lutador é um dado irrelevante para o que se diz na oração principal; no segundo, a ação rápida dos bombeiros é retratada como um dado irrelevante para o que se diz na segunda parte do enunciado; no terceiro exemplo, por fim, a suspensão da proibição das aves nacionais é irrelevante para a opção dos consumidores chineses.

A conjunção concessiva esvazia a força causal ou argumentativa do fato que ela anuncia, de modo que o conteúdo da oração principal passa a representar o contrário do que se espera.

- *ainda que, mesmo que, ainda se, mesmo se*: a conjunção concessiva mais comum é *embora*, que introduz sempre uma informação vista como real. A representação da concessão como hipótese ou irrealidade costuma ser feita por meio de *ainda que, mesmo que, mesmo se, ainda se.*

> *Desastres naturais como este costumam ser frutos de imprevidência acumulada, fica difícil fixar a culpa, mesmo que se identifique o autor de uma fagulha específica.* (L.F. Veríssimo, *JB*, 28.3.98)
> *No Rio, em seis meses* [um policial] *já é considerado apto a enfrentar bandidos, mesmo se não tiver disparado um único tiro na academia, por falta de balas.* (*JB*, 26.5.98)

É comum que a hipótese contida na oração concessiva se refira a um obstáculo incapaz de impedir que se realize o que vem expresso na oração principal.

> *Conseguirei os ingressos para a decisão do campeonato, ainda que tenha de dormir na fila.*
> *A polícia tinha decidido entrar na fortaleza, mesmo se fosse preciso dinamitar a porta de aço.*

- *por mais que, por muito que, por pouco que, por pior que etc.*: empregam-se estas locuções de caráter intensivo quando parte do conteúdo da oração concessiva é passível de quantificação ou de gradação.

> *A culpa desta tragédia não é do seu governo, por mais que se critique sua demora em dar-se conta dela.* (L.F. Veríssimo, *JB*, 28.3.98)
> *Por pouco que tenha chovido nos últimos dias, já temos esperança de não perder as sementes.*

- *se bem que*: equivale a *embora*. Geralmente precedida de pausa, que a escrita assinala com vírgula, esta conjunção é empregada para introduzir uma ressalva e tem a peculiaridade de poder ocorrer com verbo no modo indicativo.

> *Vou ganhar uma bermuda e um par de sandálias, se bem que minhas camisas de ir à Academia "estão uma vergonha".* (J.U. Ribeiro, *O Globo*, 8.7.99)
>
> *Comparar a vida a um filme não é dizer, como quer o clichê, que a vida imita a arte, se bem que exista um fundo de verdade nisso.* (*JB*, 4.12.99)

- *não obstante, conquanto, posto que*: significam o mesmo que *embora*, mas são conectivos praticamente restritos a usos acadêmicos formais, como os discursos solenes e os textos jurídicos.

> *A constituição da sociedade, não obstante por muitos considerada um ato coletivo (...), pode ser considerada como de natureza contratual.* (J.E.T. Borba, 1999)

Sintaxe das Formas Nominais do Verbo

442. Infinitivo, gerúndio e particípio são tradicionalmente conhecidos como **formas nominais do verbo**. Assemelham-se a verbos porque, como eles, podem ter sujeito e objetos; mas distinguem-se dos verbos por não serem variáveis para a expressão das categorias de tempo e modo. Em compensação, estas três formas realizam nitidamente a oposição de três aspectos do processo verbal: o progressivo (*correndo*, gerúndio), o concluído (*corrido*, particípio) e o potencial (*correr*, infinitivo). Por serem desprovidas de tempo, a ocorrência dessas unidades na estrutura do predicado de uma oração independente — a que servem de **predicadores** — requer a presença de um verbo auxiliar (*Está trovejando, Eles tinham voltado, Nós vamos sair*).

Estas formas revelam-se, contudo, extraordinariamente versáteis pela possibilidade de se tornarem sintagmas graças ao processo da transposição. Expande-se desse modo o emprego delas, possibilitando que orações assumam, sob a forma de infinitivo, o lugar sintático dos sintagmas nominais, e sob a forma de gerúndio ou de particípio o lugar sintático dos sintagmas adjetivais e adverbiais.

Infinitivo

443. O infinitivo torna-se base de um sintagma nominal quando, prescindindo de verbo auxiliar, pode unir-se diretamente a seu sujeito e variar em número e pessoa para concordar com ele. O sujeito pode estar:

a) explícito:

> *Inútil querermos destruir a ordem natural.* (G. Ramos, 1981b)

b) indeterminado:

Percorrer essas fotografias é como mergulhar no registro virtual da memória familiar. (N. Sevcenko, 1998)

c) suprimido mas recuperável:

Escapamos da vida ao escapar [sujeito *nós* suprimido] *para fórmulas narrativas concisas, dentro das quais quase todo entretenimento vem embalado.* (*JB*, 4.12.99)

d) zero:

Foi necessário chover durante três dias para que o nível do rio voltasse ao normal.

A situação do infinitivo referida em c), em que o sujeito pode estar suprimido mas é recuperável, constitui um domínio de regras flutuantes. No próprio exemplo citado, há oscilação entre *escapar* e *escaparmos*.

O infinitivo é invariável:

- quando é parte de uma locução verbal:

  Eles não podiam trabalhar.
  Nós acabamos de chegar.

- quando, servindo de complemento a um verbo transitivo, seu sujeito é correferente ao da oração principal:

  Tentamos em vão pegar um táxi.
  Esperávamos receber o salário no fim do mês.
  Os pregadores coloniais não se cansavam de repetir que acolher enjeitados representava uma extraordinária demonstração de fé. (M. Priore, 1997)

- quando forma sintagmas adjetivais: *tarefas por fazer, água para beber, faca de cortar pão, ferro de passar roupa, problemas a resolver.*
- quando serve de complemento predicativo ao objeto do verbo que o precede:

  O porteiro impediu-nos de entrar.
  A recepcionista mandou-me esperar um pouco.
  Não as vi passar por esta porta.

- quando, precedido de preposição e com valor passivo, integra a significação de certos adjetivos:

  Essas moedinhas são fáceis de perder.

444. A flexão do infinitivo depende de que a ele seja atribuído sujeito próprio. No exemplo já citado — *Inútil querermos destruir a ordem natural* —, o autor flexiona o infinitivo para deixar claro que seu sujeito é *nós*. Também pela posse de sujeito próprio, flexiona-se o infinitivo que, precedido do sujeito, serve de objeto a verbos transitivos como *deixar, mandar, ver, sentir* e análogos.

> *Senti as carnes tremerem.*
> *Ouvimos os cavalos se aproximarem.*
> *Deixem as crianças brincarem no quintal.*
> *Vi meus livros serem devorados pelas chamas.*

Obs.: A posposição do sujeito, contudo, torna facultativa a flexão:

> *Senti tremer as carnes.*
> *Ouvi se aproximar os cavalos.*

O mais comum, porém, quando se flexiona o infinitivo, é a oscilação entre forma flexionada e forma não flexionada, muitas vezes presentes no mesmo enunciado:

> *Os pratos italianos — as massas em particular — levaram algumas décadas para serem socializados, até transformar-se em itens triviais dos menus das casas de família de qualquer etnia.* (L.M. Schwarcz, 1998)

É comum que a flexão se imponha por necessidade de clareza, especialmente se o infinitivo se distancia do termo a que, por anáfora ou catáfora, seu sujeito gramatical se refere:

> *Obrigados a recrutarem criadeiras por preço inferior ao comumente pago, os administradores e vereadores expunham os recém-nascidos à amamentação artificial.* (M. Priore, 1997)
> *Tendo vencido o primeiro desafio — de se formarem como médicas, engenheiras, advogadas, entre outras profissões liberais —, as mulheres ainda tinham muitos obstáculos a superar para se firmarem profissionalmente.* (M. Priore, 1997)

Os exemplos a seguir apresentam contextos sintáticos em que podem ocorrer indiferentemente a forma flexionada ou a forma não flexionada:

> *O universo da senzala, ao destruir as tradicionais linhagens africanas, obrigou os cativos a reinventar formas de vida familiar.* (M. Priore, 1997)
> *O discurso liberalizante das feministas considerava, sobretudo, as dificuldades que as mulheres de mais alta condição social en-*

frentavam para ingressarem no mundo do trabalho, controlado pelos homens. (M. Priore, 1997)
Selecionamos alguns inventários para descobrirmos a vida material em que se envolveu essa mulher de elite do sertão do Nordeste. (M. Priore, 1997)
As mães não casadas sempre tinham a possibilidade de se esquivar da prioridade paterna declarando seus filhos "de pai ignorado". (M. Priore, 1997)
Os genitores contavam outra história: ao abrir mão de seus filhos, faziam um nobre sacrifício para ajudar os pais adotivos. (M. Priore, 1997)

Particípio

445. O particípio é sintaticamente uma forma do verbo apenas quando, invariável e com sentido ativo, integra os chamados tempos compostos ao lado do auxiliar *ter.* Fora daí, o particípio se torna um adjetivo (cf. o conceito de **derivação imprópria**, nos §§190-193), tanto pela forma — já que é variável em gênero e número —, quanto pelas funções, pois, assim como o adjetivo, pode ser adjunto adnominal (cf. *livro novo/livro rabiscado*) ou complemento predicativo, quando constitui a chamada **voz passiva** (cf. *Estas aves são raras/Estas aves são encontradas apenas no pantanal*).

Uma vez convertido em sintagma adjetival e especializado no papel semântico de adjetivo que denota a "passividade" do ser designado pelo substantivo ou pronome (*livro rabiscado, cadeira quebrada, Ele foi reprovado*), o particípio deixou para o gerúndio a função semântica de referir-se a um nome ou pronome ativo, especialmente quando o verbo é intransitivo (*Voltando do trabalho* (= quando voltava ou quando voltei), *achei esta carteira; Abrindo o embrulho* (= quando abria ou quando abri), *levei um susto*). Observando estes exemplos, nota-se que só com o verbo transitivo é possível a variante com o particípio (*Aberto o embrulho, levei um susto*). A ambiguidade aspectual de *abrindo* (*quando abria* x *quando abri*) revela que, empregado adverbialmente, o gerúndio pode expressar tanto um processo durativo — seu valor usual —, quanto um processo concluído — papel que logicamente deveria caber ao particípio. De resto, se o verbo é intransitivo, o gerúndio sempre se prestará a exprimir qualquer valor aspectual (*Deparando com o pai caído na rua* (= quando deparou), *Eva deu um grito de pavor; Nascendo/Nascida* (= depois que nasceu) *a filha, Júlia interrompeu o curso na Universidade*).

No mais, as posições e papéis sintáticos do adjetivo participial são os mesmos que se atribuem ao adjetivo (v. §§391-395).

São exemplos de nosso *corpus*:

Despreparado para o mercado, desamparado pela precoce omissão do Estado, o idoso brasileiro está exigindo que a rein-

venção da velhice contribua para redefinições políticas e sociais básicas. (*JB*, 4.12.99)
Firme no ar, equilibrada, a geladeira começou a perder terreno. (P.M. Campos, 1966)
O Mendes crescera ouvindo em casa, contadas pelo avô, estórias edificantes sobre esses dois patriarcas. (E.Veríssimo, 1975)
Alinhadas diretamente com as calçadas, as habitações populares formaram a paisagem marcante dos bairros de imigrantes. (N. Sevcenko, 1998)

Gerúndio

446. Ao dar ao núcleo de um sintagma verbal a forma de um sintagma adverbial, o gerúndio absorve em si certos valores circunstanciais que normalmente vêm expressos pelas conjunções e pelas preposições, neutralizando, assim, essas distinções, que só podem ser recuperadas pela intuição do ouvinte/leitor. Confundem-se noções como **meio**, **instrumento** e **modo** — expressas pelo gerúndio que denota um fato simultâneo ao do verbo em forma finita; **tempo**, **causa** e **condição** — expressas pelo gerúndio que denota um fato anterior ao do verbo em forma finita; **adição**, **conclusão** e **consequência** — expressas pelo gerúndio que denota fato posterior ao do verbo em forma finita. O gerúndio ocupa fundamentalmente três posições sintagmáticas:

- predicador em locução verbal, quando vem precedido de um verbo instrumental auxiliar:

  Nós estávamos conversando.
  Continua chovendo no sul do país.
  Fiquei esperando por vocês.

- base de um sintagma adverbial decorrente da transposição de uma oração. A construção gerundial, que nesse caso é associável a uma oração independente, equivale, pela posição e pelo sentido, a uma oração adverbial. Assim é que *Eu caminhava pela praia e pisei num ouriço* pode resultar em *Caminhando* (= quando caminhava) *pela praia, pisei num ouriço*, e o período *O time explorou os contra-ataques e ganhou o jogo* pode resultar em *O time ganhou o jogo explorando os contra-ataques.*

  São exemplos de nosso *corpus* escrito:

  O batismo consiste na admissão solene a uma religião, devendo (= e deve) *ocorrer ao longo do primeiro ano de vida da criança.* (N. Sevcenko, 1998)
  Existem órgãos que tentam ajudar essas pessoas, retirando as crianças dos lixões, levando-as para a escola e doando alimentos às suas famílias. (*Época*, 6.12.99)

Não havendo (= se não houvesse) *outros recursos para assegurar a receita do município (...) mobilizaria uma fonte latente de riqueza através da troca...* (F. Sabino, 1974)

(...) é fora de dúvida que lhe são familiares os grandes modelos da comédia; mas a verdade é que, possuindo (= embora possua) *valiosos recursos, o autor não os emprega em obras de superior quilate.* (M. Assis, 1962)

Bem mais tolerante era o padre [Antônio Vieira] *com a escravização do negro,* *admitindo*-a (= visto que a admitia) *desde que sua exploração pelo senhor não provocasse sua revolta.* (*Época*, 6.12.99)

- base de um sintagma adjetival decorrente da transposição de uma oração. Também neste caso a construção gerundial se associa a uma oração independente. Assim é que *A polícia prendeu um homem; ele pichava a porta da igreja* pode resultar em *A polícia prendeu um homem* pichando (= que pichava) *a porta da igreja.*

São exemplos de nosso *corpus* escrito:

O número de pessoas que vive dos lixões só tende a crescer, pois há cada vez mais brasileiros passando (= que passam) *necessidade.* (*Época*, 6.12.99)

... a uma Europa tumultuada, oscilando (= que oscilava) *entre a liberalização e o autoritarismo, correspondia uma fase de relativa elaboração democrática nos Estados Unidos da América do Norte.* (C.G. Mota, 1982)

Uma nova lista de preços da Sunab, corrigindo (= que corrige) *alguns* [preços] *muito altos, será divulgada até sábado.* (*JB*, 23.6.87)

Sérgio Buarque de Holanda (...) via no poder da família patriarcal agrária — abarcando (= que abarcava) *agregados e protegidos e com seus tentáculos* avançando (= que avançavam) *sobre o Estado — a raiz de muitos dos males sociais e políticos do país.* (*Época*, 6.12.99)

Pouco se sabe dos diversos atritos entre colonos de nacionalidades diferentes convivendo (= que conviviam) *no mesmo espaço, como no caso das fazendas em São Paulo.* (N. Sevcenko, 1998)

Orações Coordenadas

447. Conforme dissemos nos §§311-313, a coordenação é um processo de ligação entre unidades da mesma classe (dois ou mais sintagmas, duas ou mais orações etc.) ou da mesma função (dois ou mais sujeitos, dois ou mais adjuntos adverbiais etc.). Também naquela seção demonstramos que os conectivos de subordinação pertencem às unidades que eles introduzem e servem para caracterizá-las formalmente. Não nos esqueçamos ainda de que qualquer construção assim caracterizada torna-se um sintagma, passa a ser parte de uma oração maior e desempenha obrigatoriamente uma função sintática (sujeito, complemento etc.). Por sua vez, os conectivos de coordenação servem para ligar as construções, colocando-se geralmente entre elas.

Chama-se **sindética** a coordenação expressa por um conectivo:

> *A greve terminou, mas os ônibus ainda não voltaram a circular.*

e **assindética** a coordenação em que o conectivo é dispensado:

> *Saia um pouco mais cedo; a essa hora o trânsito costuma ser lento.*
> *Os nossos romancistas não fazem um personagem, os nossos poetas não fazem uma metáfora, os nossos arquitetos não projetam um galinheiro.* (N. Rodrigues, 1996)

Tradicionalmente são reconhecidas cinco espécies de conjunções coordenativas e, por consequência, cinco classes de orações coordenadas: **aditivas**, **adversativas**, **alternativas**, **conclusivas** e **explicativas**, respectivamente conforme os exemplos:

> *O motorista avançou o sinal e o guarda anotou a placa do carro.*
> *Chegamos cedo ao cinema, mas a bilheteria já estava fechada.*
> *Iremos a pé ou tomaremos um ônibus?*
> *As águas já baixaram, portanto podemos atravessar a rua.*
> *Saia um pouco mais cedo, porque a essa hora o trânsito costuma ser lento.*

Para melhor compreensão do funcionamento desses conectivos, vamos distribuí-los em três grupos:

GRUPO 1 – conjunções aditivas e alternativas;
GRUPO 2 – conjunções adversativas;
GRUPO 3 – conjunções conclusivas e explicativas.

448. Conjunções aditivas e alternativas

- *e* e *ou*: a este grupo pertencem as duas conjunções coordenativas mais típicas, embora expressem noções excludentes entre si: a adição ou união de dois ou mais fatos, duas ou mais ideias, expressa pelo *e* (*O motorista avançou o sinal e o guarda anotou a placa do carro*), e alternância ou escolha entre duas ideias, expressa pelo *ou* (*Iremos a pé ou tomaremos um ônibus?*).

Embora radicalmente distintos quanto à relação de sentido que estabelecem, *e* e *ou* apresentam muitas características sintáticas comuns:

– ligam sintagmas que exerçam a mesma função sintática, qualquer que seja ela:

> *O porteiro ou o zelador conhece o dono do apartamento.*
> *O porteiro e o zelador conhecem o dono do apartamento.*
> } sujeitos

> *O condomínio não pode funcionar bem sem porteiro ou sem zelador.*
> *O condomínio não pode funcionar bem sem porteiro e sem zelador.*
> } Adjuntos

– ligam orações que estejam subordinadas a uma mesma oração principal:

> *É possível que ele volte amanhã e nos procure.*
> *Tenho certeza de que ele virá pessoalmente ou mandará alguém para representá-lo.*

A única diferença sintática entre *e* e *ou* é que somente *ou* pode introduzir ambas as unidades coordenadas:

> *Tenho certeza de que ou ele virá pessoalmente ou mandará alguém para representá-lo.*
> *Ou eu estou ficando surdo, ou você está falando baixo demais.*

- *nem*: emprega-se como equivalente de *e não* quando a primeira das orações já se acha negada pelo advérbio:

> *Eles não nos procuraram nem* (= e não) *nos telefonaram.*

e como equivalente de *ou*, se a negação vier representada na primeira oração por um pronome indefinido como *nada*, *nenhum*, *ninguém*:

> *Ninguém se inscreveu no concurso nem* (= ou) *pediu qualquer informação.*

A conjunção *nem* pode, no entanto, assinalar cada uma das orações coordenadas quando essas possuem sujeitos diferentes:

> *Nem as sociedades se constituem em uma soma de indivíduos, nem as pessoas têm um destino traçado pela sociedade a que pertencem.* (J.B. Faria, *JB*, 11.5.98)

- *não só... mas também, não apenas... mas ainda*: são advérbios conjuntivos (v. §§397 e 402) de valor aditivo e se empregam assinalando cada um dos sintagmas ou orações coordenados, a fim de dar realce a ambos:

  Em tais ocasiões, participavam das festividades não apenas os moradores do núcleo urbano, mas também aqueles dos sítios e fazendas dos arredores... (L. Mello e Souza, 1997)
  A proliferação dos cartões-postais não somente estava associada à difusão de novas técnicas de reprodução, mas, sobretudo, integrava-se às conquistas advindas da revolução tecnocientífica. (N. Sevcenko, 1998)
  Depois do nascimento da criança, os dois velhos arquiinimigos não apenas voltaram a se falar, mas ainda criaram o costume de trocar presentes no Natal.
  Nesses dias de horizontes tão mais acanhados, quando não só os grandes autores estão escassos, mas em que a própria arte está sob suspeita (...), talvez não seja descabido encontrar na propaganda aquilo que Sartre procurava na literatura. (*Folha de S. Paulo*, 13.6.99)

No último exemplo, as construções *quando os grandes autores estão escassos e em que a própria arte está sob suspeita* são sintagmas adjetivos ou, como se diz tradicionalmente, orações adjetivas coordenadas entre si mediante os conectivos correlatos *não só... mas* — visto que ambas têm como antecedente a expressão circunstancial *Nesses dias de horizontes tão mais acanhados.*

449. Aspectos semânticos das orações aditivas e alternativas

- *e* pode ligar orações que representem fatos coexistentes ou simultâneos:

  Os cães ladram e a caravana passa.
  Era madrugada e o guarda noturno fazia a ronda.
  Os manifestantes gritavam palavras de ordem contra a política econômica do governo e eram vigiados à distância por soldados da PM.

- *e* pode ligar orações que expressem fatos cronologicamente sequenciados, associados ou não numa relação de causa e efeito:

  O sinal ficou verde e os carros arrancaram em alta velocidade. (fatos em ordem apenas cronológica)
  A fumaça invadiu o quarto e as crianças começaram a tossir. (fatos em sequência de causa e efeito)
  O corpo a corpo com as amendoeiras se ativa, e temos de fechar a janela para que o tropel do combate não se instale em nosso

peito. (fatos em sequência de causa e efeito) (C.D. Andrade, 1973)

- *e* pode ligar orações entre as quais haja uma relação de contraste ou oposição, geralmente com a presença de um *não* na segunda:

  ...o diabo do cachorro mal acabara de nascer e já me fitava com um jeito tão carinhoso que seria impossível abandoná-lo. (C.D. Andrade, 1973)
  Minha mãe fez o bolo e eu não comi sequer uma fatia.
  Falta cerca de um mês para o início do maior evento esportivo do mundo e o público francês ainda não parece contaminado pelo vírus da bola. (*JB*, 13.5.98)

- quando a primeira oração é modalizada como ordem, advertência, desejo, a segunda oração, introduzida por *e*, exprime o efeito aditivo que se quer produzir:

  Tome uma medida desse xarope de oito em oito horas, e essa tosse vai desaparecer em três dias.
  Dessem-lhe carinho, e o homem cheio de alfinetes e navalhas se aveludava. (C.D. Andrade, 1973)

Introduzida por *ou*, no entanto, a segunda oração exprime o efeito "alternativo" que se quer evitar:

Molhe as plantas todos os dias, ou elas vão morrer secas.
Essa chuva precisa passar logo, ou teremos de dormir aqui.
Ele mandou que molhássemos as plantas todos os dias, ou elas morreriam secas.

Com este valor, *ou* não coordena orações subordinadas. É agramatical a construção: * *Ele mandou que molhássemos as plantas todos os dias, ou que elas morreriam secas.*

No primeiro exemplo, a oração vem modalizada pela forma imperativa (*molhe*); no segundo, pelo verbo *precisar*. *Ou* ocorre precedendo cada uma das orações quando a primeira delas não contém qualquer elemento responsável por sua modalização:

Ou eles se agasalhavam bem, ou morreriam de frio.
Ou se estabelece de uma vez por todas que a prerrogativa de emitir moeda é exclusividade da autoridade monetária, ou o Brasil jamais se livrará do fantasma do déficit público. (*JB*, 27.4.98)

- *ora... ora, quer... quer, seja... seja, quer... ou, seja... ou*: estas conjunções empregam-se para dar realce a todas as alternativas do enunciado:

Na zona árida há matutos que (...) ora se dedicam a misteres pacíficos, ora aderem aos grupos de bandoleiros. (G. Ramos, 1981b)
As autoridades procuraram evitar a formação desses núcleos solidários, quer destruindo os quilombos, (...), quer reprimindo os batuques e os calundus promovidos pelos negros. (L. Mello e Souza, 1997)
As vans podem voltar a transportar passageiros, seja para atender a uma demanda real de pessoas insatisfeitas com os ônibus, seja para reduzir o número de motoristas desempregados.

No terceiro exemplo, *seja...seja* pode ser substituído por qualquer dos demais pares de conjunções alternativas.

450. Conjunções adversativas. A conjunção adversativa típica é *mas*, que expressa basicamente uma relação de contraste entre dois fatos ou ideias. Esse valor contrastivo pode consistir na simples oposição de dois conteúdos (*A secretária dele é antipática, mas competente*) ou na quebra de uma expectativa (*O lutador era magrinho, mas derrubava todos os seus adversários*).

O fato ou ideia introduzido por *mas* recebe um realce em face da ideia anterior e se impõe à atenção do ouvinte ou leitor, funcionando como argumento para os efeitos de sentido que o enunciador pretende produzir. Comparem-se os efeitos de sentido extraídos das frases abaixo:

Ela é antipática, mas competente.
Ela é competente, mas antipática.

Enquanto a primeira frase, de efeito positivo, realça e valoriza a competência e a retrata como uma compensação para o defeito, a segunda, de efeito negativo, realça a antipatia, desmerecendo a qualidade.

Ordinariamente, portanto, a conjunção adversativa serve para contrastar dois conteúdos. Certos contrastes parecem mais óbvios do que outros. Seguramente, o contraste efetuado pelo *mas* em *A bola bateu no espinho mas não estourou* é mais óbvio do que o de *Meu vizinho tem três filhos, mas nenhum é médico.* O primeiro se sustenta no pressuposto consensual de que, "os espinhos normalmente perfuram as bolas", já o segundo aciona um subentendido que pode variar de interlocutor para interlocutor.

Para fins de ênfase, utiliza-se após o *mas* uma ou outra expressão com que se acentua uma ou outra variação daquele significado básico: *em compensação*, *apesar disso*, *ainda assim*, *de fato*, *na verdade*, *por outro lado*, *felizmente*, *infelizmente* etc.

Comprei os ingressos para o cinema, mas infelizmente deixei-os no bolso do paletó.
Eles já estão velhos, mas ainda assim têm um fôlego de jovens.

Os assaltantes levaram todo o dinheiro que tínhamos, mas felizmente não nos maltrataram.
Peguei o primeiro táxi que encontrei, mas, apesar disso, cheguei atrasado à cerimônia.

Tanto quanto *e* e *ou*, *mas* pode ligar orações que estejam subordinadas a uma mesma oração principal: *É provável que esses animais sobrevivam em cativeiro, mas (que) não se reproduzam nessas condições.*

O *mas* pode ainda ser usado como meio de focalização (v. §366) de uma circunstância:

Entre, mas sem fazer barulho. (Cf.: Entre sem fazer barulho)
Contrariamente ao que se pensa, [a águia] *não mata com o bico, mas só com as garras, que funcionam como punhais.* (L. Boff, 1998)

- *porém, contudo, entretanto, no entanto, todavia*: estas palavras são tradicionalmente classificadas como conjunções, mas têm características que as assemelham a advérbios — como a mobilidade posicional na frase — e comportam-se como verdadeiros equivalentes de *ainda assim, infelizmente, pelo contrário, apesar disso* etc. No §396 foram classificadas como advérbios ou adjuntos conjuntivos.

Eles já estão velhos, contudo ainda têm um fôlego de jovem. (contudo = apesar disso)
Comprei os ingressos para o cinema, entretanto deixei-os no bolso do paletó. (entretanto = infelizmente)

A confusão entre os papéis conectivo e adverbial dessas formas talvez explique o emprego redundante do conectivo e do advérbio, como nos seguintes exemplos:

Eles já estão velhos; apesar disso, contudo, ainda têm um fôlego de jovem.
Comprei os ingressos para o cinema; infelizmente, entretanto, deixei-os no bolso do paletó.

Nos seus empregos puramente adverbiais, essas unidades podem ocorrer no interior da oração, mesmo que ela seja precedida por um *e* ou por um conectivo contrastivo:

Manuela era uma dessas mulheres desiludidas do amor, e que, entretanto, se guardam toda a vida para um homem desconhecido. (A. Machado, 1976)

Fantasiei de mil modos o momento em que ia ser ferido e no entanto tudo se passa da maneira mais gratuita e inesperada. (E. Veríssimo, 1966)
Sabíamos que ele voltaria à cidade e que, todavia, jamais procuraria os velhos amigos.
Mais de um terço do que se pagou com o uso do telefone vai para os cofres estaduais sem que o estado tenha, no entanto, qualquer responsabilidade, interferência ou participação nesse tipo de serviço. (*O Globo*, 29.3.98)
[Dom Hélder] *amou de todo o coração essa igreja que tanto quis ver renovada e que, no entanto, jamais concedeu-lhe o merecido título de cardeal.* (Frei Betto, *O Globo*, 31.8.99)

Estas unidades também não podem ligar orações subordinadas, como faz o *mas*. Por isso, a construção abaixo é anômala:

* *É provável que esses animais sobrevivam em cativeiro, entretanto que não se reproduzam nessas condições.*

451. Conectivos conclusivos e explicativos

- *portanto* e *logo*, conectivos conclusivos — ou melhor, advérbios conjuntivos (v. §§397-402) — expressam uma relação diversa de *mas*, já que introduzem uma oração que exprime a continuação lógica do raciocínio iniciado com a oração anterior:

As águas baixaram um pouco; *logo* (ou portanto), *já podemos atravessar.*

O uso de *mas* nos obrigaria a dizer exatamente o contrário:

As águas baixaram um pouco, mas ainda não podemos atravessar.

Se invertermos agora a ordem das orações, o raciocínio formulado no primeiro exemplo desta seção será expresso com *pois* ou *porque*, que são conjunções explicativas:

Já podemos atravessar, pois (ou porque) *as águas baixaram um pouco.*

Portanto e *logo* introduzem a conclusão que se tira de um fato ou ideia; *pois* e *porque* introduzem o próprio fato. Pode-se também dizer que *pois* e *porque* iniciam um argumento para uma tese/opinião ou uma atitude expressa na oração anterior:

Tínhamos obrigação de ganhar o jogo (opinião/tese), *pois nossa equipe estava mais preparada.* (argumento)

Levem agasalhos (atitude), *porque no alto da serra a temperatura é muito baixa*. (argumento)

Se começarmos o período pelo argumento, a oração seguinte — que contém a tese/opinião ou expressa a atitude — virá introduzida pelo advérbio conjuntivo de conclusão:

Nossa equipe estava mais preparada (argumento); *logo, devíamos ganhar o jogo*. (opinião)
No alto da serra a temperatura é muito baixa; portanto, levem agasalhos. (atitude)

- *por conseguinte, consequentemente, por isso* e *então*: estes advérbios conjuntivos também expressam conclusão e podem substituir *portanto* e *logo* nos exemplos precedentes. A diferença entre eles está no grau de formalismo: *por conseguinte* e *consequentemente* só ocorrem em usos ultraformais da língua, e praticamente só se encontram na modalidade escrita; por sua vez, *então* e *por isso* são coloquiais. São usuais no discurso narrativo, opcionalmente precedidos da aditiva *e*, para a associação de fatos que se sucedem no tempo e se relacionam como causa e efeito:

No alto da serra fazia muito frio, (e) por isso (ou *então*) *vestimos os agasalhos*.

No uso ainda mais coloquial, a forma usual é *aí*:

A polícia já chegou atirando pro alto, (e) aí a confusão foi geral.

Obs.: Assim como ocorre com várias conjunções adversativas, é comum o emprego dessas conjunções conclusivas como autênticos advérbios. No exemplo abaixo, as orações em destaque estão coordenadas por meio da conjunção aditiva *e*; o *portanto* que aí ocorre é um advérbio conjuntivo:

Se os piratas lotam o mercado de falsificações, a indústria não consegue vender muito, não refaz seu caixa e, portanto, não pode continuar investindo em pesquisa. (*Veja*, 26.11.97)

- *de modo que, de sorte que, de maneira que, daí que*: estes conectivos são de coordenação quando, anunciando um efeito ou conclusão do fato anterior, introduzem uma oração com verbo no modo indicativo. Diferentemente de formas como *então, por isso, portanto, consequentemente* — que, como advérbios, podem deslocar-se e combinam livremente com *e* — aquelas unidades são conectivos puros, ocorrendo obrigatoriamente antes da oração:

No alto da serra fazia muito frio, de sorte que os montanhistas decidiram vestir os agasalhos.

> *O enterro foi no Chile, após o golpe, de modo que nossos livros e discos possivelmente caíram nas mãos da polícia*. (F. Gabeira, 1981)
> *Empurradas para o mercado de trabalho, as mulheres não aceitavam mais ser posse passiva de seus maridos, daí que a primeira bandeira de sua luta foi contra a violência em casa*. (*Veja*, 26.11.97)
> *Atualmente é difícil encontrar rua que não tenha sequer um problema de asfaltamento, de forma que dá para fazer um mapa da cidade tendo apenas como referência os buracos das ruas*. (D. Kramer, *JB*, 16.2.98)

- *tanto (assim) que*: trata-se de um conectivo explicativo, introdutor de um fato que serve de argumento para uma opinião ou tese:

> *O menino encantou Berlim — tanto que os jurados mais entusiasmados chegaram a cogitar seu nome para o prêmio de melhor ator*. (*Veja*, 4.3.98)
> *O cuidado do poeta com a filha extrapolava sua carreira de escritora, tanto que os ciúmes a perseguiam mesmo depois que ela se tornou uma mulher madura*. (*O Globo*, 1.3.98)
> *O processo é inusitado nos meios forenses do país, tanto que o caso já foi incluído para análise e provas em cursos e concursos jurídicos do Brasil*. (*JB*, 11.5.98)
> *Nenhum povo ou raça é por definição melhor ou pior do que outro, tanto assim que é indiferente para as costelas apanhar de um inglês ou de um invasor do Leblon*. (J.U. Ribeiro, *O Globo*, 28.6.98)

Coordenação de Orações Subordinadas

452. Coordenam-se orações subordinadas por meio da adversativa *mas* e dos conectivos — simples ou correlativos — de valor aditivo ou alternativo:

> *Nesses dias de horizontes tão mais acanhados, quando não só os grandes autores estão escassos, mas em que a própria arte está sob suspeita (...), talvez não seja descabido encontrar na propaganda aquilo que Sartre procurava na literatura*. (orações adjetivas coordenadas por meio da correlação aditiva *não só... mas*) (F. Barros e Silva, *Folha de S. Paulo*, 13.6.98)
> *Os deputados da comissão ainda não decidiram se será criada uma contribuição geral única, ou se a saída será adotar um adi-*

> *cional sobre a alíquota do IVA*. (orações objetivas diretas coordenadas por meio da conjunção alternativa *ou*) (*JB*, 11.7.99)
> *Na medida em que se amplia a área de atividade artística e que suas criações se tornam mercadoria, muda o quadro e, inclusive, a escala dos valores*. (orações adverbiais proporcionais coordenadas por meio da conjunção aditiva *e*) (N.W. Sodré, 1978)

Este último exemplo ilustra a possível redução a *que* da locução conjuntiva adverbial introdutora da segunda oração coordenada.

> *A Roda tinha por finalidade não constranger pessoa alguma, nem quem levava a criança tampouco quem a recolhia*. (orações que servem de aposto ao objeto direto *pessoa alguma*, coordenadas pelo par aditivo *nem... tampouco*) (M. Priore, 1997)
> *A TV não é a única responsável pelo fenômeno, que no entanto amplifica e do qual tira proveito*. (orações adjetivas coordenadas pela aditiva *e*) (F. Barros e Silva, *Folha de S. Paulo*, 31.10.99)

Apêndice

Para que serve o ensino da análise gramatical?

Os professores de português de hoje baniram de vez, das aulas e provas, as estrofes de *Os Lusíadas* e os longos trechos de Rui Barbosa, símbolos de uma época em que a análise sintática era o termômetro do aproveitamento nas aulas de português. Minha geração viveu os últimos instantes dessa época, quando aparentemente tínhamos mais certezas do que hoje. Sabíamos, por exemplo, quais eram os verbos de ligação e quais eram as conjunções coordenativas, e nos orgulhavámos de saber distinguir o complemento nominal do adjunto adnominal. Sabíamos também que na frase *Fui à praia com minha sogra*, *com minha sogra* era adjunto adverbial de companhia, ainda não desafiados pela hipótese de termos de arranjar uma classificação diversa se, ao contrário, a frase fosse *Fui à praia sem minha sogra*.

Todos nós já enfrentamos a desconfortável situação de ter de justificar as horas de aula consumidas com a descrição gramatical. Alguns, descrentes mesmo de sua utilidade, limitam-se a alegar que, por menos atraentes que sejam, certos tópicos descritivos fazem parte do programa e são objeto de avaliação em provas e concursos. Com algum otimismo, mas com escasso poder de convencimento, outros argumentam que o conhecimento da metalinguagem gramatical e dos procedimentos de análise é útil ao aperfeiçoamento da leitura e da escrita. Há ainda uma variante desta posição: aquela segundo a qual se supõe que o conhecimento mais profundo de qualquer coisa — no nosso caso, da língua — inclui necessariamente a capacidade de explicitar como tal coisa funciona.

Em qualquer desses casos, está-se procurando justificar a análise gramatical — e seu consequente ensino e aprendizagem — graças a alguma serventia adicional, externa ao próprio exercício da reflexão sobre o fenômeno da linguagem.

A literatura pedagógica ligada ao ensino da língua oferece exemplos insuspeitos das duas tendências opostas. A mais radical defesa do ensino gramatical baseia-se na convicção de que um dos objetivos prioritários da escolarização formal é promover o domínio efetivo do padrão culto da língua mediante a explicitação das regras de seu funcionamento. Ou seja: por seu prestígio social e ampla aplicabilidade em um variado rol de situações sociais novas, o domínio desse padrão é conveniente ao exercício pleno da cidadania. É este o fundamento do que ordinariamente se conhece pelo nome de *gramática normativa*.

A bem da justiça, lembre-se que não escapou à tradição escolar a consciência de que o ensino da análise não garantia o domínio da variedade de língua que com ela se descrevia. Veja-se esta opinião de um brasileiro famoso, misto de poeta e educador, expressa no preâmbulo — o termo é dos autores — do pioneiro *Livro de Composição*:

> *O aluno pode perfeitamente estar senhor de todas as regras da gramática, e não saber dizer o que pensa e o que sente. A gramática seca, abstrata e árida, com que se cansa o cérebro das crianças, não ensina a escrever. Ninguém cuida de lhe negar utilidade e valor: mas querer habituar o aluno ao manejo da língua só com o estudo da gramática e começar esse ensino pelas regras abstratas da lexicologia e da sintaxe é o mesmo que querer ensinar matemática só com o estudo da geometria analítica.*

Aí está uma demonstração de bom senso. A obra a que me refiro, cuja nona edição data de 1930, é da autoria de Olavo Bilac e Manoel Bonfim.

Os opositores do ensino da análise gramatical nos níveis fundamentais acham-se, em geral, entre educadores não especialistas no estudo da língua, mas que estão conscientes de sua importância na formação geral do estudante. Veja-se a opinião de um deles, Lauro de Oliveira Lima:

> *O professor que faz o aluno ler, comentar, analisar, dissecar, apreciar textos de alto valor literário, não precisa preocupar-se com o ensino da gramática, que é uma atitude fria e lógica sobre um problema de natureza altamente afetiva como a linguagem literária ou coloquial.*

Mais adiante essa posição radical é atenuada:

> *Explicar gramática, sem vivenciá-la no texto ou na redação, equivale a ensinar a nadar fora da piscina (...). Se o estudo da gramática se referisse à lógica da linguagem (que significa "maior que", "tanto quanto", "embora" etc.) ainda haveria uma razoável desculpa para sua presença no programa.* (p.126 e 127)

Estaria enganado, porém, quem acreditasse que esta opinião só é esposada por não especialistas. Entre os leitores, seguramente muitos conhecem as ideias defendidas pelo professor Celso Pedro Luft em um ensaio sintomaticamente intitulado *Língua e liberdade*, no qual atacou ardorosamente o ensino da análise gramatical na escola de ensino fundamental e médio. Cito a seguir algumas passagens de seu ensaio:

> *Nessa área da sintaxe, o coroamento do ensino gramaticalista está na famigerada análise lógica. Nada adiantou chamá-la oficialmente (Nomenclatura Gramatical Brasileira) de "análise sintática": continua um exercício logicizante, onde nada cabe da verdadeira linguagem vital, afetiva. Intermináveis discussões*

> *sobre diferenças entre complementos e adjuntos, orações restritivas e explicativas, explicativas e causais, e assim por diante. Como a própria Nomenclatura Gramatical é muito falha e confusa nessas denominações e classificações, o pobre aluno não pode mesmo aprender nada de estimulante e aproveitável.*
> *(...)*
> *O ensino de qualquer teoria gramatical, tradicional ou moderna, com termos oficiais ou não, consome naturalmente largas fatias de tempo, prejuízo irrecuperável para professores e alunos: um tempo precioso, que devia ser ganho na prática da língua, é malbaratado em definições e classificações discutíveis, análises canhestras e superadas, exercícios gramaticais sem objetivo etc.* (p.50 e 103)

Os depoimentos que transcrevi estão ideologicamente afinados: descartam a utilidade do ensino descritivo da língua, que chegam a considerar pernicioso. Não devemos, todavia, nos esquecer da atenuante esboçada por Lauro de Oliveira Lima, assim como não devemos ignorar que Celso Pedro Luft insiste em apontar, na incoerência e obscuridade da análise, algumas das razões de sua rejeição pelos estudantes.

Ninguém precisa de muitos argumentos para concordar com a condenação do ensino de coisas comprovadamente desinteressantes e inúteis, especialmente se, além de inúteis e desinteressantes, são incoerentes. Afinal, ninguém ignora que todo esforço humano — e a aprendizagem é uma espécie de esforço — que não leve ao êxito ou a alguma forma de compensação não passa de castigo.

Restam-nos duas perguntas, possibilitadas pelas atenuantes, explícitas ou implícitas, dos depoimentos aqui citados: é possível uma descrição gramatical isenta dos vícios e defeitos que a tornam desinteressante? E se possível, terá ela lugar nos programas de língua portuguesa nos ensinos fundamental e médio? Confesso que não estou cem por cento seguro de que posso responder afirmativamente a estas perguntas, mas tendo a acreditar que sim. Para comprová-lo, passo a fazer algumas considerações sobre o sentido que atribuo ao ensino gramatical, valendo-me em seguida de alguns aspectos da sintaxe do português para ilustrar minha posição.

As questões de que me ocupo aqui já foram objeto de ensaios magistrais de vários autores consagrados, como Evanildo Bechara, Carlos Eduardo Uchôa, Carlos Franchi, Mário Perini, Rodolfo Ilari, Luiz Carlos Travaglia, Ezequiel Theodoro da Silva, Miriam Lemle, Lúcia Lobato, João Wanderley Geraldi, para citar só alguns dos que provavelmente são referências consensuais entre os que se ocupam do tema presente.

Começo por afirmar que não considero uma perda de tempo dedicar à descrição gramatical uma parcela das horas destinadas ao ensino de português a partir da quinta série do primeiro grau. Perda de tempo é ensinar aquilo em que o próprio professor não acredita ou que considera caótico ou estéril. Percebo com preocupação que se difunde, principalmente entre professores de língua, uma mentalidade pedagógica que defende, de forma um tanto irresponsável, um processo ensino-aprendizagem despojado de qualquer sacrifício, de qualquer empenho. É a didática do "aprender dormindo" e do "aprender brincando", que pretende transformar o acontecimento pedagógico num acontecimento lúdico. Em nome dessa pedagogia, acredita-se que os estudantes são vítimas dos professores, que os martirizam com aulas e explicações sobre assuntos inúteis, confusos, ou, quando pouco, áridos e pouco atraentes. Que aluno pode se interessar por essas coisas? — perguntam os adeptos da pedagogia do "aprenda o que o mercado de trabalho exige, divertindo-se."

Não tenho nada contra a aliança entre aprendizagem e jogo, entre conhecimento e prazer, entre conhecimento e uso prático. Só não concordo que em nome dessas alianças se abra mão de diversos conteúdos. Não se mede a pertinência de um dado conteúdo de ensino pela possibilidade de ensiná-lo associado a qualquer espécie de utilidade pragmática. É preciso que se tenha do entendimento e da faculdade de pensar, que são atributos exclusivamente humanos, um conceito de alta relevância pedagógica. Exercitar o pensamento e promover o entendimento da natureza, estrutura e funcionamento da língua é um objetivo de alta relevância pedagógica e filosófica das aulas de português, sejam elas dadas a futuros alunos de letras ou comunicação, história ou sociologia, arquitetura ou medicina, teologia ou direito, pois todos os campos do saber se estruturam simbolicamente e encontram na linguagem verbal seu único meio universal de expressão. O mistério sempre será um desafio para o homem, e a ansiedade em desvendá-lo, um sentimento gerado pelo gosto do conhecimento. Por que não se adota este ponto de vista no estudo da linguagem, se é ela que possibilita o conhecimento, estrutura-o e o torna passível de objetivações na vida em sociedade? Era mais ou menos assim que pensava John Locke:

> *Visto que o entendimento situa o homem acima dos outros seres sensíveis e dá-lhe toda vantagem e todo domínio que tem sobre eles, seu estudo consiste certamente num tópico que, por sua nobreza, é merecedor de nosso trabalho de investigá-lo. O entendimento, como o olho, que nos faz ver e perceber todas as outras coisas, não se observa a si mesmo; requer arte e esforço situá-lo à distância e fazê-lo seu próprio objeto. Quaisquer que sejam as dificuldades que estejam no caminho desta investigação, por mais que permaneçamos na escuridão sobre nós mesmos, estou certo de que toda luz que possamos lançar sobre nossas mentes, todo conhecimento que possamos adquirir de nosso entendimento, não será apenas muito agradável, mas nos trará grande van-*

> *tagem ao orientar nossos pensamentos na busca de outras coisas.* (p.139)

Aquela "pedagogia da experiência lúdica", alimentada pela tese de que a escola enfrenta concorrentes muito mais sedutores na sociedade de consumo, tem infundido nos professores um sentimento de culpa pela obrigação de "ensinar coisas que não interessam aos jovens". É inegável que vivemos há duas ou três décadas um grave dilema educacional. Mas é preciso reagirmos e não nos submetermos a uma lógica perversa que ameaça fazer das aulas sessões de adestramento para o mercado de trabalho.

Não deixa de ser curioso que se condene o ensino de português pelo "tempo perdido" com as aulas de descrição gramatical, mas não se condene o ensino de ciências com o tempo dedicado à compreensão do fenômeno das chuvas ou à forma de reprodução das borboletas. Tanto em um ensino como no outro pode não haver finalidade que não seja a obtenção mesma do conhecimento como forma de compreensão da natureza. O que dificulta fazer da linguagem um objeto de observação, estudo e análise é a obsessão normativa que permeia o ensino da língua desde seu início. É a crença generalizada que se infunde no aluno de que a língua que se fala está repleta de erros que nos envergonham e que, por isso, têm de ser corrigidos. Por que se pode ensinar biologia, história, geografia, física como áreas do conhecimento cientificamente investigadas e assimiladas... mas não se pode, com a mesma ótica, estudar a língua? Segundo o professor Celso Pedro Luft, a quem cito mais uma vez, "ensinar linguística no I e II grau é uma insensatez. As teorias gramaticais estão em evolução constante, sua abordagem exige maturidade mental, capacidade de reflexão e abstração." (p.107) E por acaso não se exigem essas coisas dos alunos quando se lhes ensinam problemas que envolvem fórmulas matemáticas ou quando se lhes diz que no Nordeste brasileiro se repetiu o modo de produção feudal? Se o objetivo do ensino é, também, desenvolver atitudes próprias do modo científico de conhecer a realidade, por que se deve evitar expor o aluno a situações de dúvida, típicas de qualquer ciência? O cuidado em só passar certezas ao aluno não lhe dá sempre a ilusão de que o mundo é uma coisa acabada e perfeita? Mito que a experiência contínua da realidade se encarrega de desmontar a cada momento? É claro que ter certezas é indispensável ao equilíbrio mental e emocional das pessoas — como a permanência dos itinerários dos ônibus ou a expectativa de cajus maduros no próximo verão — mas estar preparado para a instabilidade dos conceitos e a dinâmica das classificações não é menos necessário àquele mesmo equilíbrio.

Ora, o que tem a ver o estudo da língua, ou melhor, da gramática com tudo isso? É que também quando falamos de sujeito e predicado, de coordenação e subordinação, de substantivo próprio e de substantivo comum, de pretérito perfeito e de pretérito imperfeito, estamos falando de noções cujo conhecimento está sujeito à duvida, porque são concebidas no quadro de um modo científico de conhecer. Cito a formulação luminosa da Antonino Pagliaro:

> *Como em todas as ciências, o valor humano da gramática, antes de ser didático e normativo, é formativo. Ele leva a mente a refletir sobre uma das criações mais importantes e humanamente mais vinculativas, de cuja constituição, de outro modo, nos não preocuparíamos mais do que com o mecanismo da circulação do sangue ou da respiração (pelo menos enquanto funcionam bem!). Contudo a palavra é uma atividade consciente e a adesão a um sistema linguístico diferente daquele a que poderíamos chamar natural, como a aquisição de uma língua comum em rivalidade com os dialetos, é, em substância, um fato de ordem volitiva. A reflexão sobre a constituição e os valores desse sistema desenvolve e aperfeiçoa a consciência linguística que é também consciência estética; simultaneamente e por meio da análise das correlações e das oposições que constituem o seu caráter funcional, habitua a mente a descobrir no pensamento discursivo as formas que foram elevadas a uma função cognoscitiva mais alta no pensamento racional.* (p.300-1)

Recorro ainda a Noam Chomsky, para deixar claro que esse modo de encarar a importância do conhecimento faz parte de uma antiga tradição humanística que não perdeu a atualidade:

> *Ao estudar as propriedades das línguas naturais — isto é, sua estrutura, organização e uso — pode-se ter a esperança de alcançar uma razoável compreensão das características específicas da capacidade intelectual humana. Pode-se pensar em aprender algo sobre a natureza do homem; alguma coisa significativa, caso seja verdade que sua capacidade cognitiva constitui a característica distintiva mais notável de sua espécie. Além disso, não é absurdo supor que esta proeza humana — a habilidade para falar e entender uma língua — possa servir como um modelo sugestivo para a investigação de outros domínios da competência e da atividade do homem que ainda não estejam acessíveis à observação direta.* (p.4-5)

Os benefícios de ordem prática que o estudo da língua provê são suficientemente óbvios para precisar de qualquer defesa. Minha preocupação, está claro, é com a presença nos currículos da escola pré-universitária de itens relacionados com a compreensão da linguagem como fenômeno simbólico e como sistema, com o estudo da língua não apenas como *téchne* (arte, habilidade), mas como *episteme* (conhecimento racional). Afinal, até mesmo chimpanzés, ursos e golfinhos podem adquirir "habilidades", mas só o homem é capaz da reflexão e do entendimento. Querer restringir o ensino da língua à aquisição de habilidades — o que, reconheço, já é uma proeza — equivale a negar ao estudante a oportunidade de refletir sobre o que faz do ser humano um ser vivo único: a capacidade da linguagem articulada.

Já é tempo de encerrar o longo preâmbulo que me concedi e entrar, enfim, no tema específico deste apêndice. É que o título deste trabalho contém a perigosa palavra *ensino*, e não se pode escrever sobre esse assunto sem esclarecer a filosofia de educação que o anima.

Para o senso comum, a palavra *gramática* evoca a imagem de um livro em que se aprendem as regras do emprego correto da língua, que vão da prosódia de nomes como *rubrica* à colocação dos pronomes átonos nas locuções verbais, da pluralidade de regências do verbo *assistir* à proibição do uso de vírgula entre o predicado e o sujeito. Qualquer professor sabe, de um saber de experiências feito, o que isso significa na nossa vida de professores e estudantes. Qualquer de nós também sabe que a expressão *gramática tradicional* serve de rótulo a um conjunto de conceitos e análises que, a despeito de sua heterogeneidade, têm sido tomados como constitutivos de um corpo homogêneo. É nessa condição de "corpo homogêneo", falsa mas quase consensual, que a gramática tradicional se viu alvejada, em particular, pelos linguistas estruturalistas norte-americanos, que nela não viram senão o produto de dois equívocos: a submissão ao aparato lógico-conceitual da filosofia grega clássica e a convicção de que a língua dos monumentos literários era o modelo de perfeição digno de análise e de difusão pelo ensino. Todos nós sabemos que, de fato, a gramática como a conhecemos deriva das reflexões de Platão, Aristóteles e os Estoicos. Sua autonomia como disciplina deve-se ao trabalho dos filólogos alexandrinos, como Dionísio Trácio, autor de uma *Téchné Grammatiké*, que se tornaria a fonte de toda a análise gramatical no Ocidente.

A descrição gramatical que se pratica entre nós é tributária desse modelo, e as próprias definições de sujeito e de predicado ainda hoje adotadas nos compêndios escolares — respectivamente, "termo sobre o qual se declara alguma coisa" e "declaração que se faz a respeito do sujeito" — dizem respeito aos termos da proposição, um conceito lógico que só se aplica às frases declarativas. Pelo menos dois fatos comprovam a inadequação dessas definições: a existência de orações não declarativas (interrogativas e imperativas, por exemplo) providas de sujeito e o fenômeno da topicalização, como na frase *Desse pão não comerei*, em que o "termo sobre o qual se declara alguma coisa" é *esse pão*, seguramente um complemento do verbo.

A expressão "termo sobre o qual se declara alguma coisa" corresponde, obviamente, a um dado cognitivo, que a descrição semântica da língua — e não a sintática — precisa explicitar. Para os linguistas que procuram nos indícios formais a pista para o reconhecimento das funções sintáticas, o sujeito deve ser definido como o "termo que comanda a variação número-pessoal do verbo".

Ofereci aqui apenas um exemplo da armadilha em que podemos ser atirados por definições de funções sintáticas ancoradas em critério semântico. O exemplário poderia ser generosamente ampliado, mas espero contentar o leitor apenas com mais um: o agente da passiva. Consta que é uma função sintática, mas parece que não é. Primeiro, porque *agente* diz respeito a uma relação temática — portanto, semântica — com o verbo. Há o agente, o paciente, o beneficiário, o instrumento, o alvo. Segundo, porque a atribuição do papel temático "agente" a um sintagma constituído de *por*+SN não é privativa das construções passivas (cf. *A conquista da taça pelo Flamengo deixou a torcida em delírio*).

Outro problema que vejo na descrição gramatical tradicional, ordinariamente ignorado mesmo por propostas mais modernas, é o silêncio sobre o *status* sintático dos conectivos. Afinal, preposições e conjunções desempenham ou não funções sintáticas? A tradição gramatical nos habituou a associar funções sintáticas a papéis semânticos, tanto que nos ensinou a distribuí-las em três grandes classes: *termos essenciais*, *termos integrantes* e *termos acessórios*. Onde ficam os conectivos? Bem, diremos nós, os conectivos **ligam** os termos — se são de coordenação — ou os **introduzem** — se são de subordinação. Por que não dizer que justamente essas são as funções sintáticas dessas unidades?

Esta dúvida que acabei de levantar (pode ser que alguém com maior clareza da questão me prove que ela não tem fundamento) põe-nos justamente diante de uma pergunta tão óbvia que ficou perdida nas entrelinhas: de que se ocupa a sintaxe?

A sintaxe se ocupa das regras que estruturam a oração a partir das unidades livres e dependentes (cf. J. Mattoso Câmara Jr., *Estrutura da língua portuguesa*). As preposições e as conjunções se encontram entre as unidades dependentes. Portanto, têm um papel sintático que cabe à análise esclarecer. Já o efeito das relações sintáticas sobre as formas presas (desinências) pertence à morfossintaxe.

Para ilustrar mais detidamente minhas preocupações com a importância da descrição gramatical como exercício de reflexão, refiro-me a dois tópicos da sintaxe do português cuja abordagem convencional debilita a credibilidade da análise, com as confusões que vem causando.

O primeiro tópico refere-se a uma classe de verbos que Said Ali chamou de "verbos relacionais". Vou transcrever o trecho pertinente de sua *Gramática secundária*. Escreveu Said Ali:

> *Quanto à significação e papel que exercem na oração, dividem-se os verbos em* ***nocionais*** *e* ***relacionais****.*
>
> ***Verbo nocional*** *é todo aquele que se emprega com função predicativa. Exemplos:*
> *A criança chora.*
> *Os peixes vivem na água.*
> *A Lua gira em torno da Terra.*

Eu bebo água e tu bebes vinho.
Os animais fugiram para o mato.

Verbo relacional *é aquele que vem combinado ou com um adjetivo para constituir o predicado, ou com alguma forma infinita de verbo nocional. Exemplos:*
As flores são cheirosas.
Todas as frutas foram colhidas.
A criança está chorando.
Tu não tens dormido.
Vou abrir esta gaveta.
A escuridão ia aumentando.
Tenho de sair daqui a pouco.

Estamos reconhecendo aí os verbos que, nas gramáticas escolares — que se orientam pela Nomenclatura Gramatical Brasileira —, se chamam **de ligação** (o *são* de *As flores são cheirosas*) ou **auxiliares** (todos os demais). Esta foi uma generalização a meu ver correta e importante, infelizmente desprezada pela NGB. Com efeito, não há o que justifique uma classificação diferente para os verbos de cada um dos dois grupos abaixo:

a.1) *As cartas estão abertas.*
a.2) *As cartas estão chegando.*
a.3) *As cartas estão para chegar.*

b.1) *As crianças ficaram contentes.*
b.2) *As crianças ficaram dormindo.*
b.3) *As crianças ficaram de sair agora.* (= Ficou combinado isso)

c.1) *As laranjas eram doces.*
c.2) *As laranjas eram colhidas em maio.*
c.3) *As laranjas eram para a sobremesa.*

Eu vou mais longe. Creio que há boas razões para considerar que há apenas um verbo *estar* (intransitivo), e que as diferenças convencionalmente estabelecidas não dizem respeito ao verbo, mas ao constituinte que o complementa. Tradicionalmente, acredita-se que *estar* só é intransitivo em frases como *As crianças estão na escola*, cabendo ao sintagma *na escola* a função de adjunto adverbial de lugar. O que dizer então de *O governo está em apuros*? Trata-se também de uma "localização", ainda que não seja no espaço. Outro exemplo. Por acaso devemos atribuir diferentes descrições sintáticas às duas frases seguintes:

d.1) *O avião está nas nuvens.*
d.2) *O poeta está nas nuvens.*

se à segunda dermos uma interpretação metafórica? Haverá alguma diferença sintática entre o verbo *estar* em d.2) e o verbo *estar* em d.3) e em d.4)?

d.3) *O poeta está sonhando.*
d.4) *O poeta está alheio ao mundo.*

Parece que não. Essa é a mesma diferença que encontramos em:

e.1) *Os índios fugiram correndo.*
e.2) *Os índios fugiram apavorados.*

O segundo tópico refere-se aos conectivos de coordenação, distribuídos em cinco tipos, de acordo com a Nomenclatura oficial: **aditivos, adversativos, alternativos, conclusivos** e **explicativos**. Um exame, mesmo superficial, revela que este conjunto é sintaticamente heterogêneo, considerando-se, por exemplo, que somente os conectivos de adição e de alternância, além da conjunção adversativa *mas*, podem unir entre si duas orações subordinadas. Vamos comparar o comportamento de *mas* e *entretanto* nos seguintes exemplos:

f.1) *Meu primo é médico, mas fuma sem parar.*
f.2) *Meu primo é médico, no entanto fuma sem parar.*

com o que acontece em

g.1) *Ela sabe que meu primo é médico, mas* (*que*) *fuma sem parar.*
g.2) *Ela sabe que meu primo é médico, no entanto* (*que) *fuma sem parar.*

A frase g.1) permite duas interpretações; em uma delas, *mas* coordena dois objetos diretos de *sabe* e apresenta opcionalmente a integrante *que*. Na outra, sem a integrante *que*, o sujeito de *fuma* é *ela*, e o *mas* coordena duas orações independentes. Em g.2) a presença da integrante *que* é agramatical; não há possibilidade de coordenação entre duas orações que sirvam de objeto a *sabe*, e o sujeito de *fuma* é necessariamente *ela*. Para coordenar as orações *meu primo é médico* e *fuma sem parar* como objetos de *sabe* é indispensável um *e*:

g.3) *Ela sabe que meu primo é médico e que, no entanto, fuma sem parar.*

O exemplo de g.3) mostra que *no entanto* não é uma conjunção coordenativa; esse papel é exercido pelo *e*. As duas orações objetivas diretas acham-se coordenadas aditivamente, por mais que a segunda expresse um conteúdo que contrasta com o da primeira.

Para encerrar este assunto, lembro outra omissão tradicional que nos impede de ver a subclassificação sintática dos conectivos de coordenação. Os exemplos que se seguem mostram que frequentemente duas orações coordenadas unem-se como um bloco coordenado a uma oração precedente em outro nível:

> h) *Luís é vegetariano, mas não come abóbora nem bebe chá.*
> i) *Remetemos dois convites ao Paulo, mas ou ele se mudou ou está doente.*
> j) *Esse verão promete, pois o preço da cerveja baixou e eu estou aposentado.*

Concluo estas reflexões com uma tentativa de síntese, que apresento sob a forma de tópicos:

1) É necessário estimular os hábitos de observação (que leva à depreensão das regularidades da língua) e desenvolver a habilidade de generalização (que leva à criação de hábitos intelectuais próprios do modo científico de conceber a realidade).

2) É preciso ter em vista que, embora atue como meio de estruturação do sentido, o sistema sintático de uma língua é reconhecível por suas propriedades exclusivas.

3) Deve-se insistir em que, na atividade linguística, o homem opera basicamente com a seleção de unidades e sua combinação para construir palavras, sintagmas, orações, parágrafos, textos. Por conseguinte, convém abordar os fatos da linguagem em função de duas grandes ordens de relação: a paradigmática e a sintagmática.

4) É preciso insistir nos conceitos de **expressão** — objeto da fonologia — e **conteúdo** — objeto da lexicologia, da morfologia e da sintaxe — mostrando que tanto em um como em outro há unidades que se opõem (cujo conjunto constitui classes ou paradigmas) e regras combinatórias (constitutivas do eixo sintagmático) em todos os níveis.

5) É necessária a incorporação do conceito de sintagma e das regras de estrutura sintagmática.

6) A adoção de critério semântico no reconhecimento das funções sintáticas somente se justifica quando conduz a resultados inequívocos.

7) Os conceitos de coordenação e de subordinação aplicam-se aos três níveis de estruturação sintática: o das unidades léxicas, o dos sintagmas e o das orações.

8) É necessário deixar clara a distinção entre classes (nome, preposição, SN, SV etc.) e funções (sujeito, predicado, objeto direto, predicativo etc.).

9) Deve-se levar o aluno, sobretudo, à concepção de que toda análise, por mais minuciosa que seja, é um ato metódico de redução, a modelos men-

tais embasados em teoria, da complexa gama de fenômenos que constituem a natureza do homem e sua experiência do mundo.

10) Por fim, fazer o aluno viver a experiência da reflexão, da descoberta e do entendimento como exercício da faculdade do raciocínio que abstrai e generaliza, capacidade exclusiva do homem, que, exercida em sua plenitude no dom da linguagem, liberta-o das injunções do espaço e estende pontes entre as estações do tempo.

Índice remissivo

Os números indicados referem-se aos parágrafos. O asterisco indica o parágrafo em que o termo está definido.

Bibliografia

Títulos relativos à fundamentação teórica e descritiva:

ALARCOS LLORACH, Emilio. (1974) *Gramática de la lengua española*. Madrid: Espasa Calpe.

——. (1970) *Estudios de gramática funcional del español*. Madrid: Gredos.

ALI, Manuel Said. (1965) *Gramática secundária da língua portuguesa*. São Paulo: Melhoramentos, 6ªed.

ALVES, Maria Ieda. (1990) *Neologismo*. São Paulo: Ática.

AZEREDO, José Carlos de. (1998) "Entre léxico e gramática: a questão da auxiliaridade verbal" in VALENTE, André. *Língua, linguística e literatura*. Rio de Janeiro: Eduerj.

——. (1990) *Iniciação à sintaxe do português*. Rio de Janeiro: Zahar.

BASILIO, Margarida. (1987) *Teoria lexical*. São Paulo: Ática.

——. (1980) *Estruturas lexicais do português*. Petrópolis: Vozes.

BAUER, Laurie. (1983) *English word formation*. Cambridge: Cambridge UP.

BECHARA, Evanildo. (1999) *Moderna gramática portuguesa*. Rio de Janeiro: Lucerna, 37ªed. rev. e ampl.

——. (1976) *Lições de português pela análise sintática*. Rio de Janeiro: Grifo, 10ªed.

BÉDARD, E. e J. MAURAIS (orgs.) (1982) *La norme linguistique*. Quebec, Paris: Le Robert.

BENVENISTE, Émile. (1974) *Problèmes de linguistique générale*, vol.II. Paris: Gallimard.

——. (1966) *Problèmes de linguistique générale*, vol.I. Paris: Gallimard.

BERGER, Peter L. e Thomas LUCKMANN. (1973) *A construção social da realidade*. Petrópolis: Vozes, 3ªed.

BILAC, Olavo e P. BOMFIM. (1930) *Livro de composição*. Rio de Janeiro: Francisco Alves, 9ªed.

BONFIM, Eneida. (1988) *Advérbios*. São Paulo: Ática.

BRANDÃO, Cláudio. (1963) *Sintaxe clássica portuguesa*. Belo Horizonte: UMG.

BROWN, E.K. e J.E. MILLER. (1980) *Syntax: a linguistic introduction to sentence structure*. Londres: Hutchinson.

CALLOU, Dinah M.I. & Yonne LEITE. (1990) *Iniciação à fonética e à fonologia*. Rio de Janeiro: Zahar.

CÂMARA Jr., J. Mattoso. (1976) *História e estrutura da língua portuguesa*. Rio de Janeiro: Padrão.

——. (1972) *Dispersos*. Rio de Janeiro: Ed. da FGV.

——. (1970) *Estrutura da língua portuguesa*. Petrópolis: Vozes.

——. (1969) *Problemas de linguística descritiva*. Petrópolis: Vozes.

——. (1964) *Dicionário de filologia e gramática*. Rio de Janeiro: J. Ozon.

——. (1953) *Para o estudo da fonêmica portuguesa*. Rio de Janeiro: Organizações Simões.

CANO AGUILAR, Rafael. (1981) *Estructuras sintácticas transitivas en el español actual*. Madrid: Gredos.

CARONE, Flávia B. (1988) *Subordinação e coordenação*. São Paulo: Ática.

CARVALHO, José G. Herculano de. (1973) *Teoria da linguagem*, tomo II. Coimbra: Atlântida.

——. (1967) *Teoria da linguagem*, tomo I. Coimbra: Atlântida.

CASSIRER, Ernest. (1972) *Antropologia filosófica: ensaio sobre o homem*. São Paulo: Mestre Jou.

CASTELEIRO, João Malaca. "Sintaxe e semântica das construções enfáticas com 'é que'". Boletim de Filologia, XXV (1-4). Lisboa: Instituto Nacional de Investigação Científica.

CASTILHO, Ataliba T. de. (1998) *A língua falada no ensino de português*. São Paulo: Contexto.

—— (org.). (1991) *Gramática do português falado*, vol.I. São Paulo: Unicamp, 2ªed.

CASTILHO, Ataliba T. de e Margarida BASÍLIO (orgs.). (1996) *Gramática do português falado*, vol.IV. São Paulo: Unicamp.

CHARAUDEAU, Patrick. (1992) *Grammaire du sens et de l'expression*. Paris: Hachette.

CHIAVEGATTO, Valéria C. (1997) "A linguística e o ensino de língua portuguesa" in PEREIRA, Maria Teresa G. *Língua e linguagem em questão*. Rio de Janeiro: Eduerj.

CHOMSKY, Noam. (1975) *Reflections on Language*. Nova York: Pantheon Books.

COMRIE, Bernard. (1985) *Tense*. Cambridge: Cambridge UP.

——. (1976) *Aspect*. Cambridge: Cambridge UP.

COSERIU, Eugenio. (1992) *Competencia comunicativa*. Madrid: Gredos.

——. (1973) *Teoría del lenguaje y lingüística general*. Madrid: Gredos.

CRISTÓFARO SILVA, Taís. (1999) *Fonética e fonologia do português*. São Paulo: Contexto.

CUNHA, Celso. (1970) *Gramática do português contemporâneo*. Belo Horizonte: Bernardo Álvares.

FERNANDES, Eulália. (1998) "Classes de palavras: um passeio pela história e uma proposta de análise morfofuncional" in VALENTE, André. *Língua, linguística e literatura*. Rio de Janeiro: Eduerj.

FIORIN, José Luiz. (1999) "Enunciação e construção do sentido" in VALENTE, André. *Aulas de português: perspectivas inovadoras*. Petrópolis: Vozes.

FRANCH, J. Alcina e J. Manuel BLECUA. (1979) *Gramática española*. Barcelona: Ariel.

GILI GAYA, Samuel. (1948) *Curso superior de sintaxis española*. Barcelona: SPES.

GLEASON Jr., H.A. (1965) *Linguistics and English grammar*. Nova York: Holt, Rinehart and Winston.

GREENBAUM, Sidney. (1969) *Studies in English Adverbial Usage*. Londres: Longman.

GUILBERT, Louis. (1985) *La créativité lexicale*. Paris: Larousse.

HALLIDAY, M.A.K. (1978) *Language as Social Semiotic: The Social Interpretation of Language and Meaning*. Londres: Edward Arnold.

——. (1976) "Estrutura e função da linguagem" in LYONS, J. *Novos horizontes em linguística*. São Paulo: Cultrix.

HENRIQUES, Cláudio Cezar. (1998) "A estrutura dos nomes: uma visão sincrônica" in VALENTE, André *Língua, linguística e literatura*. Rio de Janeiro: Eduerj.

HUDDLESTON, Rodney. (1984) *Introduction to the Grammar of English*. Cambridge: Cambridge UP.

ILARI, Rodolfo. (1997) *A expressão do tempo em português*. São Paulo: Contexto.

——. (1985) *A linguística e o ensino da língua portuguesa*. São Paulo: Martins Fontes.

——. (1992) *Gramática do português falado*, vol.II. São Paulo: Unicamp.

——. (1986) *Perspectiva funcional da frase portuguesa*. Campinas: Unicamp.

ILARI, Rodolfo e J. Wanderley GERALDI. (1985) *Semântica*. São Paulo: Ática.

INFANTE, Ulisses. (1995) *Curso de gramática aplicada aos textos*. São Paulo: Scipione, 2ªed.

JACKENDOFF, Rey S. (1972) *Semantic Interpretation in Generative Grammar*. Cambridge, Massachusetts, Londres: MIT Press.

JAKOBSON, Roman. (1963) "Linguistique et poétique" in JAKOBSON, R. *Essais de linguistique générale*. Paris: Points.

JESPERSEN, Otto. (1975) *The Philosophy of Grammar*. Londres: George Allen & Unwin Ltd.

KATO, Mary. (org.). (1996) *Gramática do português falado*, vol.V. São Paulo: Unicamp.

KOCH, Ingedore V. (1996) *Gramática do português falado*, vol.VI. São Paulo: Unicamp.

——. (1984) *Argumentação e linguagem*. São Paulo, Cortez.

LEÃO, Ângela Vaz. (1961) *O período hipotético iniciado por se*. Belo Horizonte: UMG.

LEMLE, Miriam. (1984) *Análise sintática; teoria geral e descrição do português*. São Paulo: Ática.

——. "Da maleabilidade da análise sintagmática". *Revista brasileira de linguística*, 5 (1). Petrópolis: Vozes.

LIMA, Carlos Henrique da Rocha. (1976) *Gramática normativa da língua portuguesa*. Rio de Janeiro: José Olympio.

LIMA, Lauro de O. (1979) *Escola no futuro*. Petrópolis: Vozes.

LIMA, Mário P. de Souza. (1937) *Gramática expositiva da língua portuguesa*. SãoPaulo: Companhia Editora Nacional.

LOCKE, John. (1983) *Os pensadores*. São Paulo: Abril, 3ªed.

LUFT, Celso Pedro. (1985) *Língua e liberdade*. Porto Alegre: L&PM.

LYONS, John. (1995) *Linguistic Semantics: An Introduction*. Cambridge: Cambridge UP.

——. (1982) *Linguagem e linguística*. Rio de Janeiro: Zahar.

——. (1979) *Introdução à linguística teórica*. São Paulo: Companhia Editora Nacional.

——. (1976) *Novos horizontes em linguística*. São Paulo: Cultrix.

LOBATO, Lúcia Maria P. et alii. (1975) *Análises linguísticas*. Petrópolis: Vozes. Ver em especial o artigo "Os verbos auxiliares em português contemporâneo. Critério de auxiliaridade", de Lúcia Maria P. Lobato.

MACEDO, Alzira Tavares de et alii. (orgs.). (1996) *Variação e discurso*. Rio de Janeiro: Tempo Brasileiro.

MARTELOTTA, Mário et alii. (1996) *Gramaticalização no português do Brasil: uma abordagem funcional*. Rio de Janeiro: Tempo Brasileiro.

MATEUS, M.H. Mira et alii. (1983) *Gramática da língua portuguesa*. Coimbra: Almedina.

MATTHEWS, P.H. (1981) *Syntax*. Cambridge: Cambridge UP.

——. (1974) *Morphology: An Introduction to the Theory of Word-structure*. Cambridge: Cambridge UP.

MATTOS e SILVA, Rosa Virgínia. (1995) *Contradições no ensino de português*. São Paulo: Contexto.

——. (1989) *Tradição gramatical e gramática tradicional*. São Paulo: Contexto.

MELO, Gladstone C. de. (1968) *Gramática fundamental da língua portuguesa*. Rio de Janeiro: Acadêmica.

MENEZES, Humberto P. (1989) *As construções comparativas em português: uma análise gerativa* (Tese de Doutorado). Rio de Janeiro: FL/UFRJ.

MONTEIRO, José Lemos. (1987) *Morfologia portuguesa*. Fortaleza: EDUFCE.

OLIVEIRA e SILVA, Giselle M. e Maria Marta PEREIRA SCHERRE. (1996) *Padrões sociolinguísticos*. Rio de Janeiro: Tempo Brasileiro.

PAGLIARO, A. (1967) *A vida do sinal*. Lisboa: F.C. Gulbenkian.

PEREIRA, Maria Teresa G. (1997) *Língua e linguagem em questão*. Rio de Janeiro: Eduerj.

PERINI, Mário A. (1995) *Gramática descritiva do português*. São Paulo: Ática.

——. (1989) *Sintaxe portuguesa: metodologia e funções*. São Paulo: Ática.

——. (1985) *Para uma nova gramática do português*. São Paulo: Ática.

PINTO, M. José. (1994) *As marcas linguísticas da enunciação*. Rio de Janeiro: Numem.

PONTES, Eunice. (1992) *Estrutura do verbo no português coloquial*. Petrópolis: Vozes.

——. (1978) "Os determinantes em português". *Revista Tempo Brasileiro*, 53/54.

QUIRK, Randolph e Sidney GREENBAUM. (1977) *A University Grammar of English*. Londres: Longman.

ROCHA, Luiz Carlos de A. (1998) *Estruturas morfológicas do português*. Belo Horizonte: UFMG.

SANDMANN, Antônio José. (1997) *Morfologia geral*. São Paulo: Contexto.

——. (1992) *Morfologia lexical*. São Paulo: Contexto.

SAPIR, Edward. (1969) *Linguística como ciência*. Rio de Janeiro: Acadêmica.

——. (1954) *A linguagem: introdução ao estudo da fala*. Rio de Janeiro: Instituto Nacional do Livro.

SLAMA-CAZACU, Tatiana. (1970) *Lenguaje y contexto*. Barcelona, México: Ediciones Grijalbo.

TARALLO, Fernando. (1989) *Fotografias sociolinguísticas*. São Paulo: Pontes.

TRAVAGLIA, Luiz Carlos. (1995) *Gramática e interação*. São Paulo: Cortez.

——. (1991) *O aspecto verbal no português*. Uberlândia: Universidade Federal de Uberlândia.

VALENTE, André (org.). (1999) *Aulas de português: perspectivas inovadoras*. Petrópolis: Vozes.

VALENTE, André (org.). (1998) *Língua, linguística e literatura*. Rio de Janeiro: Eduerj. Ver em especial o artigo "Um estudo sobre a correlação", de André Valente.

Títulos referentes a fontes de exemplos:

ALENCASTRO, Luiz Filipe de (org.). (1997) *História da vida privada no Brasil*, vol.2. São Paulo: Companhia das Letras.

ALVES, Rubem. (1981) *Filosofia da ciência*. São Paulo: Brasiliense.

ANDRADE, Carlos Drummond de. (1973) *Poesia completa e prosa*. Rio de Janeiro: Aguilar.

ASSIS, Machado de. (1962) *Obra completa*. 3 vols. Rio de Janeiro: Aguilar.

BANDEIRA, Manuel. (1974) *Estrela da vida inteira*. Rio de Janeiro: José Olympio, 5ªed.

BOFF, Leonardo. (1998) *A águia e a galinha*. Petrópolis: Vozes.

BRAGA, Rubem. (1963) *O homem rouco*. Rio de Janeiro: Editora do Autor.

——. (1957) *A cidade e a roça*. Rio de Janeiro: José Olympio.

BUENO, Eduardo. (1999) *Náufragos, traficantes e degredados*. Rio de Janeiro: Objetiva.

——. (1998a) *Capitães do Brasil*. Rio de Janeiro: Objetiva.

——. (1998b) *A viagem do descobrimento*. Rio de Janeiro: Objetiva.

CAMPOS, Paulo Mendes. (1996) "A geladeira" in *Quadrante 1*. Rio de Janeiro: Editora do Autor.

FAUSTO, Boris. (1977) *História geral da civilização brasileira – o Brasil republicano: sociedade e instituições*. São Paulo: Difel.

GABEIRA, Fernando. (1981) *O crepúsculo do macho*. Rio de Janeiro: Codecri.

HOLLANDA, Sérgio Buarque de. (1977) *Visão do Paraíso*. São Paulo: Companhia Editora Nacional, 3ªed.

INFANTE, Ulisses. (1995) *Curso de gramática aplicada aos textos*. São Paulo: Scipione.

KOIFMAN, Georgina. (1985) *Cartas de Mário de Andrade a Prudente de Moraes, neto – 1924-36*. Rio de Janeiro: Nova Fronteira.

LOBATO, Monteiro. (1982) *Obra infantil completa*. São Paulo: Brasiliense.

MACHADO, Aníbal. (1976) *A morte da porta-estandarte, Tati, a garota e outras histórias*. Rio de Janeiro: José Olympio.

MEIRELLES, Cecília. (1977) *Ou isto ou aquilo*. Rio de Janeiro: Civilização Brasileira/MEC.

MELLO e SOUZA, Laura de (org.). (1997) *História da vida privada no Brasil*, vol.1. São Paulo: Companhia das Letras.

MELO, Mário Vieira de. (1963) *Desenvolvimento e cultura: o problema do estetismo no Brasil*. Rio de Janeiro: Companhia Editora Nacional.

MORAIS, Vinícius de. (1986) *Poesia completa e prosa*. Rio de Janeiro: Nova Aguilar.

MOTA, Carlos Guilherme. (1972) *1822: Dimensões*. São Paulo: Perspectiva.

NAVA, Pedro. (1973) *Balão cativo*. Rio de Janeiro: José Olympio.

PRIORE, Mary del (org.). (1997) *História das mulheres no Brasil*. São Paulo: Contexto: Unesp.

RAMOS, Graciliano. (1981a) *Cartas*. Rio de Janeiro: Record.

——. (1981b) *Viventes das Alagoas*. Rio de Janeiro: Record.

——. (1947) *Vidas secas*. Rio de Janeiro: José Olympio, 2ªed.

RODRIGUES, Nelson. (1996) *O remador de Ben-Hur*. São Paulo: Companhia das Letras.

——. (1993) *O óbvio ululante*. São Paulo: Companhia da Letras.

SCHWARCZ, Lilia M. (org.). (1998) *História da vida privada no Brasil*, vol.4. São Paulo: Companhia das Letras.

SABINO, Fernando. (1979) *O grande mentecapto*. Rio de Janeiro. Record, 2ªed.

SEVCENKO, Nicolau (org.). (1998) *História da vida privada no Brasil*, vol.3. São Paulo: Companhia das Letras.

SODRÉ, Nelson Werneck. (1978) *Síntese de história da cultura brasileira*. Rio de Janeiro: Civilização Brasileira, 6ªed.

VERÍSSIMO, Érico. (1966) *Ficção completa*, vol.II. Rio de Janeiro: Aguilar.

——. (1975) *Incidente em Antares*. São Paulo: Círculo do Livro.

Sobre o autor

JOSÉ CARLOS DE AZEREDO graduou-se e obteve o título de doutor em letras pela Universidade Federal do Rio de Janeiro (UFRJ). Professor de língua portuguesa na Faculdade de Letras da mesma universidade desde 1970, aposentou-se em 1996 após trinta anos de magistério. Atualmente é professor adjunto do Instituto de Letras da Universidade do Estado do Rio de Janeiro (UERJ), onde coordenou o mestrado em língua portuguesa (1999-2000). É autor de *Iniciação à sintaxe do português* (1990) e *Ensino de português: Fundamentos, percursos, objetos* (2007), ambos publicados pela Zahar.

Agradecimentos

A Paulo Henrique Brandão, que deu o impulso inicial à realização deste trabalho.

A Soraia Farias Reolon Pereira, que o leu meticulosamente e fez preciosas sugestões.

A André Crim Valente, Antônio Carlos Secchin, Carlos Eduardo Falcão Uchôa, Clarice Zahar, Godofredo de Oliveira Neto, Humberto Peixoto Menezes, Irineu Eduardo Jones Corrêa, João Baptista de Medeiros Vargens, Maria Christina de Motta Maia, Maria Helena Duarte Marques, Maria Nazaré Lins Soares, Maria Teresa Gonçalves Pereira e Odirce da Costa Cid, vozes amigas afinadas que se entremeiam nestas páginas.

Dedico este livro

A meus ex-alunos e alunos da Faculdade de Letras da UFRJ e do Instituto de Letras da UERJ, testemunhas e interlocutores na construção destas páginas.

À memória de dois humanistas, Celso Ferreira da Cunha e Joaquim Mattoso Câmara Jr., cujas obras, distintas em tantos aspectos, se completam, porém, no rigor do método e na abertura do espírito para a mudança e a modernidade.

Para Laura, que aos três anos já está às voltas com o porquê de tudo.

